열녀列女×열녀烈女

여자는 어떻게 열녀가 되었나

열녀列女×열녀烈女

여자는 어떻게 열녀가 되었나

초판 1쇄 인쇄 2019년 3월 22일 \ **초판 1쇄 발행** 2019년 3월 30일
지은이 홍인숙 \ **펴낸이** 이영선 \ **편집 이사** 강영선 김선정 \ **주간** 김문정
편집장 임경훈 \ **편집** 김종훈 이현정 \ **디자인** 김회량 정경아
독자본부 김일신 김진규 김연수 정혜영 박정래 손미경 김동욱

펴낸곳 서해문집 \ **출판등록** 1989년 3월 16일(제406-2005-000047호)
주소 경기도 파주시 광인사길 217(파주출판도시) \ **전화** (031)955-7470 \ **팩스** (031)955-7469
홈페이지 www.booksea.co.kr \ **이메일** shmj21@hanmail.net

ISBN 978-89-7483-982-6 03900

이 저서는 2016년 대한민국 교육부와 한국연구재단의 지원을 받아 수행된 연구임 (NRF-2016S1A6A4A01017579)

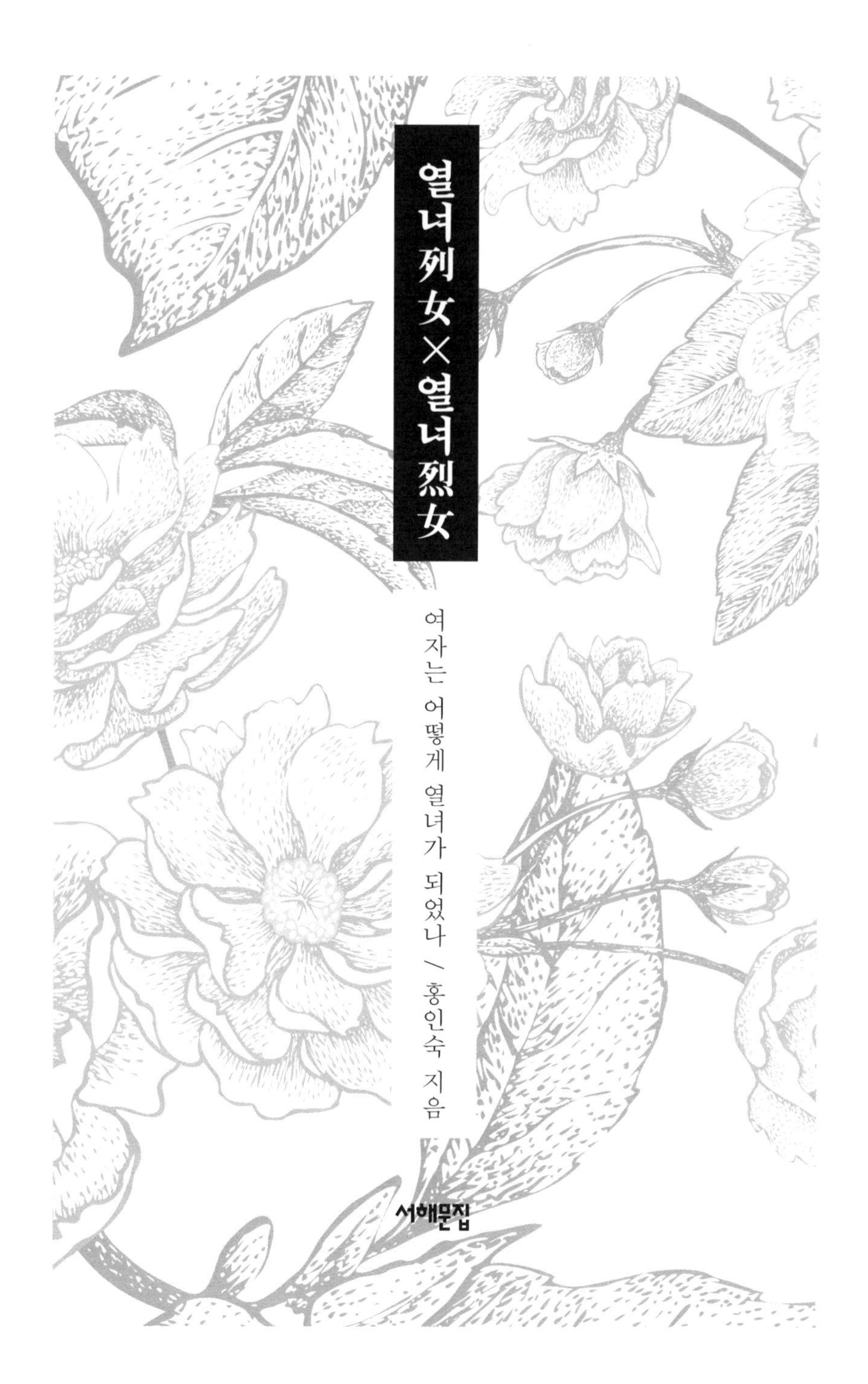

열녀列女×열녀烈女

여자는 어떻게 열녀가 되었나 / 홍인숙 지음

서해문집

서문

'열녀烈女'라는 기호는 지금도 우리 삶에서 작동하고 있다. 여성의 성적 정숙함 혹은 정조와 순결 같은 개념 때문에 어떤 여성들이 자신의 평판에 치명적인 흠을 입거나 고통을 겪거나 완전히 자유롭고 자기중심적인 선택을 할 수 없다면 말이다. 여성의 성적 자율성에 대한 근원적인 억압의 상징, 그것이 바로 열녀다.

그러나 이 억압적 여성상의 역사적 기원은 '다양성'이었다. 원래 이 말은 '여자들'이라는 뜻의 '열녀列女'였기 때문이다. 2,000년 전 중국 한나라에서 지어진 '여자들 이야기(列女傳)'의 '복수성'은 불과 몇 백 년 전 조선 후기 사회에서 '정숙한 여자 이야기(烈女傳)'라는 폭력적인 내용으로 '단일화'되었다. 이 책은 '列女'라는 말은 사라지고, '烈女'라는 말만 살아남게 된 배경과 과정을 살피고 대조하며 개념의 변천을 탐색해 보기 위해 한나라 유향의《열녀전》과 조선 시대의 열녀전들을 같은 자리에 펼쳐 놓고 읽어 보고자 한다.

책의 목표는 여성의 성을 중심으로 특정하게 유형화된 '열녀'라는 이미지의 생산이 궁극적으로 남성 중심적 질서를 유리하게 하고 공고하게 하는 데 기여해 왔음을 밝히는 것이다. 특히 열녀들에게 강요되었고 지금까지도 여성들에게만 강력하게 적용되는 '정절'이 실은 남성 지식인과 지배 세력에 의해 정치적으로 만들어져 유포되고, 긴 역사화를 거쳐 신화화된 성적 윤리임을 이야기하고자 했다.

1부에서 다루는 유향의《열녀전》은 다양성을 담고 있지만 근본적으로 여성의 성을 지배하고 통제하고자 했던 남성 중심적 서사의 원형이다. 한대의 유력한 남성 지식인이었던 유향은 정치가 혼란에 빠진 가장 큰 이유 중 하나가 황제 주변의 외척과 후궁 세력이라고 판단했다. 제 역할을 못하는 어리석은 황제를 위해 바람직한 여성의 역할을 정의하고 알리는 것, 그것이《열녀전》을 지은 유향의 원래 의도였다.

하지만 이 책에서는 그러한 저자의 의도와는 달리《열녀전》이 드러내게 된 의외의 지점들을 적극적으로 부각한다. 그것은 가부장적 질서가 여성들의 삶을 미처 다 억압하지 못했던 한나라 시대 현실의 균열들이기도 하고, 그가 예기치 못하게 발굴한 여성의 저력과 잠재된 에너지의 차원이기도 하다. 남성 중심적인 서사화의 힘을 거스르는《열녀전》의 다른 결을 부추겨 읽어 내고 여성들이 가진 고유의 능력과 욕망을 전면화하면서 원형적인 여성 서사로서의 권위를 해체하고자 한 것이 1부의 주요 내용이다.

2부에서는 '죽음'이라는 하나의 전통으로 획일화된 조선의 열녀에 대한 이야기를 다루었다. 조선 전기에 열 윤리는 수절 중심의 온건한 도덕적 지침일 뿐이었지만, 17세기 들어 전란을 거치면서 폭력적이고 강압적인 윤리로 변모되기 시작하며 조선 후기에는 신체 훼손과 죽음으로 그 형식이 고착되어 갔다. 이 책에서는 그러한 역사적 변화 과정을 짚어 보면서 열녀가 배출되는 현실적 변수들인 가문, 계층, 지역의 문제, 소수 지식인들의 열 비판론, 하층의 열 인식이 반영된 설화나 야담, 열을 실천한 여성 자신의 글 등을 살펴본다.

2부를 통해 궁극적으로 전하고 싶은 문제의식은 '말하는 주체는 누구인가' '언어와 기록의 권위를 가진 자는 누구인가'라는 것이다. 상층 남성이 남긴 기록물인 조선 후기 열녀전들은 하층 민중들에 의해 만들어진 열녀 설화나 야담, 여성 자신의 목소리로 남긴 자료들과는 사뭇 다른 이야기를 하고 있기 때문이다. 마지막 장에서 소개할 남편을 따라 죽은 열녀의 유서는 서너 편에 불과한 여성 자신의 언어에 수백 개에 이르는 남성 중심적 기록들을 전복시키는 진실의 무게가 있음을 보여 주는 하나의 증거다.

'열녀'는 공부의 여정에 늘 곁에 있었던 큰 주제였다. 2001년 석사 논문의 주제로 조선 후기 열녀전을 다룬 이후 제문이나 행장, 여성 생애 기록이나 한글 유서, 근대 신문의 논설이나 잡지 기사에 이르기까지, 열녀 담론의 자장 안에 있는 텍스트 주변을 항상 배회하고 있었다. 이번에 책을 엮게 된 외적인 동기는 한국연구재단의 인문저술 출판사업 덕분이었지만, 내적으로는 다양한 경로로 여성들의 삶에 규범적 영향을 미쳐온 '열'이라는 윤리의 역사적 지층을 탐색하고 그 내력을 재해석하고 싶은 마음이 컸기 때문이다. 그것이 고전문학을 공부한 여성으로서 여성주의 지식을 실천적으로 실현할 수 있는 하나의 방법이라고 생각했다.

대학이라는 제도 안에 안정된 전공이 없는 고전여성문학이라는 영역에서 학위논문을 쓸 때부터 힘이 되어 주셨던 여러 선생님들이 없었다면 이 길을 계속 가지 못했을 것이다. 지도교수인 이혜순 선생님과 고전여성문학회의 여러 선배, 선생님들께 기대어 배우고 토론하면서 한 걸음씩 앞으로 나아갈 수 있었다. 여성 문학을 공부한다는 것의 가능성과 정치학은 멀리 있는 것이 아니라 이렇게 사람에 기대어 사람을 나아갈 수 있게 하는 관계들 속에 이미 들어 있었는지도 모르겠다는 생각이 든다.

이 책이 빚지고 있는 많은 연구들에도 고마움을 표하고 싶다. 사학계와 고전문학 분야에서 그동안 축적되어 온 다수의 성과들과 지도교수님의 조선의 열녀전 연구, 고전여성문학회 선배들의 열녀 연구들, 그리고 이숙인 선생님과 강명관 선생님의 책이 준 영향 속에서 이 책의 기획과 진행이 이루어졌음을 말씀드려야 하겠다.

가족들의 공 또한 말하지 않을 수 없다. 많은 시간 작업에만 매달려 있는 무정한 엄마를 바라봐 준 딸 은조에게 미안함과 고마움과 사랑을 고백한다. 묵묵히 곁을 지켜 준 남편에게도 같은 마음이다. 없는 길을 만들어 가는 저력을 보여 주며 누구와도 다른 방식의 자극과 지지를 줬다.

아직은 어설픈 저자다. 오랫동안 믿어 주시고 책이 나오도록 격려해 주신 서해문집의 김선정 이사님께 감사드린다. 지적인 이해에 기반한 수준 높은 편집과 수정으로 책의 의도를 돋보이게 만들어 주신 이현정 선생님께도 고마움의 마음을 전한다.

2019년 3월

홍인숙

차례

2. 사死의 찬미

열녀列女에서 열녀烈女로, 조선에 울려 퍼진 레퀴엠의 메아리

1

태초의 여자들

2,000년 동아시아 여성사의 시초,
한나라 유향의 《열녀전列女傳》

100인 100색 '여인열전'이 보여 주는 다양성과 의외성의 재미

《열녀전列女傳》은 BC 32~7년경 전한前漢 말의 유학자였던 유향이 지은 책이다. 유교적 여성상의 전범적 유형을 최초로 제시한 이 책은 이후 약 2,000년에 가까운 장구한 시간 동안 동아시아 전역에 광범위한 영향력을 행사해 왔다. 유교의 경전인 사서四書나 삼경三經처럼 여성 규범과 유교적 성 역할을 말할 때 하나의 원형적 근거로 활용되어 온 책인 것이다. 그런 만큼 딱딱하고 재미없는 책일 것 같은 인상을 주는 것도 사실이다.

그런데 실제 유향의 《열녀전》은 이야기책 성격이 강해 생각보다 재미가 있다. 사람의 일생을 일화 중심으로 보여 주는 '전傳'이라는 형식 속에 104명이나 되는 각양각색의 여자들 이야기가 들어 있기 때문이다. '열녀列女'라는 말에 쓰인 '열列'은 '나열하다'라는 뜻이니 유향의 《열녀전》은 글자를 바꿔 조합하면 말 그대로 '여성 열전'이 된다.

무려 100여 명의 이야기를 늘어놓자니 그 유형을 적당히 묶고 나누는 기준이 필요했던 것 같다. 유향의 《열녀전》 목차는 다음과 같이 나뉘어져 있다.

1권 모의전母儀傳 - 모범이 될 만한 어머니들의 전기
2권 현명전賢明傳 - 지혜롭고 현명한 여성들의 전기
3권 인지전仁智傳 - 어질고 생각이 깊은 여성들의 전기
4권 정순전貞順傳 - 정숙하고 순종적인 여성들의 전기
5권 절의전節義傳 - 신의와 의리를 지킨 여성들의 전기
6권 변통전辯通傳 - 언변과 식견이 탁월한 여성들의 전기
7권 얼폐전孽嬖傳 - 음란하고 사치한 여성들의 전기

'모범이 되는 어머니' '현명하고 지혜로운 여성', 이런 앞쪽 분류는 약간 식상한 느낌을 줄지도 모르겠다. 하지만 곧이어 다른 문헌에서는 찾아 보기 힘든 참신한 내용들이 뒤따른다. 〈절의전〉에는 무협소설에 나오는 의협이나 대협보다 더한 의리를 지키는 여성들의 이야기가 들어 있다. 〈변통전〉의 주인공들은 추한 외모에 놀라운 지식과 언변이라는 기이한 조합의 특징을 보여 준다. 그런가 하면 〈얼폐전〉

의 여성들은 사악함의 극한을 보여 주는 듯하면서도 기묘한 매력을 뿜고 있다. 뻔한 이야기 같은 〈모의전〉 〈현명전〉 〈인지전〉도 가만히 들여다보면 전형성과 비전형성의 경계에 묘하게 걸쳐 있는 주인공들을 종종 발견할 수 있다.

100명이 넘는 다양한 여성상이 갖고 있는 복수성과 다양성, 그리고 식상한 듯한 이야기 속에 숨어 있는 의외성과 비전형성이라는 묘미. 이것이 바로 유향의 《열녀전》이 갖고 있는 '여성 열전'의 특별한 서사적 재미다.

한나라 시대,
유교적 여성 인식의 형성기

유향이 살았던 한나라 시대는 이제 막 유교 사상이 통치 이념으로 자리를 잡아 가던 시기였다. 물론 한대 이전의 고대 왕조인 상나라, 주나라 때도 원시적인 형태의 유교 사상이 존재했다. 하지만 유교라는 정치사상이자 도덕 체계는 주대 이후 천하가 분열된 춘추전국시대를 거치면서 나온 사상가들인 공자와 맹자에 의해 완비되었다. 그 체계화된 유교 사상을 국가적인 통치 이념으로 처음 채택한 나라가 한나라다.

한대 유교의 특징은 전에 비해 훨씬 강력한 가부장적 윤리관을 갖게 되었다는 것이다. 주 왕조에서 실시한 봉건제도는 국가 차원에서는 천자와 제후의 상하 관계를, 가문 차원에서는 적장자의 권위를 강조하는 종법제를 기본으로 했는데, 이러한 가운데 남성과 여성 간의 성별 위계질서도 보다 명확하게 틀이 잡히기 시작한 것이다. 쉽게 말해 한나라 때는 모든 질서의 체계가 '국가의 중심-남성 군주'와 '가문의 중심-가부장'을 우선하는 것으로 재편되기 시작한 시기였다.

하지만 유향이 살았던 전한 시대까지도 가부장적 권위와 질서를 강조하는 흐름이 완전히 정착된 분위기는 아니었다. 사마천의《사기》에는 한나라 고조의 아내였던 여태후가 제왕들만 들어가는〈본기〉에 그 이름을 올렸다. 또 한나라 때 기록에는 서왕모와 같은 도교 여신에 대한 신앙이 민간에서 크게 성행했다는 내용이 자주 발견된다. 여태후를 왕후가 아니라 제왕과 동급으로 인식했다는 점, 여신에 대한 민간 숭배가 자연스럽게 퍼져 있었다는 점 등은 가부장적 남성 지배 질서가 당시까지 실질적인 사회적 장악력을 갖지 못했음을 보여 주는 증거들인 것이다.

그래서인가. 유향의《열녀전》에 들어 있는 여성들의 이야기는 유교적인 이념을 강력하게 전파하려는 '의도'를 갖고 있는 것은 분명하지만, 아직은 여성들의 사회적 역할이나 지위가 비교적 자유롭고 덜 종속적이었던 그 시대의 '현실'을 불쑥 보여 주기도 한다. 그 둘 사이의 괴리, 즉 유향의 '의도'와《열녀전》편찬 당시의 '현실' 사이의 괴리를 읽어 내는 것이야말로《열녀전》의 독법에서 매우 흥미로운 방법론이 될 수 있다.

모범적이고 순종적인 여자 만들기 전략과 그 한계

《열녀전》을 창작한 유향의 직접적인 의도로 가장 널리 알려진 사실은 황제에게 깨우침을 주고 권계를 하기 위함이었다는 것이다. 그가 살았던 당시 한나라는 전한의 전성기가 바야흐로 끝나 가는 시기였다. 한 무제武帝 때 강력한 유교 통치 이념을 표방하면서 제국으로서의 위용을 갖춘 한나라가 성립한 지 벌써 200여 년이 흐른 뒤였다. 유향이 활동했던 당시 황제였던 한 성제成帝는 어린 나이에 즉위했기 때문에 외척의 힘에 기대지 않을 수 없었다. 자연스럽게 성제의 어머니인 왕씨 일가가 외척 세력으로 등장해 황실을 강력하게 장악했다. 황제가 장성한 후에는 그의 총애를 받는 후궁이었던 조비연·조합덕 자매가 새로운 권력의 축을 형성했다.

한나라 황실의 일족인 유향은 이러한 세태를 보고 개탄에 빠졌다. 외척과 후궁, 한마디로 여자들이 황제의 눈과 귀를 가리고 있었기 때문이다. 유향에게 왕실의 기강을 바로잡고 나라의 안정을 도모하기 위해 가장 먼저 해야 할 일 중의 하나는 황제에게 여성의 역할에 대한 제대로 된 건의와 충고를 올리는 것이었다.

《열녀전》은 바로 이러한 유향의 고민, 즉 국가와 사회가 바람직하게 운영되는 데 있어서 여성의 역할이 어떠해야 하는지에 대한 고심의 결과물로 평가된다. 물론 이때의 초점은 '황제', 즉 지배자 남성의 입장에서 '위협적이지 않은 여성' '모범적이고 바람직한 여성'이어야 한다는 것이었다. 이렇게 지배자의 관점으로 매개된 여성의 미덕을 제시하고 있다는 사실은《열녀전》의 태생적 한계라고 봐야 할 것이다. 거기에 더해 7가지로 분류가 고정되어 있다는 점, 얼핏 보기에 전형적이고 상투적인 여성상을 크게 벗어나지 못한다는 점 등을 생각해 보면《열녀전》은 좀 답답한 텍스트처럼 보일 수도 있다.

그런데 바로 이러한《열녀전》창작의 배경 자체가 이 텍스트의 독해를 거꾸로 할 수 있는 의외의 틈새를 제공해 주기도 한다. 황제에게 '모범이 되는 여성'과 '경계해야 할 여성'의 전형적인 형상을 '생생하게' 전달하려다 보니 권장해야 하는 여성의 '뛰어난 재능'을 강조하기도 하고, 반드시 통제해야 할 여성의 '무서운 힘'을 부각시키기도 했기 때문이다. 이렇게 저자의 의도와 기획을 역설적으로 넘어서게 된 '과잉'의 부분, 자기도 모르게 발설되고 있는 '여성의 재능과 힘에 대한 인정'은, 유향의《열녀전》이 갖고 있는 특별한 매력이라고 할 수 있다.

철저한 남성 지배 서사,
《열녀전》을 지금 다시 읽는 이유

어떤 학자들은《열녀전》을 유향이라는 개인 저자가 독자적으로 지은 저술로 볼 수 없다는 주장을 하기도 한다.《열녀전》에 실려 있는 여성들의 이야기는 유향이 완전히 새롭게 창작한 것이 아니라 한대와 그 이전 시대에 편찬된 고대 중국의 문헌들 곳곳에 실려 있는 다양한 여성 관련 기록들을 취사선택해 편찬했다는 것이다. 또 다른 일부 학자들은 지금의《열녀전》이 유향이 지었던 전한 당시의 원본 그대로라고 보기 힘들다는 의견을 제시하기도 한다. 중국의 역대 왕조를 거치면서 후한의 반소班昭를 비롯한 북송대, 남송대의 유학자들에 의해《열녀진》이 상당한 변형을 거쳤다고 보는 것이다.

이러한 주장들은 모두 일리가 있다. 무려 2,000년 전에 지어진《열녀전》이 원본 그대로의 형태를 유지해 왔다고 보는 것이 더 설득력 없는 주장일지도 모른다. 다만 이러한《열녀전》의 성격, 즉 중국의 고대 문헌들을 편집하여 재구성했다는 성격이나 후대 역사가들이 시대에 따라 변형하고 재가공했다는 사실을 환기하더라도,《열녀전》이 여전히 남성 중심적 텍스트이며 여성을 대상화하고 분류하고 있는 텍스트라는 근본적인 성격에는 변함이 없을 것이다.

그럼에도 불구하고 지금 우리가《열녀전》을 읽어야 하는 이유는 무엇인가.《열녀전》 서사의 이데올로기성이 지금 우리에게 여전히 유효하게 던져 주는 다음과 같은 질문들 때문이 아닐까. 남성 지배 담론은 여성들을 어떤 프레임으로 대상화하는가? 남성 지배 서사는 여성의 말과 행동을, 또 여성의 역할과 지위를 어떻게 통제하고 지배하려 하는가? 여성을 전형적이고 상투적인 방식으로 바라보려고 한 남성 중심적인 문헌 기록 속에서 여성의 힘과 잠재성을 입체적으로 읽어 낼 수 있는 방법은 무엇인가?

여러 질문들을 경유하여 이 책에서 채택한《열녀전》독법은 다음과 같다. 첫째, 유향이라는 남성 편찬자의 시각과 의도를 분리해서 읽어 내는 것, 둘째, 유향의 의도가 후대에 미친 역사적 영향력의 향방을 가늠해 보는 것, 셋째, 유향의 의도를 초과해서 드러나고 있는 여성 인물들의 힘과 당대 현실의 구체성을 적극적으로 읽어 내는 것이다. 이러한 방법론적 읽기는 2,000년 전에 쓰인 동아시아 여성에 대한 통제와 지배의 상징적 텍스트인 유향의《열녀전》을 '지금 여기'의 텍스트로 호출하고 그 전범적 권위를 해체하는 시작이 될 것이다.

그럼 이제부터《열녀전》이라는 여성 열전에 소개된 104명의 인물들 속으로 들어가 보기로 하자.

1장

신화가 된 모성

모의전母儀傳

I

《열녀전》의 1장은 〈모의전母儀傳〉이다. '모의母儀'라는 말은 '어머니의 의례적 모범' '모범이 될 만한 훌륭한 어머니'라는 뜻으로, 이 장에서는 전설적인 임금 또는 위인을 낳은 어머니들을 소개한다.[1]

〈모의전〉은《열녀전》전체를 시작하는 장인 만큼 소개된 인물 중 상당수가 중국의 고대 왕조인 하·상·주의 신화적 여성들이다. 잉태할 때 거인의 발자국을 밟았다거나 제비 알을 삼켰다는 등의 신화적 요소를 가진 '어머니' 강원과 간적의 이야기는 고대 신앙에서 숭배의 대상이었던 '여신' 형상이 '모성'의 형태로 전이되고 있음을 보여 준다. 아황과 여영은 중국 역사가 시작되기 전 시대의 성군인 요임금의 두 딸이자 순임금의 아내고, 도산은 하나라 우임금의 아내다. 강원과 간적은 각각 주나라와 상나라의 시조인 기와 설의 어머니이고, 유신은 상나라 탕임금의 아내이며, 주나라의 세 어머니는 태강·태임·태사로 각각 왕계·문왕·무왕의 어머니다. 1편에서 6편까지 실려 있는 이러한 여신에 가까운 신화적 어머니상의 뒤를 잇는 것은 춘추전국 시대의 모범적인 어머니들이다. 이들은 유교적인 예법에 해박한 어머니로, 아들을 엄정하게 훈육하는 '실천적인 예의 수행자'로서의 모성상으로 제시되고 있다.

7편과 8편에는 시어머니와 보모保姆인 여성이 들어 있는데, 이는 유향이 '모성'을 생물학적인 것보다 역할과 관계성으로 생각하고 있었음을 알 수 있게 해 준다. 9편에서 14편까지는 맹자, 초나라 장수 자발, 제나라 재상 전직자 등 전국시대 유명 인물들의 어머니들에 관한 이야기와, 평민의 신분이지만 자식을 현명하게 가르치고 배려한 인물들이 함께 실려 있다.

이 책에서는 〈모의전〉의 인물들 중 세 편의 인물들을 다룰 것이다. 1편 아황·여영, 6편 주나라 왕실의 세 어머니 태강·태임·태사, 9편 맹자의 어머니가 바로 그들이다. 아황과 여영 편에서는 유향이 이들을 104명 중 맨 첫머리를 차지하는 인물로 택한 이유를 같이 생각해 볼 것이다. 태강·태임·태사 편에서는 가장 완성된 유교적 모성상으로 평가되는 이들 삼대의 고부상을 통해, 유향이 전하고자 했던 가부장적 모성의 형태를 짚어 보고자 한다. 맹자의 어머니 편에서는 서술 층위의 균열을 통해 여성의 힘과 여성의 힘에 대한 통제가 함께 드러나고 있는《열녀전》특유의 독특한 서술 방식을 읽어 볼 것이다.

천하의 주인을 결정하다

요임금은
순을
백방으로
시험하며
매사를 항상
두 딸과
의논하였다.
세상에서는
그들을
상군이라
하였다

순 임금의 두 부인

어머니이자 열녀烈女, 가장 이상적인 여성상의 원형

어머니로서 모범을 보인 여성의 이야기를 담고 있는 〈모의전〉의 맨 첫 번째 이야기는 '유우이비有虞二妃'다. '유우'는 순임금을 뜻하고 '이비'는 두 명의 왕비라는 뜻이니, 이 편의 주인공은 바로 '순임금의 두 왕비'이며 이들은 요임금의 딸인 아황娥皇과 여영女英 자매다.

중국 최초의 왕조인 하夏나라 이전의 시대에는 성군聖君의 대명사인 요임금이 천하를 다스리고 있어 백성들이 태평성대를 누렸다. 요임금은 자기 아들에게 왕위를 물려주면 그에게는 이득이지만 천하가 손해를 보고, 다른 이에게 왕위를 주면 천하가 이롭게 된다고 여겼다. 그래서 그는 자기 뒤를 이을 만한 덕망 있는 자를 널리 구하고 있었다. 이때 요임금을 받들던 네 명의 중신들(四嶽)이 순을 추천했다. 이유는 순이 악독한 부모와 동생을 지극한 순종의 미덕을 통해 교화시키고 있다는 것이었다.

> 요임금의 신하인 사악이 순을 추천하니 요임금이 두 딸로 하여금 처를 삼게 하여 그 집안에서의 행실을 살펴보게 했다. 두 딸은 시골로 내려가 아버지의 뜻을 받들어 순을 섬겼는데, 천자의 딸이라고 하여 교만하거나 게으르거나 업신여기지 않았으며 오히려 겸손하고 공손하며 검소하였고 여자로서의 도리를 다하였다.[2]

요 임금은 순의 평소 행실을 보기 위해서 자신의 두 딸, 아황과 여영을 시집보내기로 했다. 아황과 여영은 벽지에 사는 이름 없는 남성인 순에게 시집가는 것을 불평하지 않았다. 왕위를 계승할 인물로서의 사람됨을 시험해 보고자 하는 아버지의 뜻을 읽었던 것이다.

그런데 순임금의 두 왕비를 다룬 이 편의 내용은 사실 두 비보다 순임금이 겪는 역경에 더 많은 초점이 맞춰져 있다. 더 정확히는 순이 '천하에 어진 사람'이라는 평을 얻게 된 이유인 아버지 고수瞽叟의 악행이 가장 중점적으로 서술되어 있다고 할 수 있다. 고수라는 이름은 '앞을 못 보는 늙은이'라는 뜻인데, 이는 그가 그만큼 맹목적이며 분별력이 없는 인물이었다는 것을 보여 준다.

> 고수와 상(순의 이복동생)은 순을 죽이려고 짜고 곳간을 고치게 했다. 순이 두 부인에게 "부모님께서 내게 곳간을 수리하라고 하시니 가 봐야겠소."

> 라고 하니, 두 부인은 "가셔야지요."라고 하였다. … 상이 다시 부모와 의논하더니 순을 우물에 들어가게 했다. 순이 이를 또 두 부인에게 말하자 두 부인은 "네, 그러시지요." 했다. … 고수는 또 순에게 술을 마시게 하여 취하면 죽이려고 하였다. 순이 두 부인에게 말하자 두 부인은 순에게 약을 먹게 하고는 가게 했다. 순은 종일 술을 마셨으나 취하지 않았다. … 부모는 순을 죽이려 했지만 그는 원망하지 않았다.[3]

전실 부인이 죽은 뒤에 후실을 얻어 둘째 아들 상象을 낳은 고수는 유독 둘째 아들만을 편들고 순을 미워했는데, 심지어는 그를 직접 죽이려고까지 하는 정도였다. 순에게 곳간 지붕을 수리하게 하고는 사다리를 치우고 불을 지른다거나, 우물을 고치게 하고는 입구를 막아버린다거나, 취하도록 술을 먹이고 살해 시도를 하는 일이 반복되었다. 흥미로운 것은 이러한 과정을 지켜보는 아황과 여영의 태도다. 이들은 시부모, 즉 고수와 그의 후실이 남편인 순을 죽이려는 계획을 꾸몄음을 훤히 짐작하면서도 부모의 명을 그대로 따른다.

고수라는 인물의 타고난 맹목적 악독함과 그 아들 순의 순종과 효행이 극적인 대비를 이루는 이 이야기에서, 강조점은 순과 그의 두 부인이 이런 악한 부모의 명조차 어기지 않았다는 데 있다. 효가 유가에서 으뜸이 되는 도리이며 절대적인 도리라는 점을 보여 주는 대목이기도 하다.

요임금은 이렇게 두 딸을 통해 순의 사람됨을 오랫동안 지켜보며 그의 인품과 능력을 두루 시험한 뒤, 순에게 자신의 천자 지위를 계승했다. 중국 고대의 삼황오제 중 마지막 임금이 된 순임금은 아황과 여영, 두 부인의 도움을 받아 왕위에 올랐고 태평성대를 이어 갔다.

이렇듯 〈모의전〉의 첫 일화는 고수의 미련함과 악행에 복종하는 순에 대한 이야기가 대부분이고, 아황과 여영에 대한 내용은 이름 없는 촌부인 순에게 시집을 가고 그 남편에게 순종했다는 것이 전부다. 순과의 관계에 초점을 맞추더라도 이들은 '아내'로서의 역할이지 〈모의전〉이라는 이름에 걸맞은 '어머니'로서의 미덕을 보여 주지는 않는다. 그러면 대체 《열녀전》 중에서도 맨 앞 장인 〈모의전〉의 첫 번째 순서를 아황과 여영이 차지한 의미는 무엇일까. 서사의 전면에 부각되지도 않고 딱히 어머니로서의 이야기를 갖고 있지도 않은 이들이 왜 '모범이 될 만한 어머니'의 대표 인물이자, 104명에 달하는 여성들의 이야기인 《열녀전》의 첫 번째 인물이 된 것일까.

> 요임금은 순을 백방으로 시험하며 매사를 항상 두 딸과 의논하였다. 순이 드디어 그 자리를 이어서 천자가 되니 아황이 후가 되고 여영이 비가 되었다. 순임금이 천하를 순시하다가 창오에서 돌아가시니 호를 중화라 하였다. 두 비는 양자강과 상강의 사이에서 돌아가시니 세상에서는 그들을 상군湘君이라 하였다.[4]

〈모의전〉의 맨 앞을 이들 아황과 여영이 장식할 수 있었던 것은 이들이 '만 백성의 어머니'로서 갖춰야 할 모범을 보였기 때문일 것이다. '백성들의 어머니로서 갖춰야 할 모범'은 과연 무엇인가? 그것은 아마도 앞에 나서지 않고 아버지와 남편을 잘 보조하는 '조력자 여성'이라는 모범이었던 듯하다.

《열녀전》의 맨 첫 번째 이야기의 주인공이 마치 '보조 인물'처럼 다루어졌다는 점은 이 책에 대한 본질적 이해의 단초를 던져 준다. 유향의 《열녀전》에서 주인공은 '여성'이 아니라, '여성을 매개로 한 가부장제의 확립 과정'인 것이다.

물론 이 편의 내용을 곰곰이 따져 읽어 보면 아황과 여영이 신중한 통찰력과 식견을 갖춘 인물이라는 것을 '전제'하고 있음을 알 수 있다. 그렇기에 이들은 아버지가 천하의 후계자를 정할 때 의논하는 대상이었으며, 남편이 천륜과 생명을 놓고 자기 부모와 벌이는 심각한 도덕적 갈등 상황에서 유일하게 상의하는 대상이었다. 그러나 《열녀전》에서 이러한 두 여성의 훌륭함은 오직 '아버지'와 '남편'이라는 거울을 통해서만 비춰진다. 이들이 원래 갖고 있었던 총명함과 지혜를 굳이 강조하지는 않는 것이다. 이것이 바로 유향이라는 편찬자의 기획 의도가 아닐까. 한나라의 질서를 황제 중심으로 재편하고, 효와 충이라는 위계적 윤리를 중심으로 가부장제를 공고히 하는 과정에서, '여성'은 남성 중심적 질서와 가치를 비춰 주는 거울로만 존재해야 함을 말하고 싶었던 것이다.

훗날 아황과 여영은 남편을 따라 죽은 열녀烈女의 원형으로도 자주 언급되었다. 순임금이 순행을 하다가 창오 땅에서 죽음을 맞았다는 소식을 듣고 이들은 소수瀟水와 상강湘江 사이에 몸을 던져 자결했다. 이때 뿌린 피눈물이 대나무에 묻어 얼룩이 생겼다고 해서 이를

'소상반죽瀟湘斑竹'이라고 한다. 그러니까 아황과 여영은 훌륭한 딸, 현명한 아내, 백성들의 어머니이기만 한 것이 아니라, 절개를 지켜 죽은 열녀이기도 했다. 아황과 여영이 유향의 《열녀전》 전체에서 첫 번째 인물로 낙점된 것은 아마도 이렇게 남성 중심의 질서를 비춰 주는 '중층적인 효용'을 가진 인물이었기 때문인지도 모른다.

왕실의 기강을 바로 세우다

군자가
말하기를,
태강은
덕으로
가르침을
넓혔다.
태강의 깊은
지혜는
남달랐으므로
태왕 또한
더불어
의논하였다

주나라 왕실의 세 어머니

삼대에 걸친 시어머니·며느리·손자며느리, 가부장적 모성의 전형

〈모의전〉에서 두 번째로 살펴볼 이야기는 '주실삼모周室三母'에 대한 것이다. 주실삼모란 '주나라 왕실의 세 어머니'라는 뜻인데, 이들은 모두 주 문왕과 관계가 있다. 주 문왕이 누구인가. 문왕은 주나라의 기초를 닦은 성군으로, 상商 왕조의 변방에 있던 제후국 주周의 세력을 결정적으로 넓혔던 왕이다. 아들인 주 무왕이 상나라를 무너뜨리고 천하를 다스리는 업적을 세울 수 있도록 기틀을 다져 준 인물이기도 하다. 이 문왕의 할머니인 태강, 어머니인 태임, 아내인 태사가 바로 '주실삼모'이며, 이들의 이야기는 곧 주나라 초기 왕실의 역사가 된다.

문왕의 할머니가 되는 태강太姜은 태왕太王, 즉 고공단보古公亶父

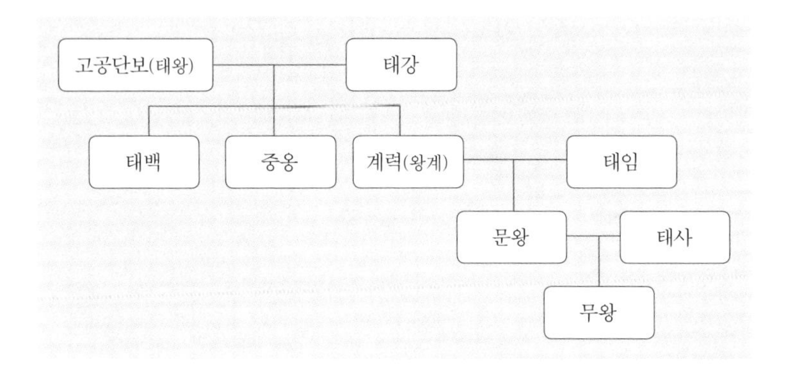

의 부인이다. 태왕과 태강 부부는 기산岐山이라는 곳을 중심으로 덕이 있는 치세를 펼쳐 주나라의 기틀을 세웠다. 태강은 현명하고 지혜로워 남편인 태왕이 중요한 일들을 늘 그와 의논해서 결정했다고 한다.

> 태강은 왕계王季(계력)의 어머니이며 유태씨의 딸이다. 태왕이 그에게 장가들어 비로 삼으니 태백, 중옹, 왕계를 낳았다. 곧은 순리로 도를 이끄니 과실이 없었다. 태왕이 일을 계획하고 무리를 옮길 때 반드시 태강과 더불어 의논하였다. 군자가 말하기를, 태강은 덕으로 가르침을 넓혔다. … 태강의 깊은 지혜는 남달랐으므로 현명하신 태왕 또한 더불어 의논하였다. 태강의 지혜와 태왕의 너그러움은 백성들이 따르고 크게 의지할 수 있었다.[5]

《열녀전》에 직접 언급되어 있지 않지만 이들 사이에서 난 삼 형제에 대한 이야기는 아주 유명하다. 부친인 태왕은 삼 형제 중에서 막내인 계력에게 왕위를 물려주려는 생각을 갖고 있었다. 타고난 인품과 그릇이 형들보다 더 낫다고 판단한 것이다. 이때 형들인 태백과 중옹이 취한 행동은 주 왕실의 초기 역사를 '도덕적으로 우월하고 아름다운 것'으로 장식해 준다. 이들은 아버지의 뜻을 눈치채고는 스스로 먼 오랑캐 땅인 '형만'으로 떠나 자취를 감췄다. 자신들의 존재로 인해 동생의 왕위 승계가 불편해지는 일이 없게끔 한 것이다. 형들이 먼저 왕위를 확실하게 양보해 겸양과 양보의 미덕을 보였다는 이 일화는 태왕과 태강 부부가 부모로서 자식 교육을 얼마나 훌륭하게 했는지를 보여 주는 증거처럼 전해지기도 한다.

한편 주나라 왕실의 두 번째 어머니는 태임太姙이다. 태임은 왕위를 물려받은 셋째 아들 계력의 아내로, 주 문왕을 낳았다. 문왕은 어진 정치를 베풀었을 뿐 아니라 주역의 괘사卦辭를 지은 유교 성현으로 추앙되기도 한다. 그래서인지 태임의 이야기에서 강조되고 있는 내용은 문왕과 같이 '난세를 구할 성인을 낳은 훌륭한 어머니'로서의 면모, 그중에서도 특별히 '태교'에 대한 것이다.

> 태임은 문왕의 어머니다. 지임씨의 둘째 딸로 왕계가 비로 삼았다. 태임의 성품은 단정하고 공손하며 오직 덕을 행하였다. 아이를 가지자 눈으로는 나쁜 것을 보지 않고 귀로는 음란한 소리를 듣지 않고 입으로는 오만한 말을 하지 않으며 태교를 잘 하였다. 측간에서 소변을 보고 문왕을 낳았는데 문왕은 나면서부터 총명하고 성스러워 태임이 하나를 가르치면 백을 알았다.[6]

위 대목을 보면 태임이 했다고 하는 바른 태교의 방법이 자세히 제시되고 있다. 아기를 가지면 모로 눕지도 않고 모서리에 앉지도 않으며, 자른 것이 바르지 않으면 먹지 않고 자리가 바르지 않으면 앉지 않는다. 현란한 것은 보지 않고 음란한 음악은 듣지 않는다. 이렇듯 후세에 길이 전해질 만한 태교의 모범을 보인 문왕의 어머니 태임에 대해 유향은 '자식이 부모를 닮는 이치(知肖化)'를 알았다고 평가하고 있기도 하다.

주나라 왕실의 세 번째 어머니는 주 문왕의 아내, 태사太姒다. 문왕은 자신의 아내를 스스로 택해 데려왔다고 한다. 할머니 태강과 어머니 태임의 바르고 높은 덕을 보며 자란 문왕은 왕실 여인들이 갖춰야 할 여러 가지 미덕과 인품을 갖춘 아내를 맞이하고 싶었다는 것이다. 그 여성은 바로 주변의 제후국이었던 신국 사씨의 딸이었다.

태사는 무왕의 어머니로 우임금의 후예인 신국 사씨의 딸이다. 어질고 도에 밝아 문왕이 그를 어여쁘게 여겨 위수에서 친영하려고 배를 만들고 다리를 놓았다. 시집와서 태사는 태강과 태임을 사모하고 공경하였으며, 아침저녁으로 힘써 부도를 다하였다. 태사는 문모文母라고 불렸다. 문왕이 양의 도를 이치로 하여 밖을 다스리고, 문모는 음의 도를 이치로 하여 안을 다스렸다.[7]

태사는 우임금 집안의 후손으로, 현명한 처녀로 이름이 났었다고 한다. 문왕은 그런 태사를 배필로 점찍고 직접 배를 만들고 다리를 놓아 신부를 맞이하는 '친영례'를 행했다. '친영', 즉 '친히 맞이함'이란 아내를 남편의 집안인 시집으로 데려오는 것인데, 여기서 주목할 것은 아내를 데려오기 위해 없었던 '배'를 만들고 '다리'를 놓을 정도로 대단한 정성을 들이고 있다는 점이다. 이는 문왕 당시에 그만큼 친영을 하는 사람이 없었으며, 친영을 하기 위해서는 이 정도로 특별한 의례를 갖춰야만 했었음을 보여 주는 것이다. 친영례를 통해 시집에 들어온 태사가 시어머니 태임과 시할머니 태강을 극진히 모셨다는 서술도 시집에 와서 시부모를 모시며 사는 일이 당대 현실에서 매우 보기 드문 덕행이었음을 알려 주는 대목이다.

태사는 남편인 문왕과 함께 짝을 이루는 이름인 '문모', 즉 '문덕이 있는 어머니'라고도 불렸다. 이는 태사라는 인물이 문왕에 비견할 만함을 드러내는 별칭이다. 태사와 문왕 부부는 아들을 10명 두었는데 그중 둘째가 바로 상나라를 무너뜨리고 주나라를 세운 무왕이고, 셋째가 그를 도와 왕실의 종법과 예악을 정비한 주공周公이다. 시어머니 태임과 시할머니 태강을 제치고 손자며느리인 태사가 '문모'라는 이름을 얻은 것은 바로 주 왕실의 실질적 창건자인 무왕과 주공의 어머니이기 때문이다.

'주나라 왕실의 세 어머니'를 다룬 이 장은 유향이라는 한대漢代의 편찬자에게 '본받을 만한 어머니(母儀)'의 상이 어떤 것이었는지를 압축적으로 보여 준다. 고대 중국의 완전한 문치 국가의 이상향인 주나라의 성립에 있어서 어머니의 존재는 훌륭한 아들을 낳고 기르는 '생산자이자 양육자'다. 남성이 '바깥-양의 도'를 상징하며 세상을 다스리는 외치外治를 수행한다면, 여성은 '안-음의 도'로써 남편과 시어른을 섬기고 자녀를 교육하는 내치內治를 수행하는 것이다. 주나라 왕실의 세 어머니 이야기에 깔려 있는 이러한 일관된 시각은 유향이 모범으로 삼고자 했던 가부장적 모성의 형태를 잘 보여 준다.

한편 편찬자의 의도를 넘어서는 당대 현실이 은연중 포착되고 있는 점도 이 편의 특징이라 할 수 있다. 유향의 표변석 의도, 즉 '가부장적 모성'의 가장 모범적 형태를 보여 주겠다는 이 장의 목표와 달리, 남성 중심의 혼례 방식인 '친영례'를 낯설게 바라보고 있는 당대의 시선을 읽을 수 있기 때문이다. 주나라 때는 물론이고 유향이 살았던 시대인 한나라 때까지 여성들의 친영, 시집살이는 일반화되지 않은 특별한 사건이었다. 유교 이념화의 과정에 아직 포획되지 않은 사람들의 삶을 보여 주는 이러한 대목은 《열녀전》을 지루하지 않은 텍스트로 만들어 주는 중요한 부분이라 하겠다.

성인을 길러 내다

네가
학문을
그만둔 것은
내가 이 베를
끊어 버린
것과 같다.
무릇 군자는
배움으로써
이름을
세워야 한다

맹자의 어머니

남성보다 더 남성적인, 권위와 예법의 수호자

〈모의전〉에서 눈길을 끄는 것 중 하나는 아들보다 더 남성적인 질서와 권위를 옹호하며 여성이 지켜야 할 예법과 도덕을 주장하는 어머니들의 이야기다. 이런 어머니상이 나타난 것은 유향의《열녀전》이 편찬된 전한 시대가 유교적 예법이 막 형성되기 시작한 때였기 때문이다. 하지만 이러한 '여성 억압적인 예법의 강화' 과정의 이면에 여전히 살아 있는 '여성 인물 고유의 개성과 힘'의 측면을 읽어 볼 수 있게 해 주는 책이 바로 유향의《열녀전》이기도 하다.

'남성 중심 이데올로기의 구축 과정'과 '인물 고유의 힘과 개성'이 충돌을 일으키며 만들어진 울퉁불퉁한 서사가 드러나는 이야기는 바로 자식 교육으로 역사상 가장 유명한 어머니, '맹자의 어머니' 편이다. 지금부터 맹자의 어머니에 대한《열녀전》의 다소 고르지 않은 기술을 한번 찬찬히 따라가 보기로 하자.

이 편의 시작은 맹자의 어머니, 하면 누구나 떠올릴 '맹모삼천지교孟母三遷之敎'와 '맹모단기孟母斷機'라는 고사성어로 집약되는 두 개의 일화다. 사는 곳의 환경이 자식의 교육에 미치는 영향을 간파하고 사는 곳을 세 번 옮긴 '삼천지교' 이야기나, 일상적인 학업에 매몰되지 말고 긴장감 있는 공부를 하도록 깨우침을 준 '단기' 이야기 모두 이 인물의 '결단력과 단호함'이라는 강렬한 개성을 전달하고 있다. 그중 '맹모단기' 이야기는 이러하다.

> 맹자가 어렸을 때 공부를 하고 돌아왔다. 맹자의 어머니가 베를 짜고 있다가 묻기를, "배움이 얼마나 아는 데까지 이르렀느냐." 하니, 맹자가 "그저 그렇습니다."라고 하였다. 그러자 어머니가 칼로 짜고 있던 베를 끊어 버렸다. 맹자가 두려워하며 까닭을 물었다. "네가 학문을 그만둔 것은 내가 이 베를 끊어 버린 것과 같다. 무릇 군자는 배움으로써 이름을 세우고 물어서 지식을 넓혀야 한다. 그래야 거할 때 평안하며 움직일 때 해로움을 멀리할 수 있다. 지금 학문을 폐한다면 천한 상태를 면할 수도 없고 재앙에서 멀어질 수도 없다."[8]

위 이야기에서 어린 맹자는 공부의 진척을 묻는 어머니에게 '그저 그렇다'고 답한다. 그 대답을 들은 어머니의 행동은 한 올 한 올 애써 짜고 있던 긴 천을 단숨에 칼로 베어 버리는 것이었다. 무거운 베

틀에 매달리듯 앉아 한 가닥씩 실을 엮어 넓은 면적의 천으로 짜내는 중노동의 결과가 한순간에 힘없는 실오라기 뭉치로 돌아가는 모습을 보여 준 것이다.

사실, 어린 아들에게 매일 하던 글공부는 딱히 특별한 것이 없었을 것이다. 원문에 '그저 그렇다'는 뜻으로 쓰인 '자약自若'이라는 말은 '평소와 같다'는 뜻이니, 크게 불성실한 대답도 아니었다. 그러나 어머니의 해석은 달랐다. 그런 공부란 곧 '공부를 폐한 것', 다시 말해 학업을 그만둔 것이었다. 이 일화에서 단적으로 드러나는 이 인물의 특별한 힘은 세 가지다. 첫째는 평소와 같은 공부란 '폐학廢學'과 같은 것임을 꿰뚫어 보는 통찰력이고, 둘째는 베를 끊어 버린다는 시각적인 '비유'를 통해 가르칠 줄 아는 명석한 판단력이며, 그 모든 것을 전달하는 과정과 방법에 있어서의 단호함이다.

그런데 이 '맹자의 어머니' 편에는 자식 교육에 관한 일화 외에도 잘 알려져 있지 않은 두 가지 이야기가 함께 들어 있다. 맹자가 부인과의 관계에서 불화를 겪었을 때의 일을 보여 주는 일화를 먼저 읽어 보자.

맹자의 처가 맹모에게 와서 친정으로 가겠다며 말했다. "저는 부부 사이의 도리가 내실에서는 관계없다고 들었습니다. 그런데 요즘 제가 혼자 방에 있을 때 남편이 저를 보고는 화를 내며 좋아하지 않았습니다. 이는 저를 객으로 대했기 때문입니다. 부인의 의리는 객의 집에서 머물지 않는 것이니 제 부모께 돌아가고자 합니다." 이에 맹모가 맹자를 불러 말했다. "… 지금 너는 예법을 잘 살피지 않고 남을 대하는 예로 아내를 책망하고 있으니 이는 지나친 것이다."[9]

맹자의 처가 말한 내용은 이러했다. 어느 날 맹자가 방 안에서 겉옷을 걸치지 않은 자신을 보고는 불쾌한 표정을 하고 다시는 방에 들어오지 않았다. 맹자의 처 입장에서는 우연한 행동 하나로 '예의의 기본이 없는 여자' 취급을 받은 것이다. 맹자의 처가 시어머니에게 털어놓은 불만의 핵심은 한마디로 남편이 부부간 예법을 지나치게 적용한다는 것이었다. 그러고는 남편이 자신을 '남을 대하는' 예법으로 대했으니 남의 집에서 살 수는 없다며 친정으로 돌아가겠다고까지 말한다.

맹자의 처가 당당하게 항의하고 '친정으로 가겠다'고 선언하는 모습은 당시 혼인한 여성들의 거취가 현실 차원에서는 제법 자유로웠으며 '여성에 대한 예법'이 그 시대에 전혀 일반적이지 않았음을 보여 준다. 여성이 갖춰야 할 예의 기준은 바로 맹자와 같은 유교 사상가에 의해 막 만들어지고 있었던 것이다. 맹자의 어머니 역시 며느리의 편을 들었음은 물론이다. 맹모는 아들을 불러 경직된 예의 관념을 꾸짖고, 남을 대하는 예로 아내를 책망한 것을 사과하라고 타일렀다.

그런데 이렇게 융통성 없이 예법만 고수하는 아들의 태도를 꾸짖었던 맹모의 이야기는 바로 다음 일화에서 약간은 상반되는 내용으로 이어진다. 이번에는 맹모 스스로가 여성이 지켜야 할 예법을 강하게 내세우고 있기 때문이다.

> 맹자의 모친이 말하였다. "무릇 부인의 예법은 다섯 반찬을 정결히 만들고 술이나 장을 담그며 시부모를 봉양하고 옷을 바느질할 뿐이다. 그러므로 규방 안에서 수양하며 바깥일에는 뜻을 두지 않는다. … 부인에게는 마음대로 하는 의리가 없으며 삼종의 도리가 있을 뿐이다. 그러니 어려서는 부모를 따르며 시집가서는 남편을 따르며 부모가 돌아가시면 자식을 따름이 예이다. 이제 네가 성인이 되고 나는 늙었으니 너는 너의 의를 행하고 나는 나의 예를 행할 뿐이다."[10]

위 이야기의 배경은 이렇다. 당시 맹자는 자신의 이상에 맞지 않는 제나라를 떠나려다가 모친의 노쇠함을 보고 결정을 미루고 있었다. 이를 본 맹모는 아들의 결정에 자신이 걸림돌이 되지 않기 위해 '네가 결정하는 대로 나는 따를 뿐'이라고 말한다. 그런데 여기서 맹모가 아들을 설득하는 논리는 유교적인 여성 윤리로서의 '순종'이다.

두 일화에서 핵심 관건은 '여자가 지켜야 할 예법'이다. 그런데 가만히 들여다보면 이 문제에 대해 맹모가 보인 태도는 상충되는 측면이 있다. 맹자가 자기 처에게 지나치게 엄격한 예법을 요구했을 때 맹모는 그것을 과도하다고 나무랐다. 그러나 그다음 이야기에서는 '여자의 도리'를 '삼종三從'으로 못 박으면서 바람직한 여성의 행동이란 오직 '남성의 의지에 따르는 것'임을 강조한다. 한 번은 여성에게 틀에 박힌 예법을 강요하지 말 것을 당부했는데, 또 한 번은 여성의 존재를 남성 중심적인 예법 속에 국한시킬 것을 선언하고 있는 셈이다.

맹모의 두 일화는 유향이 《열녀전》을 편찬하던 당시인 한나라 때 비로소 정비되기 시작한 여성에 대한 예법의 구축 과정과 수준을 보여 준다고 해석할 수 있다. 다시 말하자면 이는 맹모라는 인물이 논리적이지 않거나 일관성 없는 인물이어서가 아니라, 맹모의 일화를 《열녀전》 안에 쓰고자 했던 유향의 시대에 여성이 지켜야 할 예법이 균일하게 정리되지 않았음을 드러내는 증거인 것이다.

다만 주목할 것은 이렇게 맹자의 어머니가 '예법의 수호자'처럼 그려지고 있는 과정에서도 이 인물이 갖고 있는 거침없는 행동력과 단호한 태도가 깊은 인상을 남긴다는 점이다. 편찬자인 유향이 맹모를 입전했던 의도는 여성에 대한 예법을 여성의 입으로 강조하기 위함이었을 것이다. 그러나 그 과정에서도 지울 수 없었던 것은 이 여성 자신이 갖고 있었던 힘과 지혜의 흔적이었다. 어린 아들의 평범한 공부에 정신이 번쩍 들 가르침을 행동으로 보여 주고, 여자는 삼종지도三從之道를 따라야 한다면서도 '너는 너대로 나는 나대로의 예를 행할 뿐'이라는 독자적인 태도를 견지하는 것. 이것이 '현모'라는 전형성에도 불구하고 맹모라는 인물에서 독립적인 개성과 아우라를 가진 어머니상을 읽어 낼 수 있게 만드는 이유인 것이다.

2장

지혜로운 아내

현명전賢明傳

〈현명전〉은 정확히 말하자면 '현명(처)전'이다. 그만큼 이 장에 실려 있는 15명의 이야기[11]는 남편과의 관계에서 지혜와 식견을 보여 주는 아내의 역할에 뚜렷이 초점이 맞춰져 있다.《열녀전》 전체의 구성으로 보자면 맨 앞의 두 장에 '어머니'와 '아내'를 집중 배치해, 이것이 바로 여성이 해야 할 가장 중요한 사회적 역할임을 강조하고 있다고 볼 수 있다.

1편은 천자국 주나라의 왕후가 남편을 깨우친 내용이다. 2편에서 5편까지는 춘추시대 제후의 부인들 이야기다. 진晉 문공의 타국살이를 과감하게 정리하도록 한 부인 제강, 초 장왕에게 인재 등용에 대해 충고한 번희, 진秦 목공에게 친정 아우의 목숨을 살리도록 간한 목희, 자기 조국의 정벌을 막은 제 환공의 아내 위희가 등장한다. 6편과 9편은 남편의 잘못을 직언하는 아내를, 7편과 8편은 축첩을 허락하고 투기하지 않는 아내를 보여 준다. 10, 11편은 청빈한 현자의 삶을 산 남편을 깊이 이해하는 동반자로서의 아내 이야기이며, 13~15편에는 난세를 피해 은둔을 권유하는 아내의 모습이 소개되어 있다.

〈현명전〉의 특징 중 하나는 '춘추오패', 즉 춘추시대에 천하 제패의 위업을 달성한 다섯 왕 중 네 왕의 아내 이야기가 들어 있다는 점이다. 최초의 패자로 등장했던 제 환공의 부인 위희, 진晉 문공의 부인 제강, 진秦 목공의 부인 목희, 초 장왕의 부인 번희가 그들이다. 천하를 제패할 만큼 큰 업적을 달성하기 위해서는 반드시 현명한 아내의 역할이 필요하다는 유향의 생각이 반영된 설정으로 보인다.

이 책에서는 〈현명전〉의 인물들 중 7명을 세 개로 묶어 들여다볼 것이다. 10편과 11편에 실린 유하혜와 검루의 처, 5편과 12편에 실린 초나라 번희와 제나라 마부의 처, 13~15편에 실린 초나라 접여·노래자·오릉의 처가 그들이다. 유하혜, 검루의 처 편에서는 현자의 아내인 이들이 남편에 버금갈 만한 지적 수준과 통찰력을 갖고 있음을 확인하고, 초나라 번희와 제나라 마부의 처 편에서는 남편을 깨우치는 아내의 묘사를 통해 제시되는 '스승과 군자'라는 여성상을 읽어볼 것이다. 접여·노래자·오릉의 처 편에서는 남편보다 더 청빈함과 고결함을 지향하는 철학자 아내상이 드러나 있음을 지적하면서, 이러한 재현 속에 은연중 '사치하는 여성'에 대한 두려움과 혐오가 자리하고 있음을 말하고자 한다.

남편의 삶은 제가 잘 알지요

당신들은
내가 그를
아는 만큼은
그를 알지
못할
것입니다.
그렇게
말하고는
스스로
이렇게
조문을
지었다

노나라 현인 유하혜와 검루의 아내

독립적이고 지적인 여성들, 그 사유의 '언어'를 보다

아내 중에서 먼저 만나 볼 이들은 남편의 장례식에서 묵직한 한마디를 남긴 사람들이다. 덕행이 높은 현자로 이름났던 노나라 선비 유하혜의 아내와 검루의 아내가 장례를 치르면서 각기 지은 남편에 대한 추모글을 함께 읽어 보도록 하자.

유하혜가 죽자, 그의 문인들이 조문을 지으려 하였다. 그러자 그의 아내가 말했다. "선생께서 생전에 행하였던 덕을 조문에 쓰려고 하시는지요? 그렇다면 당신들은 내가 그를 아는 만큼은 그를 알지 못할 것입니다." 그리고는 스스로 이렇게 조문을 지었다. "남편의 어진 마음이여, 그 덕의 끝없음이여. 남편의 신의와 정성은 남에게 해가 된 적이 없었습니다. 온

유하게 자신을 굽혀 속세를 따르며 어떤 일이든 억지로 하지 않으셨습니다. 치욕을 무릅쓰고 백성을 구하였으니 그 덕이 매우 크셨습니다. 세 번이나 벼슬에서 쫓겨났지만 끝내 숨어 은둔하지 않았습니다. 훌륭하도다 군자여, 영원히 힘쓰셨으니! 슬프도다, 이제 세상을 버리셨으니! 장수하실 것을 바랐으나 이제 가시는구나! 아아, 슬프다. 혼이 떠나심이여. 남편의 시호는 마땅히 '은혜로움(惠)'이 되어야 할 것이네." 문인들이 이 글을 따라 조문으로 삼았으니 여기서 단 한 글자도 고칠 수가 없었다.[12]

유하혜라는 이름은 '유하柳下라는 마을에 살았던 은혜로운 분'이라는 뜻으로, 그는 공자와 맹자가 모두 인정한 성인이었다. 예의와 덕행과 정직을 지키면서 살았기에 노나라에서뿐만 아니라 나라 밖에서도 이름이 난 큰 선비였던 것이다.

유하혜는 사사士師라는 직위에 있으면서 늘 바른말을 했기 때문에 세 번이나 쫓겨나기도 했다. 그런데도 그는 노나라를 떠나지 않았다. 그 이유를 묻자 유하혜는 이렇게 답했다.

"올바른 도로 남을 섬기려면 어디를 가든 세 번은 쫓겨나지 않겠는가. 굽은 도로 남을 섬기려 한다면 왜 꼭 부모의 나라를 떠나야 하겠는가." 온화한 듯하면서도 곧고 우직한 성품을 가진 유하혜의 일면을 잘 보여 주는 이야기다.

그는 못난 임금이 제안한 미관말직도 거절하는 법이 없었다. 자신을 부르는 임금이 어떤 인물이건, 어떤 직위와 대우를 제안하건 크게 개의치 않고 부름에 응했다. 이유는 하나였다. 그들의 모자람이나 부도덕함이 자신의 인격에 오점을 남길 수 없다고 생각했기 때문이다. 백이, 숙제와 같은 충신들이 폭군을 섬기지 않고 아예 그 무리를 떠나 산속에 숨어 살면서 지조와 절개를 지켰던 방식과 정반대의 방식이었다.

그러면 공자와 맹자를 비롯해 당대의 현인들에게 두루 덕이 높은 군자라는 평을 들은 유하혜와 평생을 함께 산 그의 아내는 어떤 인물이었을까. 남편이 덕이 높은 군자라고 해서 그 말을 따르기만 하는 평범한 여성은 아니었던 듯하다. 〈현명전〉에 의하면 유하혜의 아내는 남편이 벼슬에서 세 번 쫓겨났을 때 노나라를 떠날 것을 강력하게 주장하기도 했다. '현자를 알아보지 못하는 나라에서는 있을 필요가 없다'는 이유였다. 물론 그때도 유하혜는 "그들은 그들이고 나는 나입니다. 도탄에 빠진 백성들을 두고 갈 수는 없습니다."라며 떠나지 않았지만 말이다.

앞서 제시한 예문은 그렇게 평생 낮은 자세로 백성들과 삶을 함께 한 유하혜가 세상을 떠났을 때의 일이다. 제자들이 그의 상을 치르고자 모여들었고 조문을 누가 어떻게 지을지 의논했다. 장례에서 가장 중요한 일 중 하나는 '조문하는 글(誄詞)'을 잘 짓는 일이다. 망자의 덕망과 업적을 밝게 드러내고 그의 일생을 정확하게 포폄해 후세에 전하는 뜻깊은 글이기 때문이다.

이때 유하혜의 아내는 그의 문하에서 수학한 많은 남성 제자들 앞에 나서서 이렇게 말한다. "나보다 그를 더 잘 아는 사람은 없을 것입니다." 그리고 그의 생애를 찬찬히 되짚어 보는 조문을 짓는다.

어짊과 겸손, 신의와 정성스러움, 세상에 굽힐 줄 아는 유연함, 백성을 돌봤던 자애로움을 이야기하고, 이 모든 덕을 집약하는 한 글자로 은혜롭다는 뜻의 '혜惠'라는 시호를 붙인다. 여기서 가장 인상적인 대목은 제자들이 유하혜의 아내가 지은 조문에서 '단 한 글자도 더하고 빼지 못했다'는 대목이다.

남편의 죽음을 맞이하며 그의 생애를 집약하는 시호를 지은 아내가 한 명 더 있다. 노나라의 또 다른 현인으로 이름이 높았던 검루라는 선비의 처다.

> 증자가 조문을 하기 위해 당에 올라가 선생의 시신을 보니 창문 아래에 머리를 벽돌로 받치고 짚자리에 눕혀져 있는데 솜옷이 헐어 안팎을 구별할 수가 없었다. 시신은 베 이불로 덮여 있었으나 손발을 다 덮지 못해 머리를 덮으면 발이 나오고 발을 덮으면 머리가 나왔다. 증자가 "덮은 것을 옆으로 끌어당기면 덮을 수 있습니다."라고 하니 검루의 처가 말하기를, "옆으로 덮으면 되겠지만 똑바로 덮어 모자란 것이 더 낫습니다. 선생께서는 옆으로 기울게 살지 않았기 때문에 이런 경지에 이르셨습니다. 살아계실 때 바르지 않은 일을 하신 적이 없는데 죽어서 바르지 않게 하는 것은 선생의 뜻이 아닐 것입니다." 하였다. … "예전에 임금께서 정사를 맡겨 재상으로 삼으려 했으나 거절한 것은 귀함이 이미 넉넉했기 때문입니다. 또 임금께서 곡식 30종鍾을 내리셨으나 거절하고 받지 않은 것은 부유함이 이미 넉넉했기 때문입니다. 선생은 세상에서의 담백한 맛을 달게 여기고 세상의 낮은 자리를 편안히 여겼으며, 빈천함을 슬퍼하지 않고 부

귀함을 기뻐하지 않았습니다. 어짊을 구해 어짊을 얻고 의로움을 구해 의로움을 얻었으니 그 시호가 '편안하다(康)'가 되는 것이 또한 마땅하지 않겠습니까." 증자가 말했다. "그 사람에 그 부인이로다."[13]

은자隱者, 숨어 사는 선비였던 검루는 평생을 벼슬에 나아가지 않고 청빈하게 살았다. 난세에는 세상에 나아가지 않는다는 처세를 선택했다는 점에서 유하혜와는 반대의 삶이었다고 볼 수 있다. 황보밀이라는 저자가 '고금 팔대의 선비들 중에 왕공에게 몸을 굽히지 않고 평생 이름을 훼손하지 않은 자만 수록했다'고 자부한《고사전高士傳》이라는 책에도 검루가 실려 있는데, 그만큼 그가 지조와 절개를 중시한 선비였음을 알 수 있다.

그런 그가 죽었다. 평생 은둔하며 살았던 선비였기에 제자들도 따르는 이도 없었다. 〈현명전〉의 이야기는 그의 덕을 사모했던 증자가 자기 문인들을 데리고 조용한 장례식을 방문했던 바로 그 장면을 보여 주고 있다.

증자가 조문을 하기 위해 방에 들어가자, 검루의 시신이 눈에 들어왔다. 짚으로 된 거적 같은 돗자리에 벽돌을 베고, 앞뒤를 구별할 수도 없는 낡은 솜옷을 수의로 입은 모습이었다. 검소한 삶에 맞는 가난한 죽음. 그래도 좀 너무하다 싶은 것은 시신을 다 덮지도 못하는 짧은 이불이었다. 증자는 검루의 아내에게 이불을 옆으로 끌어당겨 시신을 다 덮자고 말했다.

그런데 처의 태도는 단호했다. '남편의 뜻을 어기는 일'이니 안 된다는 것이었다.

"남편은 생전에 옆을 기웃거린 적도 없고, 바르지 않은 일을 한 적도 없습니다. 살았을 때는 바르게 살았는데, 어찌 죽음의 자리에 바르지 않을 수 있겠습니까."

망자의 삶을 생각한다면 짧은 이불이라도 비뚤게 덮을 수 없다는 주장은 죽은 이의 삶에 대한 깊은 이해를 보여 준다. 증자가 이번에는 선생의 시호를 무엇으로 해야 할지 물었다. 아내가 망설임 없이 답한 시호는 '편안하다'는 뜻의 '강康'이라는 글자였다. 평생 곤궁하게 살았던 선생과 '편안함'이라는 글자가 어울리지 않는다고 생각한 증자는 이유를 물었다. 그의 처는 이렇게 대답한다.

"남편은 임금의 부름에 응했다면 재상이 될 수도 있었고 부자가 될 수도 있었습니다. 그것을 다 거절한 것은 명예도 부귀도 이미 충분했기 때문입니다. 인을 구해 인을 얻었고 의를 구해 의를 얻었으니, 남편의 일생이야말로 모든 것이 편안한 삶이 아닙니까?"

이 말을 들은 증자는 감탄하면서 이렇게 말한다. "역시 그 남편에 그 아내로다!"

유하혜와 검루의 처 이야기에서, 유향은 아내를 동료 학자나 학문적 사승 관계의 제자보다도 더 남편의 삶을 정확히 파악하고 깊이 이해하는 인물로 그리고 있다. 이 특별한 이해의 깊이는 곧 이 여성들이 인품과 학식 면에서 그들의 남편과 '비등한' 수준의 인물이었음을 전제하는 것이기도 하다.

사실《열녀전》의 1장과 2장이 각각 '어머니의 모범'과 '현명한 처'

를 다루고 있다는 점은 유향이 전하고자 했던 의도, 즉 바람직한 여성상의 전형을 '어머니'와 '아내'의 역할로 우선 시작하겠다는 생각을 잘 보여 주는 대목이다. 그러나《열녀전》이 현재까지도 흥미로운 텍스트가 되고 있는 점은 저자 자신의 의도를 '초과'해서, 여성의 힘과 재능을 강렬하게 드러내게 되는 이러한 이야기들 때문이다.

유하혜와 검루의 처는 단지 남편을 보조하는 인물형으로 볼 수 없다. 이들은 자기 권위와 위엄을 갖추고 있으며 자신의 생각과 판단을 당당하게 제시하는 독립적인 지적 존재다. 이들은 남편의 사후에 그 삶에 대한 이해를 바탕으로 '시호'를 지었다. 이는 남편의 삶에 대한 정확한 이해와 그것을 해석적으로 명명할 줄 아는 '언어'를 가졌을 때에만 가능한 일이다. 즉 유하혜와 검루의 아내 이야기는 현자의 처라는 여성상을 통해 당대의 지혜로운 여성들이 가지고 있었던 '사유와 언어의 수준'을 보여 주는 편이라고 할 수 있을 것이다.

스승과 군자로서의 아내

그러자
그 남편이
미안해하며
아내에게
말했다.
내 모습을
고치고
싶습니다.
어찌하면
좋겠습니까

초 장왕 부인 번희, 제나라 마부의 처

뛰어난 사람을 알아보는 능력의 담지자

한편 초나라 장왕의 부인 번희와 제나라 마부의 처를 다룬 이야기는 남편을 가르칠 뿐 아니라, 그의 삶이 질적으로 '변화'하게 만드는 중대한 역할을 하는 아내를 보여 준다. 이 두 인물은 한 명은 왕비, 또 한 명은 마부의 아내였던 만큼 신분의 차이가 극과 극이었지만 이들이 남편의 삶에 미친 영향력의 수준은 거의 비슷했다. 먼저 춘추시대를 제패했던 다섯 명의 호걸, 춘추오패 중 한 명이었던 초나라 장왕의 아내 번희를 만나 보도록 하자.

장왕이 조정의 일을 보고는 늦게 돌아왔다. 번희가 당을 내려가 왕을 맞이하며 말하였다. "어찌 이리 늦으셨습니까? 시장하지도 피곤하지도 않으십니까?" 왕이 말하기를, "현자와 함께 있다 보니 시장함도 피곤함도 모르겠소." 하였다. 번희가 말했다. "왕께서 현자라고 하심은 누구를 말씀하십니까?" 왕이 "우구자요."라고 하니 번희가 입을 가리고 웃었다. 왕이 말했다. "그대가 웃는 이유가 무엇이오?" 번희가 대답했다. "우구자도 현자이기는 합니다만 충신은 아닙니다." 왕이 말했다. "왜 그렇습니까?" 번희는 이렇게 대답하였다.

"제가 왕을 모신 지 11년입니다. 그간 정나라와 위나라에 사람을 보내 어진 여인을 구하여 왕께 추천하였으니, 지금 저보다 어진 분이 두 분, 저와 비슷한 분이 일곱 분 있지요. 저라고 어찌 왕의 총애를 혼자 받고 싶지 않겠습니까? 하지만 궁에 여인들을 여럿 있게 하는 것은 그 사람의 능력을 보기 위함이라고 저는 들었습니다. 사적인 감정으로 공적인 일을 가려서는 안 되지요. 그래서 왕께서 그 사람의 능력을 많이 보아 아시게 하고자 한 것입니다. 우구자는 초나라에서 재상을 한 지 10여 년이 되었지만 추천한 이는 자기 자제가 아니면 친족 형제이며, 현자를 추천하거나 모자란 자를 물리친 적은 없다고 들었습니다. 이는 왕의 지혜를 가리고 현자의 벼슬길을 막은 것 아닙니까. 어진 이를 알고도 추천하지 않았다면 이는 불충한 것이요, 어진 이를 알아보지 못했다면 이는 지혜롭지 못한 것이지요. 그러니 제가 웃은 것이 당연하지 않습니까?" 이 말을 들은 왕은 내심 기뻐하였다.

다음 날 장왕은 번희의 말을 우구자에게 전하였다. 그러자 우구자는 자리를 피하며 대답할 말을 찾지 못했다. 그러고는 집에 몸을 피하고 사람을 시켜 손숙오를 맞아 추천하도록 하였다. 왕이 그를 재상으로 앉혀 초

나라를 다스린 지 삼 년 만에 장왕은 패왕이 되었다.[14]

번희의 남편이었던 초 장왕은 많은 고사와 일화를 남긴 극적인 인물이었다. 젊은 나이에 왕위에 오른 그는 치세에 관심이 없는 듯 삼 년이 넘는 세월을 가무와 여색을 즐기며 지냈다. 그런 그에게 충신인 오거가 다가와 이렇게 간언했다.

"삼 년을 울지도 날지도 않는 새가 있다면 이를 새라고 할 수 있겠습니까?"

주색에 빠져 아무 생각도 없는 줄 알았던 젊은 왕의 답변은 놀라웠다.

"삼 년을 울지도 날지도 않았으니 한 번 울거나 날면 얼마나 세상을 놀라게 하겠느냐."

과연 장왕은 정치를 시작하자마자 단숨에 간신들을 척결하고 강력한 정권을 수립했다. 삼 년의 시간 동안 누구를 등용하고 멀리해야 할지 관찰했던 결과였다. '날지도 않고 울지도 않는다'는 뜻의 '불비불명不飛不鳴'이라는 고사는 바로 회심의 기회를 노렸던 이 젊은 날의 장왕에게서 비롯된 말이다.

번희는 이러한 남편 못지않은 배짱과 영민함을 갖춘 여성이었다. 패기와 용맹이 넘치는 왕이었던 만큼 장왕은 수렵을 즐기고 좋아했다. 그 정도가 지나쳤지만 아무도 감히 나서서 말하지 못할 때 이것을 정면으로 문제 삼은 사람이 바로 번희였다. 그녀는 스스로 육식을 끊고는 수렵의 폐해를 말했다. 그것은 짐승을 불쌍히 여기지 않게 되고,

백성들의 농사를 망치며, 왕 자신의 몸도 상하게 만든다는 것이었다. 한마디로 사냥은 '어지럽고 거칠며 미친 듯하고 건잡을 수 없는' '음淫, 황荒, 광狂, 방放'일 뿐이라는 질책이었다. 번희의 말에 장왕은 곧 수렵을 중단했다.

〈현명전〉에 실려 있는 이들 부부의 일화는 당시 재상을 맡았던 '우구자'라는 인물에 대한 것이다. 남편인 장왕이 늦게까지 조정 일을 의논하다 돌아와 재상인 우구자를 현자라고 칭찬하자 번희는 입을 가리고 웃어 버렸다. 우구자를 현자로 인정할 수 없다는 번희의 이유는 이러했다.

"저는 당신을 위해 저보다 아름답고 총명한 여성을 처첩으로 추천한 적이 여러 번 있습니다. 여러 사람을 봐야 누가 나은지 왕께서 스스로 알 수 있기 때문입니다. 하지만 우구자는 자기보다 나은 사람을 추천한 적이 없습니다. 현자라고 할 수 있겠습니까?"

자기보다 나은 사람을 자신의 자리에 추천하기는 쉽지 않다. 자기가 돋보이기를 바라는 마음 때문이다. 번희가 우구자를 현자가 아니라고 판단한 이유가 바로 이것이다. 그는 자기보다 나은 사람을 과감하게 데려와 천거할 만한 국량이 못 되었다. 번희가 보기에 우구자는 좋은 재상이기는 하지만, 진정한 현자도 진정한 충신도 아니었다. 이에 대한 장왕의 반응은 전적인 동의였다. 이어지는 〈현명전〉의 기록을 보면 그는 내심 기뻐하고는 다음 날 우구자에게 바로 번희의 평을 전하고 있기 때문이다.

자기에 대한 번희의 평가를 들은 우구자는 어떻게 했을까? 그는 부끄러워하며 곧장 자리에서 물러나 '손숙오'를 재상으로 추천했고, 손숙오는 삼 년 만에 장왕을 춘추오패에 오르게 했다. 역사에 길이 남을 명재상 손숙오를 만든 배경에 번희가 있으니, 장왕이 춘추시대의 가장 위대한 군주가 된 것이 번희 덕이라고 하는 역사의 평가는 과장이 아닌 셈이다.

이어서 '제나라 마부의 처' 편을 읽어 보자.

> 안자가 밖에 나가려고 할 때였다. 마부의 처는 자기 남편이 안자를 위해 커다란 덮개를 받들고 네 마리 말을 몰아 나가는 모습을 엿보았다. 그는 의기가 양양하여 매우 만족해하는 모습이었다. 남편이 돌아오자 그 처가 말하기를, "당신이 비천함은 당연합니다."라고 했다. 남편이 말했다. "무슨 말입니까?" 아내가 말했다. "안자는 키가 6척이 채 못 되지만 제나라의 재상이며 이름이 제후들에게 널리 알려졌지요. 오늘 제가 대문 앞에 따라가 그 모습을 살펴보았습니다. 그분의 태도는 정성스러웠고 자신을 낮추며 생각이 깊은 모습이었습니다. 당신은 키가 8척이나 되지만 그를 위한 종에 불과하면서 태도가 의기양양하며 아주 만족스러워 보였지요. 제가 떠나려는 것은 이러한 이유 때문입니다."
>
> 그러자 그 남편이 미안해하며 말했다. "내 모습을 고치고 싶습니다. 어찌하면 좋겠습니까?" 아내가 말했다. "그러면 안자의 지혜를 마음에 간직하면서 8척의 키를 더하십시오. 몸으로는 인의를 행하며 현명한 주인을 섬기십시오. 그러면 이름이 분명 드러날 것입니다. 또 제가 들으니 '의로움을 즐기며 비천하게 지낼 망정 헛되이 귀해져서 교만해서는 안 된다'

는 말이 있더군요."

이때 그 남편이 스스로 깊이 반성하여 도를 배우고 겸손해졌으며 항상 자신이 부족하다는 듯 자신을 낮췄다. 안자가 그가 변한 것을 보고 이상하게 여겨 그 까닭을 묻자 사실대로 대답하였다. 그러자 안자는 그가 능히 선행을 받아들이고 스스로를 고칠 수 있음을 현명하게 여겨 경공에게 그를 대부로 추천하였다. 또 그 아내를 세상에 드러내 대부의 아내가 되게 하였다.[15]

이 글에서 먼저 궁금증을 자아내는 이는 '안자'라고 불리는 '안영安嬰'이라는 사람이다. 그는 제나라의 유능한 재상이었다. 검약한 생활을 하고 의리를 아는 인물로 유명했고, 6척도 안 되는 작은 키 때문에 더욱 사람들의 시선을 끌었다. 한나라 이전에 일 척은 약 22~24cm 정도였으니 그의 키는 고작 140cm를 겨우 넘을 정도의 단신이었다. 초나라에 사신으로 갔을 때 개구멍으로 지나가라는 모욕을 당한 적도 있을 정도였다.

하지만 그는 작은 체구와 달리 도량이 크고 담대한 인물이었다. 하루는 왕이 백성들이 법을 잘 지키지 않는다고 한탄하자 그는 곧바로 왕에게 이렇게 직언했다.

"백성들이 법을 지키지 않는 것은 왕께서 그 법을 먼저 지키지 않기 때문입니다. 양고기를 판다는 간판을 내걸고 개고기를 파는 가게가 있다면 사람들이 가겠습니까? 겉과 속이 다르면 백성이 따르지 않습니다."

'양두구육羊頭狗肉'이라는 유명한 고사는 바로 이러한 안영의 말에서 비롯된 것이다.

안영에 대한 이야기가 길었지만 이 편에서 사람을 알아보는 뛰어난 안목을 보여 준 주인공은 바로 이 명재상의 마차를 몰던 마부의 아내다. 안영의 마부는 체구가 컸다. 6척의 단신이었던 안영에 비하면 8척, 즉 170cm가 넘는 마부는 거인처럼 커 보일 정도였다. 그런데 이 두 사람이 외출하는 모습을 가만히 지켜본 마부의 처는 남편을 크게 책망했다. 한마디로 덩칫값을 못한다는 이유였다.

"안자께서는 키는 작지만 한 나라의 재상이라는 막중한 지위에 계십니다. 중대한 나랏일을 보면서도 그분은 조용하고 신중하며 자기를 낮추는 겸손함이 몸에 배어 있으셨지요. 당신의 모습은 정반대였습니다. 당신은 장대같이 키가 크지만 재상 어른의 수레를 끈다는 것을 자랑스러워하는 마음에 들떠 보였고 잘난 체하는 것 같았습니다."

마부의 처는 조용한 명재상의 모습에서 인간이 가져야 할 바람직한 태도를 읽어 냈다. 그것은 겸손함과 신중함이었다. 반대로 재상의 마차를 몬다는 보잘것없는 자만심에 들뜬 남편의 모습은 한심해 보였다. 그녀는 남편에게 이렇게 충고했다.

"안자의 지혜를 배우고 인과 의를 실천하십시오. 의를 즐거워할 줄 알면 천한 몸이어도 헛되지 않게 살 수 있습니다."

아내가 가르쳐 준 교훈을 깊이 새긴 마부는 전과는 다른 사람이 되었다. 겸손하게 자신을 낮추는 모습이 마치 주인인 안영의 모습을 닮아 가는 것 같았다. 얼마 지나지 않아 안영이 제일 먼저 마부의 변화를 알아챘다. 내막을 알게 된 그는 이들 부부에게 대부의 벼슬을 내린다. 그럴 만한 인격과 실천력을 가졌다고 본 것이다.

두 일화에서 번희와 마부의 처는 남편에게 충고와 조언을 하는 역할을 맡고 있지만, 사실은 '실질적인 능력의 담지자'다. 번희가 남편에게 건넨 충고는 '인재 등용'에 대한 충고였다. 왕으로서 세상을 제대로 다스리는 정치를 하려면 현명한 인재를 알아보고 등용할 줄 알아야 한다는 것이다. 그런데 그 인재를 등용할 기준을 제시한 사람은 바로 아내인 '번희'였다. 마부의 처도 마찬가지다. 그녀가 남편에게 건넨 충고는 '자기 수양'에 대한 충고였다. 한 인간으로서 제대로 된 삶을 살려면 스스로 인격을 갈고닦으며 더 나은 인간이 될 수 있도록 노력해야 한다는 것인데, 자기를 돌아보고 남을 가르치기까지 할 수 있는 능력은 이미 아내인 '마부의 처'에게 있었다.

〈현명전〉을 쓸 때 유향이 염두에 두었던 것은 원래 남편을 지지하고 도와주는 현명한 아내의 모습을 보여 주는 것이지 않았을까. 그런데 조력자라는 존재가 힘을 보태 주는 제 역할을 다하려면 그 조력자 자체의 고유한 능력이 강조될 수밖에 없다. 〈현명전〉에 입전된 여성들의 이야기가 편찬자의 의도와 다르게 여성들 고유의 능력과 지식이 부각된 텍스트로 독해될 수밖에 없는 이유다.

특히 이 편에서 주목할 만한 것은 두 명의 아내가 갖고 있는 능력이 유교에서 이상적인 인간상으로 여기는 군자의 덕목과 겹친다는 점이다. 인재를 알아보고 다스리는 것은 '치인治人'의 능력, 자기를 연마하고 수양하는 것은 '수기修己'의 능력이다. '수기치인', 자기를 갈고닦아 세상을 다스리는 데로 나아가는 것은 바로 유교적 인간상의 완성태를 의미하는 덕목인 것이다. 유향의 〈현명전〉에서 번회와 마부의 처 이야기는 남편을 가르쳐 그의 삶을 변화로 이끄는 스승이자 군자로서의 아내상을 보여 주는 일화라고 할 수 있다.

문밖의 수레 자국이 어찌 그리 깊습니까

큰 수레는
다리를
편안히
하는 것에
불과하고,
좋은
음식이야
고기 한 점의
단맛에
불과합니다

초나라 은자 접여, 오릉자종, 노래자의 아내

현명한 여자는 사치하지 않는다

〈현명전〉에서 특이한 소재로 한 부류를 이루는 아내상은 '남편에게 도망치기를 권한 여성들'이다. 도망치는 대상이 똑같이 '벼슬과 부귀, 권세'였다는 점에서 그 내용도 매우 비슷하다. 주인공은 바로 초나라의 숨은 현자賢者들이었던 접여, 오릉자종, 노래자의 아내다. 먼저 초나라의 '미치광이'로 유명했던 '접여'의 아내에 대한 이야기를 보기로 하자.

초나라 왕이 신하로 하여금 금 100일을 두 대의 수레에 지고 가게 하여 접여를 초빙하고자 했다. … 시장에 갔던 그의 아내가 돌아와 말했다. "선생은 지금껏 의를 지켜 왔습니다. 어찌 나이 든 뒤에 그 의를 저버리려 하십니까. 문밖에 있는 수레바퀴 자국은 어찌 그리 깊습니까." … 접여가 말했다. "원래 부귀는 사람들이 좋아하는 것인데 그대는 어찌 내가 허락할까 걱정하시오?" 아내가 말했다. "의로운 선비는 예가 아니면 움직이지 않습니다. 가난해도 지조를 꺾는 일은 하지 않고, 비천해도 행실을 바꾸는 일은 하지 않지요. 저는 남편을 모시면서 직접 밭 갈아 음식을 먹고 직접 베를 짜 옷을 만들었습니다. 배부르고 따뜻하면서 의리대로 행동한다면 그 즐거움도 크겠지요. 하지만 남의 비싼 녹을 받고 남의 좋은 수레를 타며 남이 준 고기를 먹는다면 장차 무엇을 해야겠습니까." 접여가 말했다. "나는 허락하지 않았소." 그러자 아내가 말했다. "임금의 명을 따르지 않는 것은 충이 아니요, 임금을 따르면서 거스르는 것은 의가 아니니 떠나는 것이 낫습니다." 이에 접여는 솥과 시루를 메고 처는 베틀과 살림을 머리에 이고 이름을 바꿔 멀리 떠나니 어디로 갔는지 알 수 없었다.[16]

접여에 관한 이야기는 《논어》 '미자微子' 편과 《장자》 내편內篇의 '인간세人間世'에 전한다. 《논어》에는 그가 수레를 타고 지나가는 공자를 막아서고는 난세에는 성인조차도 다칠 수 있으니 나서지 말아야 한다는 내용의 노래를 하고 달아났다고 한다. 《장자》에는 초나라에 온 공자의 집 앞에서 역시나 비슷한 충고를 담은 노래를 부르고 자취를 감춰 버렸다고 전한다. 은둔자인 접여가 난세를 다스릴 임금을 찾아 천하를 주유하던 공자에게 하고 싶었던 말은 무엇이었을까. 《장자》에 전하는 노랫말의 핵심 부분만 전하면 이러하다. '천하에 도가 있으면 성인이 그 뜻을 이루지만, 천하에 도가 없으면 성인도 겨우 살아갈 뿐이네. 지금 같은 세상에선 그저 형벌이나 면할 뿐'.[17]

접여가 보기에 당시의 세상은 도가 없는 세상이었다. 그러니 공자와 같은 성인이라도 그 뜻을 이루기 어려울 뿐 아니라, 자칫하면 억울한 모함을 당할 수도 있음을 충고하고자 했던 것이다. '미치광이'라는 접여의 별명은 그가 미친 척하고 숨어 살며 세상을 피하면서도 가끔 나타나서는 이런 예언 같은 말을 툭툭 던지고 사라졌기 때문에 붙은 것이었다. 그런데 〈현명전〉의 '접여의 처' 부분을 보면 광인 행세를 할 정도로 과격했던 남편을 한 수 능가하는 아내를 만나게 된다.

그녀는 집 앞에 찍혀 있는 수레 자국을 보고 남편을 추궁한다. "지금까지 의로움을 지키며 살아오셨는데 어찌 나이 들어 이를 버리시려 합니까? 문앞 바퀴 자국은 왜 그리 깊습니까?" 접여의 처는 금과 수레를 앞세운 왕의 방문을 남편이 받아들였다는 것 자체가 마음에 들지 않았다. 많은 금을 싣고 왔기에 그 금의 무게 때문에 수레의 바퀴 자국이 깊게 패여 있다는 것도 마땅치 않았다. 재물로 지조를 살 수 있단 말인가?

접여는 그러한 아내의 마음을 모르는 척 이렇게 묻는다. "사람들은 부귀와 재물을 좋아하는데 당신은 왜 싫어하는지요?" 이에 대한 아내의 답은 그의 출처관出處觀이 남편보다 엄격했음을 잘 보여 준다. "의로운 선비는 예를 지키며 지조와 행실을 바꾸지 않습니다. 그런데 이런 난세에 누군가의 녹을 받고 좋은 수레와 음식을 받으면 반드시 그 대가를 치러야 하겠지요."

접여와 아내가 나눈 대화의 결론은 간단했다. 재물로 손짓하는 왕의 부름에 응하지 말아야 한다는 확신이었다. 접여의 처는 여기서 한 번 더 피화避禍의 지혜를 발휘한다. 벼슬길에 나오라는 임금의 뜻을 어긴 것은 불충不忠이자 불의不義의 죄를 지은 것이니 죄를 피하려면 빨리 떠나야 한다는 것이다. 충성이냐, 불충이냐의 딜레마에서 자기를 보존하는 가장 지혜로운 방법은 그 상황을 피하는 것이었다. 부부는 이름을 바꾸고 함께 떠나 종적을 감춰 버렸다.

〈현명전〉에는 접여의 처와 비슷한 일화를 가진 두 명의 여성이 더 소개되어 있다. 오릉자종의 처와 노래자의 처가 바로 그들이다.

초왕이 오릉자종이 현명하다는 말을 듣고 그를 재상으로 삼고자 신하에게 금 100일을 주며 오릉자종을 초빙해 오게 했다. 오릉자종이 말했다. "제게 아내가 있으니 함께 이 일을 의논했으면 합니다." 그는 곧장 들어가 아내에게 말했다. "초나라 왕이 나를 재상으로 삼고 싶다며 신하를 보내 금을 가져왔소. 오늘 재상이 되면 내일은 말 네 마리가 끄는 큰 수레를 타고 좋은 음식이 한 길이 넘게 앞에 차려질 거요. 어떻겠소?" 아내가 말했다. "남편께서는 신 삼는 일로 생계를 이었지만 물질적으로 생활을 못할 만큼은 아니었습니다. 왼편에는 거문고, 오른편에는 서책을 두었으니 즐거움이 그 안에 있었지요. 네 마리 말이 끄는 큰 수레는 다리를 편안히 하는 것에 불과하고, 한 상 가득 차려진 좋은 음식이야 고기 한 점의 단맛에 불과합니다. 하지만 지금 다리의 편안함과 고기 한 점의 단맛에 초나라 전체의 걱정을 품어야 한다면 과연 즐겁겠습니까."[18]

오릉자종은 원래 제나라의 진중자陳仲子라는 사람으로, 자신의 형이 제나라에서 벼슬하는 것을 의롭지 않다고 여겨 초나라의 오릉於陵 지방으로 옮겨 와서 살았다고 전해지는 인물이다. 오릉자종의 청렴함에 대한 유명한 일화는 너무 가난했던 그가 사흘간 아무것도 먹지 못해 눈과 귀가 멀었다가, 우물가에 떨어진 벌레 먹은 오얏(자두)을 주워 먹고서 겨우 살아났다는 이야기다. 이는 두고두고 가난과 의로움의 극치를 보여 주는 이야기로 여러 문인들에게 인용되곤 했다.

그런 오릉자종에게도 왕의 부름이 있었다. 눈이 가는 대목은 그가 곧장 "이 일은 아내와 상의해 보겠습니다."라고 답했다는 부분이다. 조언을 구하는 오릉자종에게 그의 아내는 이렇게 이야기한다. "마차는 잠깐 다리를 편하게 하는 것이고, 진수성찬은 고기 한 점에 불과한 것 아닌가요? 그 대가로 나라의 근심을 껴안아야 하는데 그것이 좋은 일인지요? 삶의 즐거움은 당신이 좋아하는 거문고와 서책 속에 있습니다."

많은 재물의 힘을 '무릎이나 잠시 편하고 고기 한 점 맛있게 먹는 일'로 치부해 버릴 수 있는 기개도 놀랍지만, 그 대가가 '평생 근심 속에 나랏일을 맡아야 하는 것'임을 짚어 내는 명료한 인식도 놀랍다. 이들의 결론은 곧 '거문고와 서책'이나 즐기며 은둔하는 삶을 선택하는 것으로 마무리되었다.

또 다른 은자로 유명한 노래자라는 선비의 아내는 좀 더 대쪽 같은 모습을 보여 준다.

노래자가 말했다. "초왕이 내게 국정을 맡기려고 하오." 아내가 "허락하셨는지요?"라고 묻자 노래자는 "그렇소"라고 했다. 아내가 말했다. "제가 듣기로는 술과 고기를 내려 주는 사람은 아랫사람을 채찍으로 따르게 하고, 관직과 녹을 내려 주는 사람은 도끼로 자신을 따르게 한다고 들었습니다. 지금 남편께서 남의 술과 고기를 먹고 관직과 녹봉을 받게 되면 그것을 주는 사람을 섬기고 따라야 될 테니 장차 화를 면할 수 있겠습니까. 저는 남에게 얽매이면서 살고 싶지는 않습니다." 그러고는 바구니를 던지고 떠나 버렸다. 노래자가 말했다. "돌아오시오! 그대를 위해 다시 생각하겠소!" 그러나 아내는 뒤도 돌아보지 않고 계속해서 길을 가더니 강남 땅에 도착해서야 겨우 발길을 멈추고 말했다. "짐승들의 빠진 털을 엮으면 옷을 만들 수 있고 떨어진 곡식들만 주워도 먹고살 수 있습니다." 노래자가 아내의 말을 따라 그곳에서 살았는데, 백성들이 따라와 일가를 이루고 살기 시작해 일 년이 되고 삼 년이 되자 마을을 이루게 되었다.[19]

사실 노래자는 자신을 부르러 온 왕의 사신에게 '그렇게 하겠다'는 답을 전해 둔 상태였다. 하지만 노래자의 처는 남편의 결정에 반대한다. "술과 고기, 관직과 녹을 주는 자는 채찍과 도끼를 들고 사람을 부릴 것입니다. 저는 그렇게 살고 싶지 않습니다." 그녀는 권력의 속성을 정확하게 간파했다. 부귀영화와 권세를 약속하는 이들은 그 대가로 자신에 대한 절대적인 복종을 요구한다는 점이다. '남에게 억제당하며 살고 싶지 않다'는 말에는 권력이 주는 부귀와 명예 대신 자유로운 삶을 선택하겠다는 의지가 담겨 있다.

노래자의 처는 말을 마친 후 곧바로 먹을 것을 담아 온 바구니를 던져 버리고 집을 나갔는데, 놀란 남편이 아내를 따라가면서 결심을 바꾸겠다고 호소해도 절대 뒤를 돌아보지 않고 끝까지 자기 갈 길을 간다.

그렇게 노래자의 처가 도착한 곳은 중국의 장강(양쯔강) 이남이었다. 그곳이 따뜻하고 풍족한 땅이었기 때문이다. 짐승들이 떨어뜨린 깃털만 주워도 옷을 만들 수 있고, 땅에 떨어진 이삭만 주워 먹어도 굶지 않을 수 있는 곳. 존재의 지속을 위해 굳이 다른 존재에게 피해를 입히거나 인위적인 노력을 하지 않아도 되는 곳. 노래자의 처가 추구한 삶의 철학이 드러나는 부분이다. 이들이 정착한 이후 사람들이 점차 모여들어 마을을 이루고 살게 되었다는 후일담은 많은 사람들이 노래자 부부의 은자적 삶의 방식을 흠모하고 따랐음을 알게 해준다. 흥미로운 점은 유향이 바로 이들의 이야기를 그 '아내'를 중심으로 재구성해《열녀전》에 싣고 있다는 점이다.

난세의 스승이었던 이 현자들은 자기 삶의 방식을 아내에게 묻고 의논하며 그 의견을 따른다. 이들에게 은둔해야 하는 이유를 적극 피력하며 삶의 방향을 제시하는 이는 그들의 아내다. 유향은 유하혜와 검루의 처 일화에서 남편과 대등한 수준의 식견을 가진 아내상을 보여 주고, 한 걸음 나아가 초나라 번희와 제나라 마부 처를 통해 남편의 삶을 변화시키는 스승 같은 아내상을 제시한 뒤, 이 일화들에서 남편보다 더 철학적인 깊이를 가진 아내의 모습까지 소개하고 있는 것이다.

현명한 아내들의 일화에서 우리는 《열녀전》의 비균질성을 읽어내고 자기 권위를 가진 여성의 힘을 발견할 수 있다. 다만 현자들의 아내에 대해 이러한 서술을 한 편찬자 유향의 의도가 무엇이었을지 짚어 볼 필요가 있다. 이때 지식과 학식을 갖춘 아내상을 긍정적으로 평가하는 일화들이 공통적으로 '가난과 청빈'을 배경으로 하고 있다는 점은 하나의 단서가 된다. 여성의 지식과 주도성을 긍정할 수 있는 전제는 '검소함'이라는 미덕이 동반되었을 때인 것이다. 유향이 한나라 왕실을 망친다고 생각한 당대 후궁들의 사치와 허영을 얼마나 혐오했는지 짐작할 수 있게 하는 지점이다.

결국 《열녀전》이 아내를 남편보다 우월한 존재로, 남편을 가르치는 철학적 스승으로까지 그릴 수 있었던 이유는 사치와 허영이라는 악덕에 대한 계도가 너무나 긴급한 사안이었기 때문은 아닐까. 〈현명전〉에 소개된 지혜롭고 학식 높은 아내들의 모습에는 '현명하고 지적인 여성은 사치하지 않는다'고 연상하게 만드는 면이 있다. 《열녀전》이 근본적으로 남성적 지배 질서를 세워 나가는 과정에서 이상적인 여성의 덕목과 전형성을 구축하기 위해 쓰인 텍스트였음을 다시 한 번 깨닫게 되는 대목이다.

3장

미래를 읽는 여자

인지전仁智傳

〈모의전〉에서 어머니상을, 〈현명전〉에서 아내상을 집중 조명했다면, 〈인지전〉에서는 나라에 닥칠 화를 예견하고 번영의 길을 제시할 만큼 '정치적 안목'을 가진 여성상에 초점을 맞추고 있다. 이 장에는 주로 왕위 계승, 인재 등용 등의 중요한 정치적 선택을 놓고 그 옳고 그름을 가려야 하는 왕이나 대부에게 충고하는 이야기가 담겨 있다. 사람을 알아보는 안목을 발휘해 나라와 가문의 재앙을 피할 수 있게 하거나, 앞날을 대비하는 방책을 제안하는 이야기를 보여 주고 있기도 하다.

〈인지전〉의 또 다른 특징 중 하나는 후대의 다양한 열녀전 판본에 전혀 수용되지 못했다는 것이다. 이러한 사실은 이 장에 실린 여성들의 능력이 '정치적인 안목과 식견'에 결부되어 있다는 점과 일정한 연관이 있다. '정치라는 공적 영역은 여성들의 관심 영역이 될 수 없다'

는 가부장적 시각이 후대로 내려올수록 강하게 관철되었음을 보여주는 대목이다.

〈인지전〉은 주로 왕실 및 귀족 여성들이 나라 걱정을 하는 내용으로 이루어져 있다.[20] 약소국인 밀나라 강공의 어머니는 나라의 안위를 지키기 위해 축첩을 줄이라고 권하고, 허나라 목공 부인은 강국과 혼인을 맺을 것을 충고한다. 그런가 하면 강대국인 초나라 무왕 부인, 제나라 영공 부인은 자기 아들에게 왕위나 중요한 군사적 지위를 주려는 왕을 말린다. 조나라 희씨 처, 진나라 백종 처, 위나라 영공 부인, 진나라 양설자의 처, 진나라 범씨의 어머니, 노나라 공승의 누이, 장수 조괄의 어머니 등의 이야기는 모두 사람을 알아보는 안목을 발휘해 가문과 나라의 재앙을 예견하고 이를 피하게 하는 내용이다.

이 책에서는 〈인지전〉의 인물들 중 네 편의 인물을 살펴볼 것이다. 15편 조괄의 모, 6편 백종의 처, 7편 위나라 영공 부인, 13편 노나라 칠실읍의 여자가 바로 그들이다. 조괄 모, 백종 처 편에서는 이들이 가진 정치적 판단력이 곧 앞날의 재앙을 예측해 그것을 미리 대비하는 '피화의 능력'으로 이어지고 있음에 주목한다. 위나라 영공 부인, 칠실읍 여자 편에서는 공적 영역에서 여성의 지혜가 발휘되는 이야기가 변형되는 과정을 살펴보고, 이러한 여성 유형에 대한 가부장제의 경계심이 후대 열녀전에 모범적 여성상으로 전승되지 않는 결과로 이어지고 있음을 지적하고자 한다.

제 아들은 그 아비만 못합니다

원컨대
아들을
장수로
삼지 말아
주십시오.
왕께서
끝내 그를
보내셔서
그가
장수 노릇을
못한 것이
드러나면…

조괄의 어머니, 진나라 백종의 아내

정치적 현실과 권력 관계 분석에 기초한 '피화의 지혜'

〈인지전〉에서 특별히 눈길을 끄는 이야기 중 하나는 '아들의 앞길을 가로막는 어머니'다. 이 어머니는 왕이 자기 아들을 장군으로 임명하자 아들의 그릇이 작고 그 직책을 감당할 만한 능력이 없다고 상소를 올리기까지 한다. 전국시대 조나라의 명장군 조사趙奢의 아내이자, 조괄趙括의 어머니가 바로 이 이야기의 주인공이다.

> 조괄의 어머니가 왕에게 글을 올려 말하였다. "괄을 장수로 삼아서는 안 됩니다." 왕이 그 까닭을 묻자 어머니가 말하였다. "전에 제가 괄의 아비를 섬겼는데 그때 그 아비 역시 장수였습니다. 그가 몸소 밥을 지어 먹이는 자가 수십이었고 벗으로 삼은 자 또한 수백이었습니다. 대왕과 종실

이 내리신 선물은 모두 군대 아전들과 사대부에게 나눠 줬으며, 출정 명령을 받은 날에는 집안일을 묻지 않았습니다. 그런데 지금 괄은 어느 날 갑자기 장수가 되고 나서는 동쪽을 향해 군대의 아전들에게 조회를 받는데 아전들이 그를 우러러 감히 쳐다보지도 못하였습니다. 왕께서 선물을 내리시면 돌아와 그것을 모두 쌓아 두고 매일 좋은 집과 밭을 사려고 둘러봅니다. 왕께서는 그가 그 아비와 같다고 생각하십니까? 아비와 아들이 같지 않고 그 마음먹은 것이 제각각이니 원컨대 아들을 장수로 내보내지 말아 주십시오." 왕이 말하였다. "그만 하시오. 이미 계획은 결정되었소." 괄의 어머니가 말하였다. "왕께서 끝내 그를 보내셔서 그가 장수 노릇을 못한 것이 드러나면 저도 그 벌을 따라 받아야 합니까." 왕이 말하였다. "그렇지 않게 하겠소."[21]

조나라와 진나라의 대전은 전국시대 최대의 전쟁이었던 것으로 전해진다. 당시 조나라의 명장이었던 조사는 자신의 아들 괄이 병법의 실상보다는 이론에만 능한 것을 염려했다. 위 이야기는 바로 그 조사 장군이 죽은 뒤 왕이 조괄을 등용하려 하자 그의 어머니가 만류한 일화다. 조사는 부하와 병졸들을 두루 보살피고 아끼는 인물이었으나 조괄의 사람됨은 전혀 그렇지 못했기 때문이다.

조사 장군은 항상 집안보다 부하와 군사들을 먼저 챙기는 모습을 보여 널리 덕망을 얻은 인물이었다. 그는 장수의 권위를 내세우지 않았고 전장의 벗으로서 수하들과 사귀었다. 부하들을 늘 곁에 두고 보살폈으며 이들에게 조정에서 받은 하사품을 아낌없이 나눠 주곤

했다.

그러나 조괄은 부하들이 함부로 고개도 들지 못하게 했다. 왕이 내린 하사품은 혼자 차지했으며 땅과 집을 늘려 재산을 마련하는 데 관심을 쏟았다. 조괄의 어머니가 보기에 아들은 아비를 닮지 못했고 마음속에 품은 바도 전혀 달랐다. 따라서 아들에게 장수의 자리를 맡기지 말라고 왕에게 말한 것은 어머니 입장에서 한 말이 아니라, 나라를 걱정하는 백성의 입장에서 한 충언이었다.

그럼에도 왕이 조괄을 장군으로 세우려 하자, 모친은 할 수 없다는 듯 나중에 아들이 패하더라도 자신을 벌하지 말아 달라고 부탁한다. 모친이 짐작한 대로 아들은 전쟁에서 패했고 나라는 큰 피해를 입었지만 조괄의 어머니는 적어도 자신에게 돌아올 재앙은 피할 수 있었다.

이렇듯 〈인지전〉에는 재앙을 피하는 이야기, 즉 앞날을 내다보고 '피화'의 지혜를 발휘하는 여성들의 이야기가 여럿 들어 있다. 그중에서 진나라 백종의 처라는 인물은 남편에게 다가올 화를 예상한다. 그는 남편의 평소 성격으로 볼 때 언젠가 재앙이 닥칠 수밖에 없으리라는 것을 알았다. 그렇다면 불행한 상황이 가까이 다다랐을 때 아들이라도 구할 수 있는 방법을 미리 세워 두어야 했다. 백종이 어떤 인물이었는지 함께 읽어 보기로 하자.

> 백종은 현명하였으나 직언하기를 잘하여 곧잘 남의 노여움을 샀다. 그 처가 항상 걱정하며 말하였다. "… 당신은 직언하기를 좋아하니 옳지 못

한 자들이 미워하여 분명 화를 당하기 쉬울 것입니다." 그러나 백종은 처의 말을 귀담아듣지 않았다. 어느 날 조정에서 조회를 하고 기쁜 빛으로 백종이 돌아오자 아내가 말했다. "즐거워 보이십니다. 무슨 일입니까?" 백종이 말하였다. "내가 아침에 조회에서 말하는 것을 보고 여러 대부들이 내게 양자陽子를 닮았다고 하였소." 처가 말하였다. "열매 맺는 곡식은 화려하지 않고 진정한 말은 꾸미지 않습니다. 양자의 말은 화려하지만 열매가 없으니 말의 실속이 없습니다. 그러면 화가 미칠 것 같은데 당신은 어찌 기뻐하십니까?" 백종이 말하기를, "내가 여러 대부와 술을 마시며 이야기를 나눌 테니 그대가 한번 들어 보시오."라고 하자, 처가 승낙하였다. 큰 자리를 열어 여러 대부들과 술을 마신 뒤 처에게 "어떠했소?" 라고 물었다. 처가 답했다. "대부들이 당신보다 못했습니다. 그러나 사람들은 자기보다 나은 사람을 오랫동안 모시지 않습니다. 분명히 당신에게 어려움이 닥칠 것입니다만, 성격을 바꿀 수는 없겠지요. 또한 나라에 두 마음 품은 이가 많으니 기다리는 위험한 일도 많습니다. 현명한 대부와 미리 결연을 맺어 아들 주리州犁를 부탁해 두는 것이 좋겠습니다."[22]

백종은 바른말을 잘하기로 유명한 진나라의 대부였다. 누구에게나 직언을 하는 강직하고 바른 성품이다 보니 현명한 주군을 만났을 때 그의 직언은 큰 신임을 얻었다. 한번은 이웃 나라 약소국이 원군을 청했는데, 백종은 '편장막급鞭長莫及'이라는 의견을 냈다. '채찍이 길어도 말의 배까지는 닿지 못한다'는 뜻이었다. 나라의 상황을 객관적으로 볼 때 남의 나라를 도울 형편이 되지 않음을 정확하게 지적한 것이다.

그런데 군주가 바뀌자 그를 둘러싼 상황도, 그에 대한 평가도 바뀌었다. 겉으로는 백종을 존경하는 듯한 태도를 취했지만 실은 그의 바른말을 불쾌하게 여기며 그를 제거하고 싶어 하는 인물들이 가득했다. 백종은 주변 사람들의 변화를 눈치채지 못했지만 그의 처는 이렇게 충고했다. "남을 시기하고 질투하는 사람도 있는 법이니 바른 말을 아끼십시오. 미움을 받으면 큰 화를 당할 수도 있습니다."

하지만 백종은 아내의 충고에도 아랑곳없이 소신대로 직언을 계속했다. 그러던 어느 날 백종이 매우 기쁜 얼굴로 집에 돌아왔다. 무슨 일이 있었는지 아내가 묻자 백종은 말 잘하기로 유명한 양처보陽處父라는 인물과 자기가 닮았다는 칭찬을 들었기 때문이라고 말했다. 이 말을 들은 백종의 처는 이 칭찬이 남편의 불길한 미래를 예고하고 있음을 직감했다. 양처보는 당대에 재사로 이름이 났지만 말이 오만해서 그를 미워하던 이들에게 암살당한 사람이었기 때문이다.

좀 더 상황을 관찰하기 위해 백종의 처는 남편에게 제안을 하나 했다. 큰 연회를 베풀어 사람들을 초대하고 그들을 관찰할 기회를 가져 보자는 것이었다. 연회가 끝나자 백종이 사람들에 대한 아내의 의견을 물었다. 그녀는 이렇게 말했다.

"지금 조정에 당신보다 뛰어난 사람은 없습니다. 그러나 사람들은 자기보다 잘난 사람을 좋아하지 않습니다. 당신이 성격을 바꾸지 않으면 큰 화가 닥치겠군요. 우리 아들을 위해 은자, 현사와 사귀어 두셔야 합니다."

아내의 예상대로였다. 백종은 진나라의 실권을 장악한 간신 극씨 일족의 미움을 받았고 얼마 지나지 않아 결국 그들의 모함에 의해 처형을 당하고 말았다. 하지만 그들의 아들 주리는 아내의 말대로 미리 교분을 맺어 둔 필양이라는 현자의 도움을 받아 피신해 목숨을 구할 수 있었다.

〈인지전〉에 실려 있는 이야기 15편 중 12편이 이러한 '재앙을 피하는 이야기', 즉 '피화담避禍談'의 구조를 갖고 있다. 이 이야기에서 여성들은 주변의 남성 인물이 갖고 있는 문제점을 지적하는데, 이 의견을 받아들이면 재앙을 피하지만 그렇지 않으면 반드시 화를 당한다. 여성들의 예지적 면모에 비해 남성들의 인격적 결함이 대조되고 있는 것도 특징이다. 장수 조괄은 오만하고 탐욕스러우며 부하들에게 권위적이었다. 대부 백종 역시 자기의 언변에 대해 지나치게 자만했으며 아내의 충고에 귀 기울이지 않는 고집스러움으로 일관했다.

남성 인물들의 이러한 부정적인 면에 비해 〈인지전〉의 여성들은 현실에 대한 정확한 분석과 판단력으로 앞날을 예측하는 모습을 보여 준다. 조괄의 어머니는 아들의 성품과 인격의 크기를 봤다. 부하들보다 자기 이익과 재산과 권위를 더 중시하는 장수라면 전쟁을 승리로 이끌 수 없다는 것이 모친의 판단이었다. 백종의 처 역시 남편의 성격과 그 주변 인물들의 됨됨이를 봤다. 직언하기를 좋아하는 남편 주위에 있는 인물들이 그를 시기하고 있다면 곧 모함을 당하리라는 것이 아내의 판단이었다. 〈인지전〉의 피화담에서 여성들은 남성 인물이 초래한 재앙의 원인과 그로 인한 결과를 논리적으로 예측하고 있는 것이다.

이들의 일화에서 특히 눈길을 끄는 것은 이 여성들이 모자 관계 혹은 부부 관계라는 사적인 관계에 연연하지 않는다는 것이다. 이들은 남성 인물보다 더 공적인 역할에 철저하며, 더 전략적이고 정치적인 감각을 갖고 있다. 조괄의 어머니는 아들이 장군감이 아니라며 나라의 피해를 우려했고, 백종의 처는 남편의 말이 곧 자멸의 화를 불러올 것이라며 대가 끊기고 가문이 몰락할 것을 걱정했다. 다가올 재앙을 예측하고 그것을 피하는 '피화의 재능'은 곧 정치적 현실과 권력의 속성에 대한 통찰력에서 비롯되는 것이다. 〈인지전〉은 바로 이러한 정치적 현실 독해라는 특별한 능력을 가진 여성상을 보여 주는 흥미로운 장이다.

충신을 분별하는 사려 깊은 안목

그
사람이라면
어두운
곳에서도
예를 폐하지
않을
것이기에
그인 줄
알았습니다

위 영공 부인, 노나라 칠실읍의 여자

나라를 염려하는 여성들의 행방

〈인지전〉의 여성 인물들은 어머니나 아내의 역할이라는 가족 관계 내의 사적인 감정에 휘둘리지 않고 논리적인 판단력과 정치적인 감각을 갖춘 모습을 보여 준다. 이는 여성의 영역을 '밥 짓고 술 빚는 영역'에만 국한했던 유가의 기본 관점을 초월하는 시각이다. 그래서 인지 이 장에는 본격적으로 '나랏일'을 언급하며 정치에 대한 견해를 표명하는 여성들도 등장한다. 다음에 살펴볼 위나라 영공의 부인 이야기가 바로 그러하다.

위나라 영공이 부인과 함께 밤늦게 앉아 있는데 수레가 궐에 이르러 멈췄다가 다시 굴러가는 소리가 들렸다. 영공이 부인에게 이 사람이 누구일까 물었다. 부인이 답하기를, "이는 거백옥입니다." 하였다. 공이 어떻게 그 사람인지 아냐고 하자 부인이 답했다. "《예기》에 이르기를 공의 문 앞에서 내려 말을 길에서 쉬게 하는 것은 공경함이 깊기 때문이라고 했습니다. 무릇 충신과 효자는 쉽게 변절하거나 나쁜 짓을 하지 않지요. 거백옥은 위나라의 현명한 신하로 인자하고 지혜롭고 윗사람을 공경하며 섬기는 사람입니다. 그 사람이라면 어두운 곳에서도 예를 폐하지 않을 것이기에 그인 줄 알았습니다." 영공이 밖에 나가 알아보게 하였더니 과연 백옥이었다. 그러나 영공은 부인을 놀리려고 그가 거백옥이 아니라고 하였다. 그러자 부인이 잔에 술을 따르고 두 번 절하며 축하를 올렸다. 공이 말했다. "그대는 왜 나를 축하하는 것이오?" 부인이 말했다. "위나라에는 충신이 거백옥뿐인 줄 알았습니다. 그런데 이제 보니 그와 비슷한 자가 또 있다 하니 지금 임금께는 충신이 둘이 있는 것입니다. 나라에 현명한 신하가 많으면 큰 복이니 축하를 드리는 것입니다."[23]

위나라 영공은《열녀전》에서 매우 특별한 인물이다. 그의 부인이었던 여성이 두 명이나《열녀전》에 입전되어 있는데, 한 명은 모범이 되는 사례로, 나머지 한 명은 절대 따라서는 안 될 반면교사의 사례로 실려 있기 때문이다. 전자는 바로 위에 인용된 〈인지전〉의 지혜로운 부인이고, 후자는《열녀전》의 마지막 장인 〈얼폐전〉에서 경국지색으로 소개되는 '남자南子'라는 여성이다. 영공은 40여 년이 넘는 긴 치세 기간 동안 여러 부인을 두었던 것으로 짐작되는데, 〈인지전〉에 입전된 위 이야기의 부인은 영공 재위 전반기의 인물인 것으로 추정된다.

위 영공은 《논어》에도 자주 등장한다. 공자는 영공을 '무도한 군주'였다고 평하며 위나라의 풍속에는 '상하의 예법이 없다'고 잘라 말했고, 실제로도 영공은 여색을 즐기고 덕이 없는 군주로 알려져 있다. 그런데도 그의 치세가 긴 세월 지속된 이유는 바로 '인재를 알아보는 인목' 덕분이었다. 《논어》 '헌문' 장에는 영공이 기용한 인재들을 하나하나 거명하며 '이렇게 하면 왕위를 잃지 않는다'는 내용이 실려 있다. 다른 능력은 몰라도 인재 등용의 기술만큼은 성공적이었음을 인정하는 서술이다. 《열녀전》에 실린 위 이야기는 영공의 그러한 안목의 배경으로 현명한 부인의 존재를 지목한다. 인재를 알아보는 능력, 지인지감知人之鑑의 힘을 가진 영공 부인의 이야기는 이러하다.

밤늦게 궁 앞을 지나가는 수레 소리를 들은 영공이 부인에게 이 사람이 누구냐고 묻자, 부인은 망설임 없이 '거백옥'이라고 답한다. 어두운 밤, 남들의 시선과 평가를 의식하지 않고 자신이 지켜야 할 예법을 한결같이 지킬 만한 됨됨이를 가진 사람, 변함없는 충심을 가진 신하는 그밖에 없다는 이유였다. 공자가 '상하의 예법이 없는 나라'라고 일갈했던 위나라에도 예의 근본을 실천하는 진정한 신하가 있었던 것이다.

부인의 논리적인 추론과 답변에 내심 놀란 영공은 지나간 사람이 정말로 거백옥임을 확인하고 다시 크게 놀란다. 하지만 부인의 반응을 보기 위해 그는 지나간 이가 다른 이였다고 거짓말을 했다. 그러자 부인은 또 한 번 의외의 대답을 한다.

"축하드립니다. 위나라의 충신은 거백옥뿐인 줄만 알았는데, 그와 비슷한 사람이 또 있다는 것은 왕과 나라의 복이니 매우 기쁜 일입니다."

이 이야기의 핵심은 영공의 부인이 '답의 옳고 그름의 틀을 이미 벗어나 있다'는 것이다. 그녀가 관심을 갖고 진지하게 관찰하고 있었던 것은 나라 경영에 있어 가장 핵심적인 문제인 '좋은 인재'였다. 여러 신하들 중 누가 예법을 잘 알고 그것을 지키는지, 남들이 보지 않는 곳에서도 평소와 똑같이 진실한 모습을 보여 줄 인물은 과연 누구일지를 늘 염두에 두고 있었던 것이다.

이렇듯 인재 등용과 정치라고 하는 '공적 영역'에 근접해 있는 인물들이 바로 〈인지전〉의 여성들이다. 이들 중에서도 '칠실녀'는 고사성어까지 만들어질 정도로 '공적 영역에 대한 관심'을 보인 인물이다. 칠실녀 이야기는 〈인지전〉에서 유일하게 왕이나 대부의 친척 여성이 아닌, 평범한 시골 여성이 주인공으로 등장하는 특이한 일화이기도 하다. '나라와 백성을 위하는 마음'을 가진 칠실 마을의 처녀 이야기를 함께 보기로 하자.

> 칠실녀가 기둥에 기대어 울자 주변 사람들이 듣고 슬퍼하지 않는 이가 없었다. 이웃에 사는 부인이 와서 위로하며 말하였다. "어찌 그리 슬피 우는지요. 시집가고 싶다면 내가 배필을 구해 줄게요." 칠실녀가 답하였다. "아아, 저는 당신을 지각이 있는 분으로 생각했는데 지금 보니 그렇

지 않군요. 제가 어찌 시집을 못 가 슬퍼하는 것이겠습니까. 저는 노나라의 임금이 늙고 태자가 어린 것을 걱정하고 있었습니다." 그러자 이웃 부인이 웃으며 말했다. "그것은 노나라 대부들이 걱정할 일이지 여자들이 관여할 일이 아닙니다." 칠실녀가 대답했다. "그렇지 않습니다. 그대는 잘 모르시는군요. 예전에 진나라 손님이 우리 집에 오셨을 때 말을 마당에 묶어 두셨지요. 그런데 그 말이 도망쳐 제 텃밭을 밟아 그해 내내 저는 채소를 먹지 못했습니다. 이웃에 바람난 여인이 도망쳤을 때 그 댁에서 제 오빠에게 여인을 찾아 달라는 청을 하셨지요. 그런데 그때 홍수가 나 익사했으니 저는 평생 오빠를 잃은 채 살고 있습니다. 강물은 9리를 흘러도 진흙땅은 300 걸음 이어진다고 하였습니다. 지금 노나라 임금이 늙고 힘이 없는데 태자는 어려 물정을 모르니, 어리석고 거짓을 일삼는 무리가 나날이 생겨납니다. 노나라에 장차 우환이 있을 것이니, 군신과 부자가 모두 욕을 당하고 그 화가 백성들에게 미치겠지요. 어찌 부인이라고 홀로 피할 수 있겠습니까. 제가 걱정하는 것은 그것입니다."[24]

노나라의 한 고을인 '칠실'이라는 시골에 사는 젊은 처녀가 문 앞에 기대어 슬프게 흐느꼈다. 동네 부인이 그 모습을 보고 처녀가 아직 혼인을 하지 못해 슬퍼한다고 생각하고는 자기가 꼭 배필을 찾아주겠다고 위로했다. 그러자 처녀는 이렇게 대답했다.

"제가 시집을 못 가 이러는 것이 아닙니다. 임금님이 노쇠하셨는데 태자가 아직 어리니 나라가 걱정되어 그렇습니다."

처녀의 답을 들은 동네 부인은 웃음을 참지 못했다. 그것은 나라의 중책을 맡은 대부들이나 걱정할 일이지, 변두리 시골에 사는 한낱 여자들이 할 걱정은 아니었기 때문이다. 하지만 처녀의 생각은 달랐다.

지금 임금은 노쇠해 권력이 약해졌고 태자는 어려서 아직 물정을 모른다. 그러면 분명히 우매하고 탐욕스러운 간신배들이 그 틈을 타 득세하게 될 것이다. 나라의 기강이 흔들리고 정치가 어지러우면 그 결과는 어찌 될 것인가? 나라가 뿌리째 흔들리고 군신과 부자, 노나라의 백성들 모두가 화를 당할 것이다. 그러면 여자라고, 또 부인이라고 해도 화를 피할 방법이 없을 것이다.

부인은 숙연한 마음으로 처녀에게 사과했다. 나랏일을 걱정하는 것은 높은 지위에 있는 조정 중신들만의 일이 아니라 바로 나와 이웃에 사는 모든 이들에게 직접 연결되어 있는 일임을 깨닫게 되었기 때문이다. 이렇게 나라의 앞날을 내다보고 백성들의 운명을 걱정한 처녀에 대한《열녀전》의 평은 이렇게 마무리된다. '칠실읍 여자의 생각이 매우 사려 깊도다'.

그런데 〈인지전〉의 '칠실녀' 이야기는 '정치에 대한 관심과 재능'을 가진 여성상이 역사적으로 어떠한 변형을 거치게 되는가를 상징적으로 드러내고 있기도 하다. 이 인물을 주인공으로 한 고사성어 '칠실지우漆室之憂'의 뜻이 현대에 들어와 전혀 다르게 쓰이고 있기 때문이다. 원래 '칠실읍 여자의 걱정'이라는 이 성어는 '지혜롭고 사려 깊은 생각'을 뜻하는 말이었다. 그러나 요즘 이 말은 '분수에 맞지 않는 쓸데없는 생각'을 가리키는 뜻으로 쓰인다. 고대 문헌인《열녀전》에서는 분명 '어질고 지혜로운 여성상'으로 제시되었던 칠실읍의 여자가, 시간이 흐른 이후에는 '처지와 분수를 모르고 쓸데없는 걱정이나 하는 사람'의 대명사로 바뀌게 된 것이다. 정치와 권력에 관심을 갖는 여성이 극단적인 조롱과 비난의 대상으로 변화했음을 단적으로 보여 주는 사례가 아닐 수 없다.

그러한 과정을 볼 수 있는 또 다른 증거는 후대에 편찬된 '열녀전' 류의 책들에 〈인지전〉 이야기가 단 한 편도 인용되지 않고 있다는 점이다. 대표적인 후대 열녀전인 명나라 때의《고금열녀전》, 조선 시대의《삼강행실도》 등을 살펴보면 〈정순전〉에서는 10명이 넘는 여성들을 채택해 싣고 있으며 〈모의전〉 〈현명전〉 〈절의전〉에서도 한두 명씩 뽑아서 수록하고 있다. 반면 유독 〈인지전〉과 〈변통전〉에 등장하는 인물들은 단 한 편도 인용하지 않았다.

칠실읍의 여자 이야기가 '어짊과 지혜로움'의 대명사에서 '분수에 넘는 오지랖'으로 변질된 것이나, 〈인지전〉 전체 인물들의 이야기가 후대로 가면서 그 존재 자체가 아예 사라진 것은 어쩌면 일맥상통하는 하나의 흐름을 보여 주는 것은 아닐까. '술 빚고 밥 짓는' 영역을 '넘어서는' 능력을 가진 여성에 대한 가부장제의 배제의 역사 말이다. '나라와 백성을 걱정하는' 공적인 입장을 가진 여성 인물에 대한 불편한 시선이 역사적 편집으로 혹은 의도적 왜곡이나 일방적인 삭제로 드러나는 맥락은 아닐까 생각하게 된다.

4장

열녀烈女의 기원

정순전貞順傳

I

'여러 유형의 여자'라는 뜻의 '열녀列女' 중에서도 특히 '열렬하게 절개를 지킨 여자'인 '열녀烈女'가 집중 조명되고 있는 장이 있다. 바로 남편을 잃었으나 개가하지 않고 정절을 지킨 여성들의 이야기가 실려 있는 〈정순전〉이다.[25]

섹슈얼리티를 기준으로 여성의 도덕성과 모범적 여성상을 정의하고 있는 〈정순전〉은 시간이 흐르면서 원래 유향의 《열녀전》이 갖고 있던 여성 형상의 다양성을 모두 잠식해 버리고 가장 절대적이고 억압적인 여성 도덕의 기준으로 살아남게 된다. '열'이 여성 억압적인 이데올로기로 변질되어, 그 뜻이 '남편을 따라 죽는 여성'으로만 극단화되는 명나라와 조선 후기 열녀의 기원이 되는 장이기도 한 셈이다.

그러나 원래 여성의 정절과 섹슈얼리티에 대한 최초의 교과서라

할 수 있는 유향의 〈정순전〉에서도 자결을 선택한 인물은 15명 중 네 명에 불과하다. 이는 당초에 여성의 성적 도덕성이란 '개가하지 않음' '여성 예법을 갖춤'이라는 기준만 지켜도 충분히 칭송받을 만한 것이었다는 역사적 사실을 보여 준다.

〈정순전〉에 실려 있는 여성들은 대부분 정절을 지키기 위해 주변의 개가 권유를 강하게 거절한다. 또한 여성이 지켜야 할 예법을 제대로 갖출 수 없게 되었을 때 그 상황에서 가장 엄격한 방식으로 예에 대한 의지를 표명한다.

개가를 거부한 이야기는 3~5편, 7편, 9편, 11편, 13~15편으로 총 9편이다. 남편의 부재, 죽음, 병, 불화 등으로 개가해야 할 상황에 놓인 여성들의 이야기가 주를 이룬다. 예컨대 7편의 식나라 임금 부인은 적국의 후궁이 될 처지가 되자 자결하며, 14편의 양나라 과부 고행은 자기 코를 베어 개가하지 않겠다는 뜻을 나타낸다. 나머지 6편은 혼인 예법이나 남녀유별의 예법이 갖춰지지 않았음을 꾸짖는 내용으로, 2편의 백희는 보모 없이 밤에 당을 내려설 수 없다면서 화재를 피하지 않고 10편의 정강은 남편의 부신符信이 없다는 이유로 물가를 피하지 않아 결국 홍수에 떠내려가 죽는다.

이 책에서는 〈정순전〉 중에서 8편의 인물들을 두 개의 절로 나눠 소개할 것이다. 먼저 채나라 사람의 처, 여나라 장공 부인, 초나라 백영, 식나라 임금 부인, 양나라 고행 편에서는 당시 '열'을 실천한 기준이 평균적으로 '개가 거부'와 '정절 지킴'의 수준이었음을 살펴본다. 그러나 그중에서 죽음이나 신체 훼손이라는 극단적 선택을 한 여성들의 드문 사례가 후대에는 강력한 '열 이데올로기'로 부활하게 된 점을 지적할 것이다. 그리고 소남 땅 신씨 딸, 제나라 맹희, 송나라 백희 편에서는 여성 예법을 고집스럽게 주장하는 여성상을 통해 당시까지 남성 중심의 여성 윤리와 남녀 분리의 예법이 사람들에게 보편화되지 않은 낯선 것이었음에 주목하고자 한다.

부인의 도리는 오직 하나일 뿐입니다

살아서
지상에서
헤어졌으니
죽어 지하로
가는 것이
마치 집에
돌아가는
것과
같습니다

채나라 사람의 처, 여 장공 부인, 초 평왕 부인 백영, 식 임금 부인, 양나라 과부 고행

여자의 자발적 선택은 어떻게 여성 억압의 도구가 되는가

〈정순전〉에서는 '열녀' 하면 떠오르는 전형적인 여성들, 즉 죽은 남편에게 의리를 지키기 위해 개가를 거부하거나 남편을 위해 죽음을 택한 여성들을 만날 수 있다.

이들이 정절을 지키는 방식을 행동 유형으로 구분하면 크게 두 가지다. 개가를 거부하는 수절守節과 죽음을 선택하는 순절殉節이다. 훗날 명청대나 조선 후기에 이르면 열녀들이 정절을 지키는 방식이 순절, 즉 죽음으로 획일화되는 것에 비해 그래도 《열녀전》의 〈정순전〉은 '남편을 위한 의리'라는 비교적 큰 기준에 따라 수절의 여러 가지 상황을 다양하게 보여 준다. 남편을 위해 의리를 지키는 가장 근본적인 방식은 불행한 상황이 닥쳐와도 그를 '버리지 않는 것'이다.

채나라 사람의 아내는 송나라 사람의 딸이다. 시집을 가고 보니 남편에게 나쁜 병이 있었다. 그 모친이 딸을 개가시키려 하자 딸이 말했다. "남편의 불행은 곧 저의 불행이니 이제 어찌 버리겠습니까. 시집간 사람의 도리는 한결같이 지키는 것이니 죽을 때까지 바꿀 수 없습니다. 불행히 나쁜 병이 있어도 뜻을 바꿔서는 안 됩니다.[26]

부인은 여나라 장공에게 시집을 갔지만 관심 두는 바가 다르고 남편이 부인을 보려고 하지 않아 마음을 얻지 못했다. 부인을 모시는 부모傅母가 부인이 현숙한데도 장공이 받아들이지 않아 실망함을 안타깝게 여기고, 또 부인이 혹시 친정으로 내쳐져 때를 놓칠 것을 걱정하였다. "부부의 도는 의리가 있으면 합해지고 의리가 없으면 버려집니다. 지금 공의 뜻을 얻지 못했는데 어찌 돌아가지 않으십니까." 그러자 부인이 말했다. "부인의 도리는 오직 하나일 뿐이다. 남편이 나를 받아들이지 않는다고 내가 어찌 부인의 도리를 저버릴 수 있겠는가."[27]

두 이야기는 남편을 위해 의리를 지키는 열녀다운 행동의 가장 오랜 원형을 보여 준다. 첫 번째 이야기의 주인공, 채나라 사람의 처는 남편이 병든 줄 모르고 시집을 갔으나 악질에 걸린 남편을 버리지 않고 끝까지 보살폈다. 두 번째 이야기에 등장하는 여나라 장공의 부인 또한 남편의 마음을 얻지 못해 쫓겨날 위기에 있었지만 끝내 남편을 떠나지 않았다. 정순貞順, 즉 곧은 마음을 갖고 남편에게 순종한다는 단어의 의미를 모범적으로 실천한 두 여성의 이야기라고 할 수 있다.

그런데 이야기들에서 공통적으로 등장하는 것은 열녀의 곁에서 남편을 떠나라고 권유하는 친정어머니와 나이 든 여종인 부모의 존재다. 친정어머니에게는 사위에게 나쁜 병이 있다면 딸이 남편을 떠나 재혼하는 것이 당연한 일이었다. 제후나 귀족의 딸을 모시고 돌보며 가르치는 역할을 했던 부모의 관점에서도 아내가 남편에게 받아들여지지 않는다면 그 곁을 떠나 새로운 삶을 찾는 것이 더 당연한 것이었다. 이들의 태도는 이 당시 많은 사람들의 관행과 상식이 어땠는지를 보여 준다. 다시 말해 당시 사람들에게는 부부 중 어느 한쪽에 병이 있거나 서로 사이가 좋지 않으면 한쪽이 떠나는 일이 훨씬 상식적이고 자연스러운 일이었다. 그러니 유향이 《열녀전》을 편찬할 당시, 즉 한나라 때까지는 정절을 지킨다는 것이 흔히 볼 수 없는 높은 도덕적 행동이었으며 사람들에게 칭송을 받는 일이었음을 알 수 있다.

남편에게 의리를 지키는 또 다른 유형의 이야기는 겁탈을 당할 위기에 처한 부인들이 항거하는 이야기다.

> 오나라가 초나라를 이기고 결국 수도인 영에 들어왔다. 소왕이 도망가자 오왕 합려가 그 후궁들을 모두 첩으로 삼았다. 이 일이 백영에 이르자 백영은 칼을 들고 말했다. "제가 들으니 천자는 천하의 모범이 되고 제후는 한 나라의 모범이 된다고 하였습니다. 그래서 천자가 법도를 잃으면 천하가 어지러워지고 제후가 법도를 잃으면 그 나라가 위태로워진다고 하

였습니다. 한데 부부의 도리는 인륜의 시초이고 왕도의 시작입니다. … 지금 군왕께서 모범이 되는 행실을 저버리시고 어지럽게 망하는 욕망을 따르며 사람들을 죽이는 일을 행하신다면 어찌 명령을 내려 백성을 가르치실 수 있겠습니까."[28]

초나라가 식나라를 정벌하고 그 군주를 사로잡은 뒤 문을 지켜 식나라 군주의 부인을 장차 아내로 삼고자 궁으로 데려왔다. 초왕이 나간 사이 부인이 마침내 식나라 군주를 만나 말하였다. "사람이 살면서 중요한 것은 한 번 죽는 것뿐이니 어찌 스스로 괴로움을 택하겠습니까. 저는 잠시도 왕을 잊은 적이 없으니 절대 두 번 혼인하지 않을 것입니다. 살아서 지상에서 헤어졌으니 죽어 지하로 가는 것이 마치 집에 돌아가는 것과 같습니다."[29]

첫 번째 이야기의 주인공은 초나라 평왕의 부인 백영이다. 초나라가 오나라에 정복당해 평왕은 도망치고 궁에 남아 있던 모든 여인들은 오왕의 후궁으로 끌려가는 상황이었다. 그런데 오로지 백영만은 후궁이 되기를 거부하며 칼을 들고 적을 꾸짖었다. "천하의 모범이 되어야 하는 천자가 법도를 잃으면 천하가 어지러워집니다. 인륜의 시초가 되는 부부의 도리를 어지럽히면 되겠습니까? 이렇게 해서 백성들을 다스릴 수 있겠습니까?"

백영이 죽음을 무릅쓰고 호통을 친 상대는 춘추시대를 제패했던 다섯 명의 왕, 춘추오패 중 하나로 꼽히는 오왕 합려였다. 그는 백영의 말을 듣고 그녀와 궁인들을 풀어 주었다. 강약과 우열을 다투던 어지러운 춘추시대였기 때문에 오히려 '법도와 이치'라는 명분이 설득력을 얻을 수 있었던 것이다. 백영은 이렇게 죽음을 각오하고 적을 꾸짖는 정절녀의 이미지를 완성하는 인물이 되었다.

두 번째 이야기의 주인공인 식나라 왕의 부인은 백영과 다른 방식의 또 하나의 전형을 보여 준다. 약소국이었던 식나라가 초나라에 정벌당해 초왕의 후궁이 될 처지가 되자 식나라 왕비는 정절을 굽히지 않고 자결할 것을 결심하며 이렇게 말한다. "사람이 살면서 중요한 것은 한 번 죽는 것뿐입니다. 저는 결코 개가하지 않을 것입니다. 지상에서 헤어져 살았으니, 죽어서 지하로 가는 것은 집으로 돌아가는 것처럼 편안합니다." 이렇게 남편에 대한 정절을 지킬 수 있다면 죽음이 오히려 편안하다는 말을 남긴 그녀는 스스로 목숨을 끊었다.

남편에 대한 정절이 절대적인 윤리가 된 후대의 열녀전에서는 '죽음을 집에 돌아가는 것처럼 생각한다(如死歸, 視死如歸)'는 식나라 부인의 말이 자주 변용되어 등장한다. 죽음에 대한 단호한 의지를 넘어서, 죽음을 당연하고 편안한 것으로 받아들이는 것이 진정한 열녀가 도달해야 할 가장 궁극적인 경지임을 말해 주는 가장 오래된 이야기의 한 대목인 것이다.

한편《열녀전》의 〈정순전〉에서 가장 유명한 인물은 바로 '고행'이다. 남편을 일찍 잃고 과부가 된 그녀는 여러 귀인들로부터 청혼을 받았다. '높은 행실(高行)'이라는 이름에서 알 수 있는 대로 고매한 인격과 품성을 가진데다가 미모까지 뛰어난 인물이었기 때문이다. 고행을 둘러싼 소문은 왕의 귀에까지 들어갔고, 왕은 재상을 보내 그녀를 아내로 맞아들이고자 했다. 그러나 고행은 조금도 흔들리는 기색 없이 이를 거절한다. 그러고는 왕명을 어겼으니 스스로 벌을 받겠다며 아름다운 얼굴 한복판을 자해한다.

"제가 들으니 부인이 지켜야 할 의리는 한번 혼인하면 재가하지 않고 정절과 신의를 온전히 하는 것이라고 하더군요. 죽음을 잊고 살기를 추구할 것을 생각한다면 이는 신의가 아니고, 귀함을 보고 천함을 잊는다면 이는 정절이 아닙니다. 의리를 버리고 이익을 따른다면 사람이라고 할 수 없겠지요." 그러고는 거울을 끌어당겨 칼을 쥐고서 자기 코를 베어 내고는 말했다. "첩은 이미 벌을 받았습니다. 죽지 않은 이유는 차마 어린 아들을 어미도 없는 고아로 만들 수 없어서입니다. 왕께서 저를 얻고자 하신 것은 제 외모 때문인데, 이제는 벌을 받은 죄인일 뿐이니 풀어 주시겠습니까."[30]

코를 자르는 것은 고대부터 가장 무거운 형벌로 여겨져 오던 다섯 가지 형벌(五刑) 중 하나인 의형劓刑으로, 죄인임을 한눈에 알아볼 수 있게 하는 가혹한 형벌이다. 고행의 행동이 뜻하는 바는 명백했다. 외모만을 보고 절개를 꺾으려 한 왕의 명은 부당하다는 통렬한 비난이었다.

하지만 권력자를 물리치기 위한 고행의 행동은 훗날 모든 여성이 본받아야 할 귀감으로 고착화되면서 오히려 대다수 여성들을 억압하는 상징이 되기도 했다. 많은 남성 문인들이 고행과 같은 행동을 칭송하면서 자신의 몸을 훼상하는 자해, 나아가 자신의 목숨을 초개같이 버리는 자결이야말로 열녀의 정절 의지를 보여 줄 수 있는 최고의 단계인 것처럼 미화하고 윤색하기 시작했기 때문이다. 여성 자신이 원하는 대로 자기 몸과 행동을 결정할 수 있는 선택이 다른 여성에게는 억압적 모범의 상징이 되어 버리는 딜레마. 이는 열녀라는 이미지가 남성 중심적인 사회의 존속을 위해 지속적으로 재생산되고 만들어진 것이라는 관점에서만 이해될 수 있을 것이다.

예에 어긋난다면 죽는 것이 낫습니다

그녀는 끝내
한 물건·
한 예법이
갖춰지지
않았음을
이유로
절의를 지켜
죽을 때까지
시집을 가지
않았다

소남 땅 신씨의 딸, 제 효공 부인 맹희, 송 공공 부인 백희

남녀의 본분 차이를 교육하기 위한 롤 모델

〈정순전〉에 실려 있는 열녀 중에서 하나의 군을 이루는 것은 지독히도 고집스러운 원칙주의자들이다. 이들은 '여자의 도리', 즉 부덕婦德과 '유교적 원칙', 즉 예법禮法을 지키고자 하며, 어떤 상황에서도 끝끝내 '도리'와 '원칙'이 우선해야 함을 주장한다. 그 이유는 무엇일까? 혼례를 받아들일 수 없다며 시집가기를 거부한 소남 땅 신씨의 딸 이야기부터 읽어 보도록 하자.

소남 지방의 신씨 여자는 신씨 집안의 딸로, 풍이라는 지방으로 시집가기로 되어 있었다. 그런데 시집에서 예를 다 갖추지 않은 채로 맞아들이려 하자 중매자에게 이렇게 말했다. "부부라고 하는 것은 인륜의 시작이니 반드시 바르게 되어야 합니다. … 시집가고 장가드는 것은 가업을 전하고 받들며 잇는 것이므로 조상을 이어 가는 것이니 종묘가 중심이 되는 것입니다. 시댁에서는 예를 가볍게 여기고 법을 어기시니 그대로 행할 수 없고 시집갈 수 없습니다." 그러자 시집에서는 이치를 따져 소송하여 그녀를 옥에 가두도록 했으나 그녀는 끝내 한 물건, 한 예법이 갖춰지지 않았음을 이유로 절의를 지켜 죽을 때까지 시집을 가지 않았다.[31]

신씨녀는 정해진 혼처가 있었지만 혼인을 거부하고 죽을 때까지 시집을 가지 않았다. 이유는 하나였다. 시댁에서 예법의 절차를 경솔히 해서 제대로 지키지 못했다는 것이었다. 이 여성은 한 가지 물건, 한 가지 예법이라도 반드시 정해진 대로 지켜야 한다고 주장한다. 혼인은 남녀의 만남이 아니라 가업을 잇고 조상을 받드는 가문의 사업이자 인륜 도덕의 시작이기 때문이다.

이 이야기는 유향이《열녀전》을 편찬하던 때 일어났던 정치적·사상적 변화를 보여 준다. 춘추시대와 전국시대의 혼란기를 거쳐 짧았던 진나라의 통일 이후 성립된 한나라는 처음으로 '황제'를 중심으로 한 강력한 통일 체제를 구축하고자 했다. 국가적 통일을 위해 국민들에게 장려했던 것은 도덕적인 질서, 즉 '효와 충'이라는 가문과 국가 중심의 유교 윤리였다. 그리고 이러한 유교 윤리는 여성들에게 '정절과 예법'이라는 여성 윤리로 제시되었다.

〈정순전〉에 등장하는 여성들이 목숨을 걸고 지키고자 한 '예법'은 바로 이와 같은 배경에서 읽어 볼 수 있다. 흥미로운 것은 귀족이 아니라 평민 신분이었던 신씨녀에게도 이러한 예법의 준수가 절대적인 가치였다는 것이다. 평범한 백성들 중에도 이렇게 예를 중시하는 여성이 있음을 보여 줌으로써 사람들에게 예의 중요성을 강조하고자 했던 유향의 의도가 드러나는 대목이다.

그렇다면 당시 여성 규범으로 형성되기 시작했던 '예법'은 구체적으로 어떤 것이었을까. 이를 잘 보여 주는 이야기가 바로 예법의 화신이라 불릴 만한 '맹희'의 사례다.

맹희는 화씨라는 귀족의 딸로 예를 즐기고 좋아하며 이를 잘 실천하는 인물이었다고 서술되고 있다. 그런데 맹희의 예법 실천을 요약한 표현을 보면 이는 철저히 남녀유별에 초점이 맞춰져 있다. 맹희가 '남자의 자리에 앉지 않고(不躡男席), 말이 밖에 들리지 않게 하며(語不及外), 남녀 구별을 분명하게 하여 혐의를 피했다(遠別避嫌)'는 표현들은 모두 남녀의 분리와 내외의 구분을 엄격하게 지켰다는 의미다.

그녀가 제나라 효공에게 시집가는 장면의 묘사도 남녀유별의 형식 원리를 중심에 놓은 엄격한 예법의 가풍을 잘 보여 준다. 시집으로 떠나는 맹희에게 가족들은 각각 정해진 자리와 위치에서 송별의 인사를 한다. 모친은 '방 안'에서, 아버지는 '동편 계단 위'에서, 서모들은 '계단 사이'에서, 고모와 자매들은 '대문 안'에서, 각각 맹희를 보내며 마지막 인사를 하는 것이다. 이들이 제시되는 순서와 공간의 배치는 곧 '친친親親', 즉 '가까운 이를 더 중요하게 대하고 친밀하게 대접한다'는 말로 설명되는 유교 질서다. 혼례를 앞둔 딸의 기준에서 가깝고도 중요한 순서는 모친-부친-서모들-고모와 자매 순이었고,

이별의 순서와 자리도 그에 맞게 해야 했다. 공간과 순서의 섬세한 배치 속에 스며들어 있는 것은 '남녀유별'의 '예법'이라는 도덕적 장치였던 것이다.

이러한 맹희 이야기의 가장 절정은 바로 다음 대목이다.

> 효공이 순시할 때 맹희도 그를 따라갔는데 달리던 수레가 맹희를 떨어뜨리고는 부서져 버렸다. 효공이 남자용 수레에 급히 맹희를 태우고 돌아가게 하자, 맹희는 시종에게 휘장을 쳐서 자신이 보이지 않게 하고는 부모傅母를 시켜 사자에게 말을 전하였다. "제가 듣기로 후비后妃는 경계를 지나갈 때 반드시 부인용 수레에 타야 하고, 당을 내려설 때는 부모가 곁에서 지켜야 하며, 진퇴에는 옥패 소리를 울려 알리고, 안에서는 옷을 단단히 묶으며, 밖에 있을 때는 휘장으로 가려야 한다고 합니다. 이는 한뜻으로 마음을 바르게 하고 스스로 절제하기 때문입니다. 그런데 지금은 남자가 타는 수레에 휘장도 없으니 탈 수 없습니다. 또한 밖에서 보호하는 이도 없으니 이대로 계속 있을 수도 없습니다. 이 세 가지는 예를 크게 잃은 것이니, 예를 잃고 사는 것은 일찍 죽는 것만 못합니다." 사자가 달려가 이를 효공에게 알리자 다시 부인용 수레를 구해 사자에게 보냈으나 이미 맹희는 스스로 목을 맸다. 부모가 구하여 겨우 죽지는 않았다.[32]

남편을 따라 순시를 나갔을 때 맹희가 타고 가던 부인용 수레가 부서지고 말았다. 소식을 들은 효공은 다친 부인을 급히 돌려보내기 위해 부인용이 아닌 남자 수레에 맹희를 태우고 집에 갈 것을 명했다.

그러나 맹희는 이를 거절하고 장막을 쳐서 자신을 사람들의 시선으로부터 차단시킨 뒤 훈계를 시작한다. 그 내용은 사뭇 장황한데 핵심은 이렇다. 자신이 처한 상황은 남녀유별의 예를 크게 벗어났으며, 예를 잃고 사는 것은 지극히 수치스러운 일이므로 당장 목숨을 끊겠다는 것이다.

이 일화를 통해 유향이 말하고자 하는 바는 명확하다. 맹희의 입을 통해 언급되는 추상적인 미덕들, 즉 '마음을 바르게 함' '한뜻을 가짐' '스스로 절제함'은 모두 여성의 미덕이다. 이를 어떻게 실천할 것인가. 여성은 남의 눈에 띄지 말아야 하고 공적인 시선에 노출되지 말아야 한다. 여성은 남성의 보호가 없거나 동행하는 여성 없이, 혼자 밖에 돌아다녀서는 안 된다. 이러한 상황을 벗어나는 환경에서는 당연히 죽음을 택해야 한다.

맹희의 이야기와 비슷한 내용이 담겨 있는 노나라 선공의 딸이자 송나라 공공의 부인 백희의 일화도 유명하다.

> 밤에 백희의 거처에 불이 났다. 주변에 있던 사람들이 "부인, 불을 피하십시오."라고 했으나 "부인의 의리는 보모와 부모 없이는 밤에 방에서 나가지 않는 것이니 그들을 기다리겠다."라고 했다. 곧 보모가 도착했는데 아직 부모가 오지 않았다. 주변에 있던 사람들이 다시 "부인, 불을 피하십시오."라고 했으나 백희는 "부인의 의리는 부모가 없이는 밤에 방에서 나가지 않는 것이다. 의리를 버리고 사는 것은 의리를 지키고 죽는 것만 못하다."라고 하고는 죽고 말았다.[33]

백희가 남편을 잃은 얼마 뒤의 일이었다. 한밤중 그녀의 거처에 불이 났다. 사람들이 달려와 당장 몸을 피하라고 외쳤지만 백희는 방에서 꼼짝도 하지 않았다. 시중을 드는 두 여성, 즉 보모와 부모를 대동할 때에만 방에서 나갈 수 있다는 것이었다. 백희에 따르면 한밤중에 함부로 여성의 존재가 남들의 시선 앞에 드러나는 것은 '예법에 어긋나는 일'이었다. 두 명의 시종 중 보모가 헐레벌떡 달려왔으나 부모가 제시간에 당도하지 못하자, 결국 백희는 이렇게 말하고는 죽음을 택한다. '의리를 버리고 사는 것은 죽는 것만 못하다'.

제나라 맹희나 송나라 백희의 일화는 여성의 몸이 외부 사람들의 시선에 드러나서는 안 된다는 것, 남녀유별의 예를 지키는 것, 여성이 혼자 밖에 외출해서는 안 된다는 행동의 지침들이 모두 '예법'으로 정착되고 강화되고 있음을 보여 주는 일화들이다. 유향은 이들의 일화를 통해 '여성 예법' 및 남녀의 성적 본분과 역할을 교육하고 학습시키려 했던 것이다.

그런데 이렇게 편찬자가 여성 예법의 구체적인 지침들을 하나하나 설명하고 있다는 사실은 역설적으로 그만큼 당대의 현실에서는 그러한 규범이 확정되지도 통용되지도 않고 있었던 정황을 보여 준다. 여성 예법을 유독 강조하고, 맹희와 백희의 사례를 통해 구체적인 행동 규범들을 세세히 설명해야 할 만큼, 당시 여성의 몸과 행동을 규제하는 예의 형식들은 발달해 있지 않았던 것이다.《열녀전》의 〈정순전〉은 여성에 대한 예의 구분을 확실히 하고 남녀유별의 가치관을 강하게 구축하며 남녀의 역할과 본분을 분명하게 구획 짓고 있지만, 오히려 이러한 이야기들의 이면적 진실은 당대까지도 남성 중심의 여성 윤리가 그다지 견고하게 구축되지 않았던 현실 상황의 반영이라고 해석할 수 있다.

5장

정의로운 여협

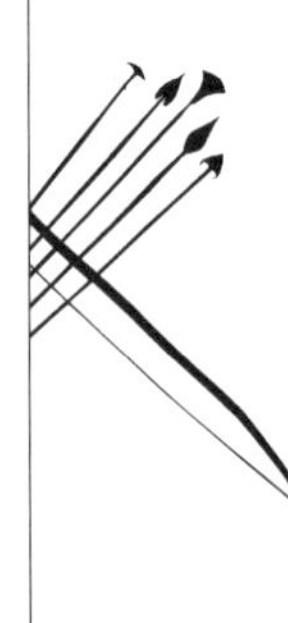

절의전節義傳

〈절의전〉에는 상충되는 윤리적 갈등 상황에서 도덕적 선택을 하는 여성의 이야기들이 실려 있다. 이들의 도덕적 선택은 말 그대로 '절의', 즉 '절개와 의리'를 중심으로 이루어지는데, 그 핵심은 자기의 이익을 버리는 것이다. 이익을 버리고 의리를 취하는 것, '사생취의捨生取義'라는 말로 요약되는 〈절의전〉의 여성들은 한마디로 '협俠'의 형상을 강하게 드러낸다. 이러한 〈절의전〉은 '협객과 지사'라는 형상 자체에 부여된 '남성적' 이미지를 가로지르며 '의리와 명분을 지키는 여성'들을 보여 준다는 점에서 젠더 정형성을 가장 벗어난 이야기들을 만나게 해 주는 장이라고 하겠다.[34]

〈절의전〉에는 하층 여성이 상전을 위해 자신을 희생하거나 자기 자식을 버리고 남의 자식을 살리는 어머니 이야기가 한 유형을 이룬다. 노나라 효공의 보모, 노나라의 의로운 이모, 제나라의 계모, 위나라의 절의 있는 유모 등의 이야기가 그러하다. 또 한편으로는 임금의 총애보다는 대의를 지키고자 하는 초나라 성공 부인 자무, 초나라 소왕 부인 월희와 같은 여성상도 찾아볼 수 있다. 상충되는 윤리 속에서 자기희생을 통해 의로운 해결책을 찾아내는 이야기로는 진나라 태자비, 주나라 대부의 시녀, 주애 마을의 두 여자, 장안에 사는 여성 편 등을 들 수 있다.

이 책에서는 〈절의전〉의 인물들 중 7편의 인물들을 다룰 것이다. 초나라 성공 부인 자무, 소왕 부인 월희 편에서는 남편을 위한 의리가 아니라 '대의명분'을 중시하는 의로운 여성상을 통해 유향이 생각하는 모범적 여성상 속에 '도덕적·인격적 완성'을 추구하는 모습도 포함되어 있었다는 점을 지적하고자 한다. 진나라 태자비, 주나라 대부의 시녀 편에서는 윤리적 갈등 속에서도 고도의 도덕성과 윤리적 판단력을 보여 주는 여성상을 통해 유향이 당시 권력층의 부패한 여성상에 대한 반면교사를 담고자 했다는 점에 주목할 것이다. 노나라 효공의 보모, 제나라의 계모, 노나라의 이모 편에서는 공적 명분을 위해 자기 자식도 버릴 수 있는 어머니들의 이야기를 통해 윤리적 주체로서의 여성상을 제시하고 있음을 드러내고자 한다.

의리를 잊고서 어찌 왕을 섬기겠습니까

저는 군왕을
위한 의리를
위해서는
죽을 수
있으나
군왕의
즐거움을
위해 죽지는
않습니다

초 성공 부인 자무, 초 소왕 부인 월희

완전무결한 도덕성을 추구하다

유향의 《열녀전》에서 앞으로 살펴볼 세 부분, 즉 〈절의전節義傳〉〈변통전辯通傳〉〈얼폐전孼嬖傳〉은 그 이후에 나온 다른 어떤 여성 서사에서도 볼 수 없는 특이한 여성들의 이야기를 담고 있다. 유향의 《열녀전》을 지금까지도 흥미진진하게 읽게 하는 고금불변의 고전으로 만든 대목은 어쩌면 이 부분들 때문이라고도 할 수 있다. 그중에서도 이 〈절의전〉에는 '남성들의 전유물'처럼 여겨지는 '의리'를 놓고 고민하는 여성들의 이야기가 들어 있다.

이들은 윤리적, 도덕적으로 첨예한 대립 상황 속에서 자기가 어떻게 행동하는 것이 더 올바른가, 어떤 것이 더 명분에 합당한가를 놓고 고뇌하며 의리를 위해서라면 죽음도 불사하는 유형의 인간, 즉

'협俠'이다. 다시 말해 〈절의전〉이 소개하고 있는 여성들은 절조와 신의 그리고 의리와 명분을 위해 사사로운 이익을 망설임 없이 버린다. 무협을 다룬 소설이나 영화에 나오는 검객들처럼 무공을 연마하지 않았을 뿐, 이 여성들은 근본적인 성격 면에서 '협'의 면모가 강하게 드러나는 인물들이다. 지금부터 '여협'이라 부를 만한 인물들을 차례로 만나 보기로 하자.

> 성왕이 대에 올라 후궁에 서 있자 궁인들이 모두 그를 올려다봤다. 그런데 자무는 곧게 걸어가며 돌아보지 않았고 느린 걸음도 변하지 않았다. 왕이 "걸어가는 사람은 돌아보라."라고 말했지만 자무는 돌아보지 않았다. 왕이 "돌아보라. 내가 너를 부인으로 삼겠다."라고 했지만 자무는 돌아보지 않았다. 왕이 말했다. "돌아보라. 내가 천금을 주고 네 부형에게 작위를 주리라." 자무는 돌아보지 않았다. … 자무가 말했다. "부인은 단정한 모습과 밝은 얼굴을 해야 한다고 들었습니다. 지금 대왕께서 누대 위에 계신데 제가 돌아본다면 이는 절의를 잃는 것이니 돌아보지 않았습니다. 부인으로 삼아 존귀하게 해 주신다거나 귀한 작위에 봉해 주신다고 말씀하신 후 제가 돌아본다면 이는 부귀와 이익을 탐하는 것이니 의리를 잊어버린 것입니다. 의리를 잊고서 어찌 왕을 섬기겠습니까."[35]

왕이 높은 누대에 올라가 궁 안의 여인들을 내려다보고 있다. 단장한 여인들은 모두 왕의 시선을 의식하며 왕을 향해 서 있었다. 그런데 단 한 명, 그곳에서 반대로 등을 돌리고 걸어가는 한 여성이 있었다. 호기심이 생긴 왕이 그 여인을 부른다. "뒤를 돌아보라." 하지만 여인은 뒤돌아보지 않고 발을 멈추지도 않았다. 돌아보기만 하면 왕비로 삼겠다는 말에도, 가족들에게 벼슬을 내리겠다는 말에도 흔들림 없이 가던 길을 갈 뿐이었다.

자무의 행동은 일견 독특하다. 남들이 모두 왕의 일거수일투족에 시선을 집중할 때 오직 혼자서만 다른 곳을 보며 반대 방향으로 걸어갔기 때문이다. 왕이 그를 지목하며 '돌아보라'고 명령하는데도 역시 끄떡도 하지 않는다. 왕의 시선을 끌기 위한 유치한 전략인가? 그렇지 않다는 것은 그의 대답을 통해 알 수 있다. 그가 남들과 다른 행동을 한 것은 예의와 명분을 위해서였다. '남자가 있는 줄 알면서 그쪽을 보는 것은 단정한 행동이 아니니 절의를 잃은 것이다. 왕비로 맞겠다거나 벼슬을 준다는 말에 돌아보는 것은 이익을 탐하는 것이니 의리가 아니다'. 자무의 대답에서 유독 강조된 것은 '절의와 의리'였다.

훗날 왕비가 된 자무의 죽음은 다시 한 번 이 인물의 도덕적 결벽을 드러낸다. 성왕의 후계 자리를 놓고 다툼이 벌어지자 자무는 의심받지 않기 위해 자결을 행한다. 왕세자로 누구를 지지하고 누구를 반대한다는 혐의를 받을 수 있는 상황에서 죽음을 선택함으로써 자신이 누구와도 결탁하지 않았음을 밝힌 것이다. 타협 없는 정의 추구, 완전무결한 도덕성에 대한 집착, 의롭지 않게 사는 것은 죽는 것만 못하다는 결기. 이러한 태도는 협다운 기개와 의리를 잘 보여 준다.

다음으로 만나 볼 인물은 초나라 소왕의 부인인 월희다.

> 소왕이 두 왕비를 돌아보며 말했다. "즐겁구나!" 채희가 대답했다. "네, 즐겁습니다." 왕이 말했다. "너희와 이렇게 생의 기쁨을 같이 한 것처럼 죽을 때도 이와 같았으면 좋겠구나." 채희가 말하였다. "… 생에서 즐거움을 같이 했듯이 죽음도 동시에 하기를 진실로 바랍니다." … 이에 월희에게도 다시 물었더니 월희가 답했다. … "예전에 선군이신 장왕께서는 삼 년간 음란한 유흥에 빠져 정사를 돌보지 않으셨지만 결국엔 마음을 고쳐 마침내 천하를 제패하셨습니다. 저는 군왕께서 우리 선군을 본받아 장차 이런 유흥을 고치시고 정치에 매진하시기를 바랍니다. 지금은 그렇지 않으신데 제게 죽음까지 원하시니 그럴 수는 없습니다."[36]

왕이 연회를 하는 자리였다. 말을 몰고, 두 왕비를 수레에 태워 바깥나들이를 나선 것이다. 사대부들과 수행하는 신하들까지 오랜만에 함께한 유흥의 자리였다. 한껏 기분이 좋아진 왕이 두 왕비를 돌아보며 갑자기 이런 질문을 던졌다. "이렇게 즐거우니 죽을 때도 함께 죽겠느냐?" 채나라에서 온 왕비인 채희는 이렇게 받아쳤다. "살아서 함께였으니 죽을 때도 함께해야지요." 잔치의 흥취에 걸맞은 답변이었다.

하지만 월나라에서 온 왕비 월희는 정색을 했다. "옛날 장왕께서도 삼 년 동안 잔치를 벌이셨지만 나중에는 마음을 고쳐 천하를 제패했습니다. 아직은 장왕만큼 훌륭한 성군이 아니시니 따라 죽을 수 없습니다."

월희의 말에는 엄중한 뜻이 있었다. 월희가 말한 초 장왕은 춘추오패 중 하나로 초나라를 강대국으로 만든 위대한 왕이었다. 그 장왕이 능력을 숨기느라 일부러 삼 년간 유흥에 빠졌다가 정치력을 발휘했던 일화를 들어, 소왕에게 선조를 본받으라고 충고한 것이다. 아직은 따라 죽을 만큼 훌륭한 임금이 아니라는 쓴 말과 함께 말이다.

월희의 거절에 잔치 분위기는 물론 가라앉았지만 다행히 소왕은 그녀의 충언을 받아들였다. 이어지는《열녀전》의 서술은 '왕이 깨달은 바가 있었다'고 전하고 있기 때문이다. 하지만 소왕은 월희의 충심을 인정하면서도, 실제로는 채희를 더 가까이 하고 사랑했다. 잔치 분위기에 아랑곳없이 자기의 소신을 말하는 강직함, 왕의 총애라는 눈앞의 이익을 잃을지라도 공의에 맞는 발언을 하는 꼿꼿함. 이런 월희의 지사같은 면은 왕에게 조금은 부담스럽게 느껴졌을 것이다.

그렇게 25년이 흐른 후, 소왕이 전쟁터에 있을 때였다. 나라의 운명이 위태로운 상황에서 왕이 병들고 붉은 구름이 해를 끼고 나는 기이한 형상이 나타나자 사관은 이렇게 말한다.

> "이는 왕의 신변에 재앙이 있음을 뜻합니다. 그러나 장수나 재상에게 옮긴다면 나을 수 있습니다." 장수와 재상들이 이를 듣고 서로 자기가 대신하기를 청했다. 그러나 왕이 "장수들은 나의 팔다리와 같다. 지금 재앙을 그들에게 옮긴다고 어찌 내 몸에서 (병이) 없어지겠느냐." 하고 듣지 않았다. 월희가 말했다. "군왕의 덕이 진정 크십니다! 이제 제가 왕을 따라 죽기를 청합니다. 예전 노닐던 자리에서는 잔치의 즐거움이었기에 허락하지 않았습니다. 지금은 군왕께서 예법을 지키시며 백성들은 모두 왕을

위해 죽고자 하는데, 어찌 저라고 마다하겠습니까. 청하고 원하건대 먼저 나쁜 병을 몰아 지하에 가 있겠습니다. … 예전에 제가 비록 입으로 말하지는 않았지만 마음으로는 이미 허락했었습니다. 제가 듣기를, 신의란 그 마음을 저버리지 않는 것이고, 의리란 그 일을 헛되이 계획하지 않는 것이라 했습니다. 저는 군왕을 위한 의리를 위해서는 죽을 수 있으나 군왕의 즐거움을 위해 죽지는 않습니다." 그러고는 곧 목숨을 끊었다.[37]

사관이 왕의 신변에 닥친 재앙을 장수들이 대신하도록 해야 한다고 말하자 장수들이 앞다퉈 자기가 하겠다고 나섰다. 그러나 왕은 이를 거절했다. 자기를 위해 부하를 희생하지 않겠다는 왕의 말에 신하들의 마음 또한 뭉클해졌다. 훗날 이 말을 들은 공자가 소왕에 대해 '대의에 밝으니 그 나라가 망할 리 없다'고 평가할 정도였다.

이때 나선 것이 월희였다. "제가 왕을 위해 대신 죽을 것입니다. 잔치의 즐거움을 위해서는 죽을 수 없지만, 백성들을 아끼는 왕을 위해서 죽을 수는 있습니다."

소왕이 놀라 예전 연회에서의 말은 희롱이었다고 해도 소용이 없었다. "그때 말로는 거절했지만 마음으로는 이미 따라 죽기로 결심했었습니다. 신의란 한 번 한 말을 저버리지 않고, 의리란 헛된 약속을 하지 않는 것입니다."

그녀는 결국 자결했다. '중기경생重氣輕生', 의기를 중시하고 삶을 가볍게 여기며, '중낙수신重諾守信', 한 번 먹은 마음은 절대 바꾸지 않는다는 '협'의 모습 그대로였다. 월희의 죽음으로 소왕의 병이 낫지는 않았지만, 중신들은 그 의기에 깊이 감복해 훗날 소왕의 후계자로 월희가 낳은 왕자를 옹립했다.

자무와 월희를 통해 〈절의전〉이 보여 주는 여성의 '절의'는 앞서 〈정순전〉에서 볼 수 있었던 남편을 위한 의리나, 남녀유별의 예법에 집중된 절개의 개념과는 사뭇 다르다. 이들은 대의명분을 중심으로 생각하고 행동하며 고집스럽게 신의와 의리를 지키고, 흔쾌히 이익을 버리며 나아가 자신의 목숨도 초개와 같이 여긴다. 〈절의전〉은 이렇듯 유향이 생각하는 이상적인 여성상 속에 '한 인간으로서의 도덕적 완성을 추구하는 모습'까지도 포함되어 있음을 보여 주는 장이라고 할 수 있다.

충성과 신의를 모두 지키다

예가 없음과
예를
거스름에서
하나만으로도
이미
넘치는데
지금
두 가지가
다 있으니
살 수가
없습니다

진나라 태자의 비 회영, 주나라 대부의 충직한 시녀

명분을 실천하는 고도의 윤리적 감각

〈절의전〉에는 서로 대립되는 두 개의 윤리가 충돌하는 상황에서 어려운 선택을 해야 하는 이들의 이야기도 실려 있다. 신의와 의리를 지켜야 하는 대상이 하나가 아니라 둘일 때, 더욱이 한쪽에 의리를 지키는 것이 나머지 한쪽에 치명적인 배신이 될 때, 이들의 선택은 갈등 속에 놓이게 된다. 누구를 위한 의리를 우선할 것인가? 나머지 한쪽에 대한 의리는 어떻게 지킬 것인가?

이번에는 바로 그러한 갈등 상황 속에서 의리를 잃지 않은 결정을 내린 여성들의 이야기를 함께 읽어 볼 것이다. 먼저 소개할 인물은 '진나라 태자의 비 회영'이다.

회영은 진秦나라 목공의 딸로 진晉나라 태자 어圉의 비다. 어가 진秦의 인질이 되었을 때 목공은 딸 회영과 혼인을 시켰다. 6년째에 어가 몰래 자기 나라로 돌아가려 하면서 회영에게 말했다. "… 그대도 나와 함께 가겠는가?" 회영이 답했다. "당신은 진晉의 태자이십니다. 우리 진秦나라의 인질이 되는 욕을 당하셨으니 돌아가려 하시는 것은 당연하지요. 그러나 저의 아버님께서 제게 당신과 혼인해 모시도록 한 것은 당신을 이곳에 붙잡아 두려 하심입니다. 하지만 지금 저는 당신을 붙잡기에 부족하니 이는 제가 못난 탓이지요. 당신을 따라가면 우리 군주를 저버리는 것이요, 당신의 계획을 발설하면 아내의 의리를 저버리는 것입니다. 또 이대로 살 수도 없으니 세 가지 길이 다 불가능합니다. 비록 제가 당신을 따라가지 못하지만 떠나십시오. 저는 감히 이 계획을 말하지도 않을 것이고 당신을 따라가지도 않을 것입니다."[38]

위 이야기에서 남자 주인공인 태자 '어'는 약소국 진晉나라의 태자였다. 그렇기 때문에 당시 패권을 장악하고 있던 강대국인 진秦나라에 인질로 끌려 와 있는 상태였다. 왕자나 귀족과 같이 귀한 신분의 인질을 데리고 왔을 경우에는 보통 '정략적인 혼인'을 통해 그를 포로로 잡고 있는 나라에 정착을 시키기 마련이다. 어의 경우도 그러했다. 어의 부인인 회영은 그가 포로로 잡혀 있는 진나라 군주 목공의 딸이었다.

이야기의 맥락을 보면 정략결혼을 통해서 맺은 인연이지만 어와 회영의 사이는 제법 좋았던 것 같다. 인질이 된 지 6년이 되던 어느 날, 남편인 어는 자기 나라로 몰래 도망갈 계획을 꾸미면서 그 계획을 적국의 딸인 아내에게 털어놓았다. 진나라의 사위가 된 입장에서는 분명한 모반과 배신의 행동을 가장 먼저 의논한다는 것은 그만큼 어가 아내 회영을 믿고 신뢰했다는 뜻이었다.

회영의 첫마디는 이러했다. "당신이 이 나라에 계신 것은 치욕이지요. 떠나려는 결정은 옳습니다." '과연 아내는 내 편이구나' 싶은 순간도 잠시, 아내의 말이 이어졌다. "하지만 저는 제 역할을 하지 못했습니다. 이 나라의 군주인 아버지께서 당신과 저를 혼인시킨 것은 당신을 붙잡아 두려고 했기 때문이지요."

회영의 진짜 결심은 마지막 말에 들어 있었다. "당신을 따라간다면 이 나라를 저버리는 것이고 당신의 계획을 망친다면 남편을 저버리는 것이지요. 저는 당신을 따라가지도 않고 당신의 계획을 누설하지도 않겠습니다. 그것이 제가 유일하게 할 수 있는 일입니다."

회영이 처해 있던 윤리적 갈등은 '나라에 대한 충'과 '남편에 대한 신의' 사이의 대립이었다. 충을 위배하는 선택과 신의를 배반하는 선택. 이러한 딜레마 속에서 회영이 택한 길은 제3의 방법이었다. 남편을 따라가지 '않음'으로써 '충'을 지키고, 계획을 발설하지 '않음'으로써 '신의'를 지키는 것이다. 즉 회영의 선택은 '어떤 것도 하지 않음'으로써 '어떤 것도 배신하지 않는 것'이었다. 그렇게 회영은 딸이자 백성이자 아내로서의 명분을 모두 지켰다. 그 결정은 모든 상충된 입장들에 대한 의리를 저버리지 않음으로써, 스스로에 대한 신의까지도 지켜 낸 현명한 결정이기도 했다.

두 번째로 소개할 인물은 주나라 대부의 한 충직한 시녀 이야기다. 이 이야기에서 주인공인 여종은 우연히 주인마님의 비밀을 알게 된다. 남편이 인근 나라에 가서 몇 년간 벼슬을 하는 사이 그 부인이 그만 한 남자와 정을 통하게 된 것이다. 문제는 그 다음이었다. 남편이 집에 돌아올 날이 다가오자 간부姦夫와 공모한 부인이 남편을 죽일 계획을 세웠기 때문이다. 부인은 직접 담근 술에 독을 탔고, 남편을 환영하는 술자리를 만들어 그 술을 먹이려고 했다.

여종은 그 명을 받아 독주를 올려야 했다. 부인의 명을 따른다면 죄 없는 주인어른이 죽을 것이니 불의가 될 터였고, 잔에 독이 들었다고 말한다면 부인을 죽이는 것이니 불충이 되는 상황. 부인에 대한 의리와 주인어른에 대한 의리 사이에서, 과연 어떻게 할 것인가? 여종의 입장에서는 의리를 지켜야 할 대상이 둘로 쪼개진 것이나 다름없었다. 똑같이 의리와 충성을 바쳐야 할 대상인데, 한쪽을 따른다면 나머지 한쪽은 반드시 죽는 길이었다.

결국 여종은 자기희생을 택한다. 그는 실수인 척 술잔을 떨어뜨려 그 속에 든 독주를 바닥에 쏟아 버렸다. 집에 돌아온 기쁨을 누리려던 주인은 화가 나 여종의 실수를 매로 다스렸다. 부인은 이제 여종을 죽일 구실을 찾아 괴롭히기 시작했다. 자기 죄를 덮기 위해선 사실을 눈치챈 여종을 반드시 죽여야 했다. 여종은 부인의 손에 곧 자기가 죽을 것을 알았지만 아무 말도 하지 않았다.

사실이 밝혀진 것은 엉뚱한 방향에서였다. 주인이 다른 경로를 통해 부인의 간통 사실과 자기를 죽이려 했던 계획을 모두 알게 된 것이다. 사태를 정리한 후 주인은 여종에게 묻는다.

> "너는 이 일을 알았는데 어찌 말하지 않고 거의 죽을 뻔한 상황이 되게 하였느냐?" 여종이 말하였다. "마님을 죽게 하고 저 혼자 사는 것은 마님을 욕되게 하는 것입니다. 제가 죽으면 죽는 것이지 어찌 말하겠습니까." 주인이 그 의리를 높이 사고 그 뜻을 귀히 여겨 처로 들이고자 했다. 여종이 거절하며 말했다. "마님은 욕을 당하고 돌아가셨는데 저 혼자 살아 있는 것은 예의가 없는 것입니다. 또 마님의 자리를 대신한다면 이는 예의를 거스르는 것입니다. 예가 없음과 예를 거스름에서 하나만으로도 이미 넘치는데 지금 그 두 가지가 다 있으니 살 수가 없습니다." 말을 마친 여종이 자결하려고 하였다. 주인이 이 말을 듣고 후히 폐백을 주어 시집가게 하였으니 사방에서 서로 그를 아내로 맞고자 했다.[39]

여종의 답은 이러했다. "사실을 있는 그대로 말하면 부인의 악덕을 드러내게 됩니다. 제가 어찌 그것을 말하겠습니까." 젊은 여종이 지키고자 했던 것은 부인에 대한 충과 의리였다. 그 마음에 감복한 주인은 그녀를 첩으로 들이겠다고 했다. 그러자 여종이 펄쩍 뛰었다. "마님이 돌아가셨는데 제가 그냥 살아 있는 것만도 예의에 어긋나는 일입니다. 그런데 그 자리를 대신하기까지 한다니요. 그렇게는 살 수 없습니다."

말을 마친 여종은 당장 목숨을 끊을 기세였다. 그제야 여종의 신의와 충의의 깊이를 깨달은 주인은 예물을 후하게 마련해 널리 혼처를 구해 줬다. 사방에서 여종을 데려가겠다는 구혼이 이어진 것은 두 말할 나위도 없었다.

위 이야기는 윤리적 갈등 상황에서 현명하고 지혜로운 결정을 보인 여성 인물이 복을 받는다는 서사적 구조가 좀 더 뚜렷하게 드러나 있다. 앞선 이야기보다 극적인 위기와 갈등 상황이 소설처럼 장면화되어 전달되기도 하고, 여종이 누명을 벗게 되는 사건이 우연히 일어나는가 하면, 악한 부인이 벌을 받고 선량한 여종이 복을 받는 권선징악의 결말도 더 분명하기 때문이다.

그러면서도 여종의 윤리적 갈등 상황을 부각시키고 그 속에서 옳은 선택이 무엇인가 묻는 질문의 태도는 앞 이야기와 일관된다. '불의와 불충' 사이, '부인에 대한 의리와 주인어른에 대한 의리' 사이에서 어떻게 처신해야 하는가. 여종은 '부인에 대한 충'과 '주인어른에 대한 충' 사이의 대립 속에 놓여 있었다. 부인에 대한 의리를 따르자면 주인이 독살당하고, 주인을 살리자면 부인의 죄가 발각된다. 한쪽 주인을 살리면 다른 한 주인이 죽게 되는 선택. 여기서 여종의 결정은 그 두 개 선택지 밖의 선택, 즉 자기를 희생하는 것이었다. 어느 쪽의 주인도 배신하지 않고 의리를 지키면서 자기가 죽는 방법을 택한 것이다. 이렇게 자기를 죽이고 명분을 살리는 여종의 결정은 '살신성명殺身成名'으로 집약되는 협다운 태도, 그 자체다.

태자비 회영과 충직한 여종의 이야기는 사람에 대한 '신의'를 지킨다는 것의 어려움을 보여 준다. 복잡한 현실 관계 속에서 의리와 명분을 실천하는 일은 고도의 윤리적 감각과 판단력을 요구하는 일이기 때문이다. 유향이 이렇게 〈절의전〉이라는 장을 따로 만들어 의리를 지킨 여성들을 높이 평가한 이유 역시, 그것이 현실에서 어려운 일임을 알았기 때문일 것이다. 어쩌면 〈절의전〉의 서술이 유독 이렇게 생생하고 잘 읽히는 이유는 유향이 그 당시에 경험했던 권력층 여성들, 절의와 명분에서 거리가 먼 외척 세력들과 조비연 자매 같은 이들에 대한 반면교사의 의미를 설실하게 남았기 때문일지도 모른다.

자식의 일은 가슴 아프지만 어쩔 수 없습니다

의로운
보모는
백어가 칭을
죽이려
한다는 말을
듣고 자기
아들에게
칭의 옷을
입히고 칭의
처소에 눕혀
놓았다

노 효공의 보모, 제나라의 계모, 노나라의 의리 있는 이모

타협 없는 선공후사의 화신

〈절의전〉에서 깊은 인상을 남기는 또 다른 이야기는 '자식을 버리는 어머니'에 관한 것이다. 충과 의리, 명분과 도덕이라는 추상적인 윤리를 위해 눈앞에 살아 있는 내 자식의 손을 놓는 어머니의 이야기는 충격을 주기에 충분하다. 고도의 윤리적 판단력과 과감한 실천의 능력을 갖고 있다 하더라도 어머니라는 존재에게 자기 자식을 버리는 선택은 잔혹하고 끔찍하기 때문이다. 그럼에도 불구하고 자식보다 우선하게 되는 '신의'란 대체 어떤 것인가?

왕손을 살리기 위해 자기 자식을 희생한 '노나라 효공의 의로운 보모'의 예를 통해 살펴보자.

의로운 보모는 백어가 칭을 죽이려 한다는 말을 듣고 자기 아들에게 칭의 옷을 입히고 칭의 처소에 눕혀 놓았다. 백어가 그를 죽이자 보모는 칭을 안고 도망쳤다. 밖으로 나와 노나라 대부인 칭의 삼촌을 만나자 그가 물었다. "칭은 죽었는가?" 보모가 대답했다. "죽지 않았습니다. 여기 살아 있습니다." 칭의 삼촌이 놀라 "어떻게 죽음을 면했는가?" 하고 묻자 보모가 말했다. "제 아들이 내신 죽었습니다." 보모가 도망친 지 11년이 지나 노나라 대부들이 모두 칭이 보모와 살고 있음을 알고 주나라 천자에게 청하여 백어를 죽이고 칭을 제후로 세웠으니 이가 효공이다. 노나라 사람들이 보모를 높이 기렸다.[40]

노나라 의공 때의 일이다. 의공의 조카인 백어가 반란을 일으켰다. 그는 숙부인 의공을 이미 시해했고 조정의 대부분을 벌써 손에 넣은 상태였다. 백어는 숙부에 이어 그 아들인 칭까지 죽이려고 혈안이 되어 있었다. 반란을 완성하기 위해서는 당연히 그 핏줄을 다 죽여 혈통을 절멸해야 했기 때문이다. 다급하고 위태로운 상황이었다.

어린 칭 공자를 보호하고 있던 보모가 궁을 빠져나갈 수 있는 방법은 하나, 칭과 같은 또래의 자기 아들을 포기하는 것이었다. 그는 아들과 공자 칭의 옷을 바꿔 입히고 공자의 처소에 아들을 눕혔다. 살기등등한 백어가 들이닥쳐 아들을 죽이는 사이, 공자를 안고 숨어 있던 보모는 혼란한 틈을 타서 도망쳤다.

11년이 흐른 뒤, 여전히 백어를 왕으로 인정하지 않았던 노나라의 몇몇 대부들이 세력을 모았다. 그 중심에는 원래 군주의 아들인 칭이 있었다. 왕권의 정통성을 주장할 수 있는 칭 공자가 살아 있었기 때문에 복위 운동이 가능했던 것이다. 명분과 뜻을 모은 이들 세력은 결국 백어를 죽이고 칭을 효공으로 즉위시켰다. 이렇게 왕통이 이어지게 만든 핵심 고리 역할을 한 것은 바로 공자를 돌봤던 보모였다. 이야기의 끝은 이렇다. "노나라 사람들이 그를 높이 평가하고 '의로운 보모(義保)'라 불렀다."

효공의 의로운 보모 이야기에서 두드러지는 것은 서술이 유독 간략하다는 점이다. 백어가 공자를 죽이러 오는 것을 알고 자기 아이가 대신 죽게 만드는 장면에서 보모가 어머니로서 느꼈을 내적 갈등이나 망설임, 고통스러움에 대한 서술은 일체 없다. 〈절의전〉의 다른 일화에서 제법 자주 등장하는 '신信' '의義' '절節'과 같은 글자도 이 일화에서는 전혀 사용되지 않는다. 건조하고 담담하며 짤막하게 사건의 흐름만이 간략히 나열된다.

이런 점은 보모가 공자를 데리고 나온 직후 노나라 대부를 만나 나누는 대화에서 특히 강조된다. "칭은 죽었는가(稱死乎)?" "안 죽었습니다. 여기 있습니다(不死, 在此)." "어떻게 면했는가(何以得免)?" "제 아들이 대신했습니다(以吾子代之)." 네 개의 대화가 원문으로는 불과 16글자일 뿐이다.

그런데 이렇게 간결한 장면 묘사를 통해 보모의 의협성과 이야기 자체의 비극성은 더 강렬하게 전달된다. 글의 표면에서 채 설명되지 않은 비애와 고통도 더 강해진다. 그런 모든 말을 생략한 채 자기를 버리고 대의를 취하는 것, 자기를 알아주는 자를 위해 말없이 희생하는 것. 이러한 '협'의 성격을 가장 상징적으로 구현하고 있는 편이 바로 '노나라 효공의 보모' 이야기다.

다음 두 이야기는 과묵하게 충의를 바친 노나라 보모의 심정을 말로 쏟아 놓고 있는 것 같은, 또 다른 어머니들의 일화다. 이야기들의 구조와 내용은 매우 비슷하다. 어머니가 둘 중 하나만을 살릴 수 있는 처지가 되자, 자기 자식을 버리고 남의 자식을 살린다는 것이다.

> 그 어머니가 울며 답하기를, "작은아이를 죽이십시오. … 작은아이는 제 아들이고 큰아이는 전처의 아들입니다. 부친이 병들어 죽어 갈 때 큰아들을 잘 기르고 보살피라고 제게 부탁했습니다. 망자의 부탁인데 그 허락한 것을 어찌 지키지 않을 수 있겠습니까. 형을 죽이고 동생을 살리면 이는 개인의 정리로 공의를 폐한 것이고 말을 배반하고 신의를 잊은 것이니 망자를 속이는 것입니다. 말을 했는데 약속을 지키지 않는다면, 허락을 했는데 분명하게 행동하지 않는다면 어떻게 세상을 살겠습니까. 자식의 일이 가슴 아프지만 의를 위해서는 어쩔 수 없습니다."[41]

> 제나라 장수가 안고 있는 아이와 버린 아이가 각각 누군지 물었다. 부인이 대답했다. "안고 있는 아이는 언니의 자식이고 버린 아이는 제 자식입니다. … 제 자식은 사적인 애정이고 언니의 자식은 공적인 의리입니다. 공의를 어기고 개인의 정리를 따르면 언니의 자식을 잃고 제 자식을 보존하겠지만, 요행히 행운을 얻는다 해도 노나라의 군주께서 저를 받아주지 않을 것이고, 대부들이 저를 보살피지 않을 것이며, 보통의 백성들

도 저와 함께하지 않을 것입니다. 이러면 조심해도 받아 주는 곳이 없고 발을 포개 놓아도 디딜 곳조차 없을 테니, 자식이 비록 가슴 아프지만 의리에 있어서는 어쩌겠습니까."[42]

앞 이야기의 상황은 이렇다. 제나라에서 살인 사건이 일어났다. 범인은 형과 동생 중 한 명인데, 형제가 서로 자기가 범인이라고 우기자 그 어머니에게 누구를 죽이고 누구를 살릴지 물었다. 어머니가 울면서 자기 소생인 작은아이를 죽이라고 했다. 이유를 묻자 그는 이렇게 말한다. "아비가 죽으면서 전처소생인 큰아이를 잘 보살피라고 유언을 했습니다. 이승에서 한 마지막 부탁이니 그 약속을 저버릴 수 없지요. 또 남의 소생인 큰아이를 죽이고 제 아이를 살리는 것은 사애私愛로 공의公義를 폐한 것이 됩니다. 약속을 배신하고 망자를 속이며 의리에 맞지 않는 일을 행할 수는 없습니다."

뒷이야기는 노나라에서 전쟁이 일어났을 때의 일이다. 한 부인이 아이 둘을 데리고 가다가 하나를 놓아 버렸다. 적장인 제나라 장수가 남의 아이를 버린 행동을 꾸짖으려 하자 부인이 울며 말했다. "제 아이의 손을 놓고 언니의 아이를 데려간 것입니다. 군대가 쫓아오는데 두 아이를 다 데려갈 힘이 없었습니다." 의아하게 여긴 장수가 다시 물었다. "사람이라면 다 제 자식이 귀한 법인데 왜 언니의 자식을 먼저 살렸느냐?" 부인이 다시 답했다. "내 자식은 사애私愛요, 언니의 자식은 공의公義입니다. 공의를 저버리면 노나라에서는 임금도 대부도 백성들도 사람으로 보지 않습니다. 가슴이 아프지만 공의를 따라야 합니다."

내 아이를 살릴 것인가, 남의 아이를 살릴 것인가. 둘 중 하나를 선택해야 하는 순간이 왔을 때 이들은 모두 남의 아이를 택했다. 그것이 '공적인 의리'이기 때문이다. 자기가 낳은 아이는 사적이고 개인적인 관계이니 공적인 의리보다 앞서게 할 수 없다. 칭 공자를 살린 보모가 말없이 자기 아이를 희생했던 이유가 바로 이것이다. 자기 자식을 아끼는 본능적인 사랑보다 공공의 의리라는 명분을 더 중하게 여긴 것이다.

특히 눈길을 끄는 대목은 두 번째 이야기에서 부인이 자기 아이만 살린다면 '노나라의 임금과 대부와 백성들이 모두 자기를 용납하지 않을 것'이라고 말하는 장면이다. '선공후사先公後私', 공적인 일을 우선하고 사적인 일을 나중에 한다는 지배층의 도덕률이 나라 전체의 백성들을 교화했음을 알게 해 주는 말이기 때문이다. 시골 부인의 이 한 마디에 제나라 군대는 철수를 명령한다. 시골의 촌부조차 자식을 버리고 의리를 실천하고 있는데, 그런 수준의 도덕성과 윤리 의식이 온 나라에 퍼져 있다면 전쟁에서 결코 쉽게 이길 수 없으리라는 판단에서였다. 공공의 약속, 신의와 명분을 중시하는 도덕성의 수준이 곧 나라를 위기에서 벗어나게 할 수 있는 원천이 될 수도 있음을 보여주는 이야기다.

이렇게 유향의 〈절의전〉은 다양한 계층의 여성들을 자기의 이익과 목숨, 심지어 아이까지 희생하면서 절의를 지키는 협의 형상, 도덕적 완성을 추구하는 윤리적 주체의 형상으로 그리고 있다. 그것은 의리와 명분만을 생각하는 우직함, 고집스러운 자기주장, 타협 없는 강직함, 주저 없는 실행력, 공과 사를 구분하는 철저함이다.

사실 이러한 성질들은 '협객 혹은 지사'로 응축되는 남성적 이미지였다. 〈절의전〉에 실려 있는 여성들의 이야기가 신선하게 다가오는 지점은 바로 남성의 것으로 규정되었던, 젠더화된 윤리를 가로지르는 여성들의 이야기라는 점이다. 유향의 《열녀전》이 갖고 있는 근본적인 한계, 즉 여성들의 이미지를 한정된 유형으로 국한시키고 평면화했다는 혐의 속에서도 〈절의전〉의 예외성은 특별하고 돋보이는 부분이다.

6장

뛰어난 변론가

변통전辯通傳

'변통辯通'이라는 말은 '말을 잘하여 뜻을 통하게 함'이라는 뜻으로, 말로 논리를 세우고 상대를 설득하며 논변하는 능력을 말한다. 그런 만큼 〈변통전〉에서 만나게 될 인물들은 뛰어난 변론의 힘과 소통의 능력을 가지고 있다. 이들의 지혜와 언변은 오해를 풀고 상대의 마음을 움직이며 상대의 생각과 판단을 원래와는 정반대로 바꿔 놓기도 한다. 불리하고 위태로운 상황에 처해 있을 때 더욱 진가를 발휘하는 '변론'의 힘을 가진 여성들은 특히 위기에 빠진 아버지, 아들, 남편의 문제를 변론해서 이들을 구해 주는 해결사 역할을 한다. 하지만 지혜롭고 말 잘하는 여성의 모습이 부각되는 면모 때문인지 〈변통전〉 또한 〈인지전〉과 마찬가지로 후대의 열녀전류 책에 단 한 편도 전승되지 않았다.

〈변통전〉에 실린 여성들은 역사적 사례와 전고典故를 넘나드는 논리적인 말하기를 통해 문제 상황을 해결하고 상대방의 마음을 돌려 위기를 타개해 나간다. 1편은 현자의 수수께끼 같은 말을 해석한 관중의 첩 이야기, 2~4편은 여성들이 각각 위기에 빠진 아들, 남편, 부친을 지혜로운 논변으로 구해 내는 이야기다. 5~6편은 시골의 이름 없는 평민 여성의 지혜를, 7, 8, 15편은 아버지, 아들을 변론해 위기에서 구해 내는 여성들을 보여 준다. 9편은 제나라 왕비가 간신의 폐해를 지적하는 내용이고, 10~11편은 제나라의 추녀가 왕을 찾아와 국정을 논하고 왕비가 되는 이야기다.[43]

이 책에서는 〈변통전〉 중 다섯 편의 인물을 만나 볼 것이다. 먼저 살펴볼 것은 3편의 활 만드는 장인의 처, 4편의 홰나무를 꺾은 자의 딸 편이다. 이 두 편의 이야기를 통해 이들의 언변이 근본적으로 남성 가부장을 구하고 나라의 정치를 바로잡는 목적으로 사용되었으며 유향에게 '바람직한 여성의 말하기'란 이런 상황에서만 용인되는 것이었음에 주목하되, 저자의 의도와 달리 이들의 이야기에서 은연중에 드러난 것은 '어리석은 남성 : 지혜로운 여성'의 구도라는 사실을 지적할 것이다. 다음으로는 10~12편에 연달아 나오는 종리춘, 숙류녀, 고축녀 편을 통해 추한 외모를 가졌지만 뛰어난 지혜와 이인異人적 능력을 가진 여성 인물들을 살펴볼 것이다. 이들의 이야기에서 '추한 외모'가 강조된 맥락과 이유를 생각해 보고, 유향의 《열녀전》이 여성의 외모와 능력의 관계에 대한 오래된 편견의 뿌리를 제공하고 있음을 지적하고자 한다.

사람을 구하는 절묘한 설득의 기술

왕께서
과녁을
맞히지 못한
것은 잘못
쏘았기
때문인데
오히려 제
남편을
죽이려
하시니 이는
잘못된 것이
아닙니까

활 만드는 장인의 처, 나무를 꺾은 자의 딸

가문과 나라에 도움이 될 때 허용되는 여성의 말하기

진나라에 활을 잘 만들기로 유명한 장인이 있었다. 왕은 그에게 특별한 활을 주문했다. 삼 년 동안 각고의 노력으로 활을 완성한 장인은 임금에게 활을 바쳤다. 그런데 이게 어쩐 일인가. 왕이 쏜 화살들이 하나도 과녁에 맞지 않는 것이었다. 화가 난 왕이 장인을 끌어내 죽이려 하자, 그의 아내가 앞을 가로막고 나섰다. 남편에게는 죄가 없다는 것이었다.

옛날 공류께서 지나가실 때 양과 소 떼가 갈대밭을 밟고 지나가자 백성들을 측은히 여기셔서 그 은혜가 초목에도 미쳤으니 어찌 무고한 자에게 벌을 내리셨겠습니까. 진나라 목공은 도적들이 자신의 준마를 잡아먹었으나 도리어 술을 내려 마시게 했고, 초나라 장왕은 왕후의 옷을 잡아 당긴 신하를 위해 오히려 모두에게 갓끈을 끊게 하고 더불어 마시며 즐겼습니다. … 지금 제 남편은 이 활을 만들면서 있는 노력을 다하였습니다. 활의 근간을 태산 기슭에서 구해 하루 세 번 그늘과 햇빛에 바꿔 말렸고, 연나라 소의 뿔을 구해 붙였으며, 초나라에서 난 사슴 힘줄을 엮어 맨 뒤, 물고기에서 채취한 아교로 붙였습니다. 이 네 가지는 천하에 절묘한 선택이었습니다. 그런데도 왕께서 과녁을 맞히지 못한 것은 잘못 쏘았기 때문인데 오히려 제 남편을 죽이려 하시니 이는 잘못된 것이 아닙니까? 제가 듣기로는 '활 쏘는 도는 왼손은 날아오는 돌을 막는 듯하고 오른손은 나뭇가지를 어루만지듯 부드럽게 하며, 시위를 당기는 오른손을 왼손이 모르게 해야 한다'고 했으니, 이것이 바로 활을 쏘는 도입니다.[44]

장인의 아내가 남편의 무죄를 변론하면서 처음 꺼낸 이야기는 '백성과 신하를 귀하게 여긴 성군들의 사례'였다. 앞선 성왕들의 너그럽고 인자한 처사를 통해 활을 잘못 만든 장인을 죽이겠다는 왕의 잔혹한 결정을 보류시키려는 것이었다.

그녀는 우선 주나라 때 농업을 정비한 큰 업적을 남긴 공류가 백성들을 측은히 여겼다는 이야기로 말문을 열었다. 그러고는 진 목공과 초 장왕이 각각 아랫사람의 잘못을 크게 용서했던 전고를 예로 들었다. 목공은 자신이 아끼던 명마를 잡아먹은 야인들에게 벌주지 않고 오히려 술까지 내리는 큰 은혜를 베풀었으며, 장왕은 연회의 불이 꺼진 틈을 타 왕비를 희롱한 신하의 갓끈을 갖고 있었지만 범인을 찾아내지도 벌을 내리지도 않고 오히려 모든 이의 갓끈을 끊게 해 그 신하의 실수를 덮어 줬다는 것이다.

그 이야기에 왕의 노한 기색이 잠시 멈칫했다. 이를 놓치지 않고 장인의 아내는 말을 이어 갔다. 이번에는 천하제일의 활이 탄생하는 과정이었다. 사슴 힘줄 한 가닥, 쇠뿔 하나에 담긴 정성과 아교풀로 붙인 활을 삼 년간 말리고 거두기를 반복한 시간을 고한 것이다.

다시 한 번 왕의 마음이 누그러졌을 때, 장인의 아내는 과감하게 진실을 고백했다. 천하제일의 재료와 솜씨로 만들었으나 화살이 명중하지 않았던 이유는 쏘는 방법이 잘못되었기 때문이라는 것이다. 그녀는 왕에게 '왼손은 돌을 막듯 강하게, 오른손은 나뭇가지 어루만지듯 부드럽게, 시위 당기는 손을 다른 손이 모르게' 쏘아 보도록 조언했다. 그 말을 따라 자세를 고친 왕이 다시 활을 쏘자, 화살은 과녁 7개를 단번에 꿰뚫었다. 남편은 풀려났고 부부는 황금을 하사받았다.

장인의 아내가 한 변론에서 가장 훌륭한 점은 말하기의 순서와 전략이다. 분노한 왕을 진정시킨 것은 선왕들의 용서였다. 왕이 진정된 기색을 보이자 그녀는 비로소 활 자체가 더할 나위 없는 명궁이라는 사실을 가지고 설득한다. 왕의 잘못과 바르게 쏘는 법을 직언하는 것은 가장 마지막이었다.

만약 처음부터 왕이 활을 잘못 쏘았다는 사실을 지적했다면 어땠을까? 남편은 물론 자신도 그 자리에서 목숨을 잃었을 것이다. 상대가 자신의 오류를 스스로 깨닫게 하기 위해 전략과 순서를 지혜롭게 구성한 활 장인 처의 말하기는 남편의 목숨을 구하고 왕의 잘못을 바로잡을 수 있었다.

〈변통전〉에서 또 다른 방식의 절묘한 설득의 말하기를 보여 주는 인물은 제나라에 살았던 한 평민의 딸이다. 당시 제나라 왕은 경공이었는데, 그는 홰나무 한 그루를 몹시 아끼고 사랑했나. 나무의 곁에 관리를 두고 그 나무를 상하게 하거나 꺾는 자에게는 큰 벌을 내리겠다고 할 정도였다. 그런데 술에 취한 한 남자가 사정을 모른 채 왕이 아끼는 나무를 꺾어 버리고 말았다. 범인을 잡아들여 당장 죽이라는 왕의 명령이 떨어지자, 그 딸이 아비의 목숨을 구하기 위해 나섰다.

> 그의 딸 정은 재상인 안자의 문 앞에 찾아가 말했다. "저는 아랫사람으로 수발을 들기를 청합니다." 안자가 듣고 웃으며 말했다. "내가 여자에게 관심이 있겠는가. 또 늙어 음란한 데 이르겠는가. 분명 할 말이 있어 그럴 것이니 데려오라." … "저는 훌륭한 군주가 나라를 다스릴 때는 재물을 손해 봤다고 백성에게 형벌을 더하지 않고, 사적인 분노로 공적인 법을 해치지 않으며, 가축을 위해 백성을 벌주거나 잡초를 위해 곡식의 싹을 해치지 않는다고 들었습니다. … 그런데 지금 우리 왕께서는 홰나무를 심어 놓고 그것을 상하게 하는 자는 죽인다고 하셨으니 나무 때문에 저의 아버지는 죽임을 당하고 저는 고아가 됩니다. 제가 두려운 것은 나라를 다스리는 법에 흠이 생기고 현명한 군주의 바른 도리를 해치게 되는 것입니다. 이웃 나라에서 이 일을 듣는다면 다들 왕께서 나무를 아낀 나머지 백성을 해쳤다고 할 것입니다. 그래도 되겠습니까?"[45]

나무를 꺾은 자의 딸은 우선 당대의 명재상이었던 안영을 찾아갔다. 힘없는 백성에게 왕이 내린 벌이 가혹하다는 이야기를 들어 줄 수 있는 사람을 찾은 것이었다. 그러나 높은 신분의 재상을 무슨 수로 만날 것인가? 딸이 짜낸 지혜는 첩이 되고 싶다는 말을 전하는 것이었다. 안영은 웃으며 여자를 들어오게 한다. 뭔가 호소하고 싶은 말이 있는 사람이 찾아왔음을 눈치챈 것이다.

어렵게 기회를 만들어 안영을 대면한 딸은 아비를 변론하기 시작했다. 그녀의 요지는 아비에 대한 형벌이 합당하지 않다는 것이었다. 올바른 왕이라면 재물과 백성 중에서는 백성을 택하고, 사적인 감정과 공적인 법 사이에서는 당연히 공적인 법을 택해야 한다. 그것은 '잡초 때문에 곡식을 상하게 하지 않는 이치'와 똑같다. 그런데 나무 한 그루를 꺾었다는 이유로 백성을 사형에 처하는 것이 옳은가.

딸의 현명함은 마지막 대목에서 특히 빛을 발한다. 왕에 대한 백성들과 이웃 나라의 시선을 상기하게 만들었기 때문이다. 딸은 이렇게 말했다. 자신이 두려운 것은 오직 '나라의 법에 흠집이 생기고 왕의 의리가 망쳐지는 것', 그래서 '이웃 나라에서 이 나라 왕에 대한 안 좋은 평판이 나는 것'이라고 말이다.

딸의 변론을 들은 안영은 곧장 왕을 찾아가 사형 집행을 멈추게 했다. 그녀의 말을 통해 근본적인 문제를 깨달았기 때문이었다. 딸의 말하기는 백성을 포악하게 다스리는 나쁜 정치가 따로 있는 것이 아니며, 백성의 목숨을 가볍게 여기는 것이 곧 실정과 폭정의 시작이라는 사실을 알려 주고 있었다.

이 두 이야기에서 볼 수 있는 것처럼, 〈변통전〉에서 '말을 잘한다는 것'의 의미는 단순히 '말재주가 좋다'는 뜻이 아니라 '남을 설득한다'는 뜻이 더 강하다. 〈변통전〉의 말하기는 정반대의 생각을 갖고 있는 상대의 마음을 바꿔 놓는 말하기이며, 판단을 뒤집게 하는 말하기다. 왕은 〈변통전〉에 등장한 여성들의 남편과 아버지를 벌주고 죽이겠다고 생각했지만, 장인의 처와 나무를 꺾은 자의 딸의 말하기는 그 생각을 바꿔 놓았고 결국 남편과 아버지의 목숨을 살렸다.

이러한 결말은 《열녀전》에 〈변통전〉이 실릴 수 있었던 이유를 말해 준다. 다시 말하자면 《열녀전》에 '지혜롭고 똑똑하며 말 잘하는 여자들'의 이야기인 〈변통전〉이 들어갈 수 있었던 것은 '남편과 아버지를 구했다'는 결론 때문인 것이다. 말 잘하는 여자들이 능력을 발휘하는 순간은 남성 가부장이 위기에 빠졌을 때다. 어쩌면 그때가 여자들이 자신의 지혜와 능력을 발휘해도 되는 것으로 허용된 '유일한' 순간이었을지도 모른다. 여성의 능력은 남성을 위기에서 구해 내고, 남성 중심의 질서를 옹호하고 지지해 주는 것일 때에만 받아들여지고 기록으로 남을 수 있었다.

그럼에도 불구하고 〈변통전〉을 통해 만나 볼 수 있는 똑똑하고 지혜로운 여자들의 이야기는 소중하다. 후대의 열녀전으로 가면서 이 유형의 여자들 이야기는 아예 '통편집'되어 단 한 편도 인용되거나 전승되지 않았기 때문이다. 조건부로나마 유향 당시까지는 살아남아 있었던 '말 잘하는 여성의 형상'은 후대에 아예 흔적도 없이 사라져 버리게 된 것이다. 그것은 아마도 '남성 가부장의 위기'를 타개해 주는 여성의 형상 속에 숨어 있는 '지혜와 힘의 우월성'에 대한 두려움 때문이 아니었을까. 또한 은연중에 〈변통전〉에서 드러나게 된 것이 '문제를 해결하지 못하는 무력한 남성' 대 '문제를 해결하는 유능한 여성'이라는 구도였기 때문이 아니었을까.

한정된 조건 속에서나마 여성의 지혜를 인정했던 〈변통전〉은 가부장제의 역사화 흐름 속에서 끝까지 명맥을 이어 가지 못하고 사라지고 말았지만, 그럼에도 불구하고 고대 여성의 힘과 지혜의 우월성을 입증해 주는 흥미로운 자료라고 할 수 있다.

국정의 폐해를 직언한 추녀

머리는
절구통처럼
크고 눈은 푹
꺼졌으며 큰
손에 마디가
굵었다.
들창코에
목젖이
불쑥 나와
있고 목은
두꺼우며…

제나라의 종리춘, 숙류녀, 고축녀

똑똑하고 지혜로운 여성은 어떤 외모를 가졌는가

다음으로 읽어 볼 제나라의 '종리춘' '숙류녀' '고축녀'의 이야기는 매우 독특하다. 이들의 외모가 압도적으로 추하고 기이하기 때문이다. 그 묘사를 보면 이렇다.

> 그 생긴 모습이 극히 추하여 비슷한 경우를 찾기 어려웠다. 머리는 절구통처럼 크고 눈은 푹 꺼졌으며 큰 손에 마디가 굵었다. 들창코에 목젖이 불쑥 나와 있고 목은 두꺼우며 머리숱이 듬성했다. 굽은 허리에 가슴이 튀어나왔으며 피부는 칠을 해 놓은 듯 검은색이었다.[46]

절구통 같은 큰 머리에 푹 꺼진 눈과 들창코, 굽은 허리와 두꺼운

목에 얼마 없는 머리숱, 그리고 시커먼 피부……. 이렇게 특별한 '못생김'으로 주목을 하게 만드는 이 여성은 중국 역사상 추한 여성으로 가장 유명한 제나라의 '종리춘'이라는 인물이다. 그렇다면 숙류녀와 고축녀의 모습은 어떨까?

> 여러 부인들이 모두 옷을 차려입고 늘어서 있었다. 그런데 도착한 이는 혹이 달린 여자였다. 놀라움에 궁중의 부인들이 모두 입을 가리고 웃었다. 좌우에 있던 사람들도 체면을 잊고 웃음을 참지 못했다.[47]

> 원래 축녀는 고아로 부모가 없었으며 그 외모가 매우 추해 큰 고을에서 세 번, 작은 마을에서 다섯 번 쫓겨났으며, 시집갈 나이가 지났으나 아무도 받아 주지 않았다.[48]

'숙류'는 '혹'이라는 뜻이니 숙류녀는 '혹이 달린 여자'라는 의미다. '고축녀' 역시 '고아이며 쫓겨난 여자'라는 뜻이다. 숙류녀는 혹으로 인해 그를 본 모든 사람들에게 웃음거리가 되었다고 하고, 고축녀는 외모가 추해서 동네에서 여덟 번이나 쫓겨날 정도였다고 한다. 두 사람 다 진짜 이름이 아니라 외모로 인해 갖게 된 특징이 이름처럼 굳어져서 쓰이고 있는 셈이다. 종리춘처럼 외모가 자세하게 묘사되지는 않았지만 이들 역시 '추녀'의 대명사였음은 확실하게 알 수 있다.

그런데 이 여성들에 대해 《열녀전》이 내린 평가는 이러하다. '제나라가 크게 안정된 것은 바로 이 추녀의 힘이었다'. 추녀들의 지혜와 언변으로 혼란스러웠던 정치가 안정되고 나라가 바로 서게 되었다는 것이다. 나라를 안정시킨 말하기 능력이란 과연 어떤 것이었는지, 궁금해지지 않을 수 없다. 종리춘의 경우를 먼저 보자.

> 종리춘은 짧은 갈옷의 먼지를 털고 스스로 신왕에게 나아가 시종에게 이렇게 말을 전하였다. "저는 제나라의 짝을 구하지 못한 여자입니다. 군왕의 성덕을 듣고 후궁의 마당을 쓸고자 하여 왕궁의 바깥문 앞에 머리를 조아리니 왕께서 허락해 주시기 바랍니다." … 왕이 물었다. "무엇을 잘합니까?" 한참 있다 종리춘이 답하였다. "수수께끼를 조금 합니다." 선왕이 말했다. "수수께끼는 나도 좋아하오. 한번 해 보시오." 왕의 말이 끝나기도 전에 홀연 그 모습이 사라져 보이지 않게 되어 크게 놀랐다. … 종리춘이 "위태롭고 위태롭구나." 하고 네 번이나 말하자, 선왕이 "이야기를 듣고 싶소."라고 말했다. 종리춘이 말했다. "지금 나라 서쪽에는 진나라가, 남쪽에는 강한 초나라가 있어 밖으로 양대 강국의 어려움이 있는데 안으로는 간신들만 모였으니 백성들이 의지할 곳이 없습니다. 왕의 춘추가 40인데 장성한 후계자가 없고, 아들 무리가 있는 것이 아니라 후궁들만 여럿이 있으니 … 이것이 첫 번째 위태로움입니다."[49]

위 이야기를 보면 종리춘은 허름한 옷차림으로 스스로 왕을 찾아가서는 자기를 '후궁으로 맞아 달라'고 청한다. 이야기를 전해 들은 신하들이 모두 '낯 두꺼운 여자'라고 놀리며 웃었지만 그녀는 조금도 개의치 않았다. 이런 종리춘을 신기하게 여긴 왕이 '뭔가 잘하는 것이라도 있는지' 묻자, 그녀는 연기처럼 사라진다. 왕이 그제야 보통 사람이 아님을 깨닫고 사방으로 찾았으나 헛수고였다. 이렇게 자신이 비범한 '인물'임을 입증한 종리춘은 다음날 다시 왕을 찾아와 나라 안팎에 닥친 위기를 하나하나 설명하면서 정국을 풀어 나갈 방법을 간언한다.

종리춘의 이야기는 외형적으로는 남들보다 못한 외모를 가진 인물이 내면적으로는 놀라운 능력을 가진 이였다는 '이인담異人談' 유형이라고 할 수 있다. 이야기의 결말은 왕이 종리춘의 말을 따라 화려한 누각과 연회를 없애고 간신 무리 대신 정직한 신하를 등용했으며 결국 그녀를 왕후로 맞이해 나라를 안정시켰다는 것이다.

숙류녀와 고축녀의 이야기도 그 전개와 결말이 종리춘의 이야기와 비슷하다.

> "요임금과 순임금은 자신을 인의로 꾸몄습니다. 천자의 지위에 있으나 검소했고 지붕의 띠풀을 자르거나 기둥을 다듬지 않았으며 왕후의 옷도 먹는 음식도 중히 여기지 않았습니다. 수천 년이 지났지만 천하가 선으로 돌아갔지요. 걸임금과 주임금은 자신을 인의로 꾸미지 않았습니다. 화려한 장식에 길들여져 누각을 세우고 연못을 파고 후궁은 비단을 휘감고 주옥을 걸쳤으며, 끊임없이 그렇게 한 결과 그들은 죽고 나라는 망했으며 천하의 웃음거리가 되었습니다. 이러니 인의로 꾸밈과 꾸미지 않음은 천만 배 차이가 난다 해도 부족합니다." 숙류녀의 말에 여러 부인들이 크게 부끄러워했고 민왕도 크게 깨달아 숙류녀를 왕후로 세웠다.[50]

> 현명한 군주가 사람을 등용할 때는 한 사람의 천거를 받아 등용합니다. 그러므로 초나라에서는 우구지를 등용하여 손숙오를 얻었고, 연나라에서는 곽외를 등용하여 악의를 얻었지요. 왕께서도 성심으로 애쓰시면 이같이 하실 수 있습니다. … 마침내 재상을 존중하고 공경하며 축녀로 하여금 재상의 아내가 되게 하였으니 제나라가 잘 다스려졌다.[51]

시커먼 얼굴에 두꺼운 목과 들창코를 가진 종리춘, 그리고 혹이 달린 숙류녀와 너무 못난 외모 때문에 여러 번 고을에서 쫓겨났다는 고축녀. 왜 말 잘하고 똑똑한 여자들을 입전한 〈변통전〉에 유독 이렇게 특이할 정도로 추한 외모를 가진 여성들의 비슷한 이야기가 세 편이나 들어 있는 것일까? 뛰어난 지혜와 능력을 논리적인 언변으로 전하는 여성상이 굳이 '추모醜貌'와 연결되고 있는 이유는 무엇일까?

이야기들의 공통점은 다음과 같다. 우선 이들은 남의 웃음거리가 될 정도로 추한 외모이며 혼인도 못한 처지다. 그런데 이들은 왕을 찾아가 직접 대면하고 정치적인 주제에 대한 놀라운 식견을 보여 준다. 왕은 이들의 말을 들은 후 잘못을 깨닫고 나라를 올바르게 다스리기 시작하며 이들을 자신의 후궁이나 재상의 아내로 삼는다. 이 세 여성의 이야기에서 주목해야 할 부분은 바로 여기, '추한 외모'를 가졌지만 국정을 논할 만큼 뛰어난 능력을 갖고 있는 여성이 '왕후'가 되었다는 점이다.

왕후를 선택하는 권한은 누구에게 있는가? 바로 왕이다. 이 세 이야기의 전면에 있는 주인공은 특이한 외모를 가진 여성이지만 이야기의 이면에 숨어 있는 진짜 주인공은 임금인 것이다. 종리춘이 후궁의 말석이라도 얻고 싶다며 궁에 왔을 때 신하들은 그녀를 '괴상한 여자'라고 비웃었다. 그러나 왕은 그녀를 불러들여 왜 그런 청을 하는지 이유를 묻고 대화를 나누며 그녀의 지혜와 능력을 알아본다.

숙류녀와 고축녀의 경우도 비슷하다. 주변의 신하와 후궁 들은 이들의 추한 외모를 조롱했지만 왕은 '입에 든 밥알을 뱉어 내고 자리에서 벌떡 일어나' 귀한 손님을 맞이하듯 그녀들을 영접한다. 보통 사람과는 달리 '특별한 그녀'를 알아보는 왕의 안목이 바로 이 추녀들을 '왕후'로 만드는 결말로 이어지는 것이다.

그렇다면 이들의 이야기에서 추한 외모가 강조된 맥락 또한 분명해진다. 바람직한 왕은 '여성의 외모'가 아니라 '여성의 덕과 지혜'를 중히 여기는 자세를 가져야 한다는 것을 이야기하기 위해서다. 유향은 추녀 이야기를 통해 '현명한 군주는 여성을 외모로 판단하지 않는다'는 점을 강조하고 싶었던 것이다. 그러니 〈변통전〉의 특이한 추녀 세 명의 이야기는 여색에 빠진 왕을 권계하려 했던 유향의 저작 의도가 간곡하게, 어쩌면 다소 지루하게 반복되어 재생된 이야기라고 할 수 있겠다. 더불어 이 추녀 이야기는 여성의 지식과 언어가 여성의 외모와 양립할 수는 없다는 오래된 편견의 뿌리를 드러내 보이는 원형이라고도 볼 수 있을 것 같다. 〈변통전〉 뒤에 이어지는 〈얼폐전〉에서는 똑똑하고 능력이 있으되 '아름다운 외모'를 가진 여성들이 남성 가부장제와 국가적 질서에 얼마나 무시무시한 참사를 불러일으키는지를 보여 주고 있기 때문이다.

7장

아름다운 악녀

얼폐전孼嬖傳

《열녀전》의 마지막 장은 〈얼폐전〉이다. '얼孼'은 '천민' '서자'라는 뜻이며 '폐嬖'는 '미천한 사람을 특별히 사랑함'이라는 뜻이니, '얼폐'라는 단어는 '특별한 총애를 받은 미천한 여자'라고 보면 될 것이다. 실제로 〈얼폐전〉에 입전된 여성들은 대부분 낮은 신분에서 왕의 총애를 받아 왕후가 된 이들이며, 주요 내용은 이 여성들이 사치스럽고 잔인하며 성과 권력에 대해 분수에 넘는 욕망을 가졌기 때문에 스스로 파멸하고 가문과 나라를 망하게 했다는 것이다.

앞서 본보기와 모범이 되는 여성상을 보여 준 6개 장과 달리, 이 장에는 절대 따라서는 안 될 '나쁜 여성'의 유형이 소개되어 있다.[52] 1~3편의 주인공들은 중국의 고대 왕조 하·상·주의 마지막 왕들의 여자인 말희, 달기, 포사다. 4편의 위나라 선강은 자기 소생을 왕으로 앉히려고 태자를 죽이며, 5편의 노나라 문강은 간통 사실이 밝혀지자 남편을 죽인다. 6편 노나라 애강은 시동생들과 사통한 후 한 명을 왕위에 올리려다 실패하고, 7편의 진나라 여희는 태자를 쫓아낸 뒤 자기 아들을 태자로 세운다. 8편 노나라 목강은 사통한 대부와 함께 권력을 잡으려다 밀려나며, 9편 진나라 하희는 그의 미모에 반한 수많은 대부와 왕이 모두 죽거나 쫓겨나거나 몰락하게 한다. 10편 제나라 성희는 자신의 사통을 알게 된 대부를 죽였고 11편 제나라 동곽강은 미모로 많은 남성들을 파멸시켰다. 12편 위나라의 두 여성은 정부를 두고 역모를 꾸몄으며, 13~15편의 조나라 맹요, 초나라 이후, 조나라 창후는 모두 자기 아들을 왕으로 세우기 위해 모의했다.

〈얼폐전〉의 기술은 한 가문과 왕조가 멸망한 원인을 오직 '악한 여성의 지나친 욕망'이라는 단 하나의 원인으로만 귀속시킨다. 멸망이라는 파국적인 결론에 이르기까지 누적되었을 지배층의 다른 문제, 다른 실수, 다른 원인들에 대해서는 아무것도 말하지 않는 것이다.

그렇다면 〈얼폐전〉은 남성 지배가 갖고 있는 근본적인 문제점과 폐단을 고의적으로 감추고 회피하며, 그 원인으로 특정 여성을 지목함으로써 그녀에게 전적으로 책임을 전가하는 이야기가 아닐까. 만약 그것이 아니라면 〈얼폐전〉은 여성의 욕망과 능력이 남성 지배 질서를 무너뜨릴 수 있을 만큼 힘이 있음을 인정하는 이야기라는 말이 된다. 그리고 나아가 여성이라는 존재, 그들의 능력과 욕망에 대한 근원적인 두려움과 불안을 갖고 있음을 고백하는 이야기일 수도 있는 것이다.

이 책에서는 〈얼폐전〉의 인물들 중 다섯 명의 이야기를 들여다볼 것이다. 먼저 중국 고대의 하·상·주 왕조를 망하게 했다고 하는 세 여성, 말희와 달기, 포사를 다룬 1~3편을 읽어 본다. 세 여성의 서사 이면에 숨겨진 공통점이 '정벌당한 나라 출신'이었다는 점에 주목하고, 남성이 만들어 낸 악녀 서사에서 생략되고 누락된 여성의 이야기는 무엇인지 추적해 볼 것이다. 다음으로는 7편의 진晉나라 여희와 9편의 진陳나라 하희 이야기를 통해 남성 지배층이 여성의 욕망을 통제하기 위해 악녀 서사를 어떻게 고안했는지 살펴볼 것이다.

악독한 미인들의 탄생 비화

이때
비로소
포사가 웃자
유왕이 그를
기쁘게
하려고
번번이
봉화를
올렸다

하나라 말희, 상나라 달기, 주나라 포사

지배자를 위한 공물로서의 삶

〈얼폐전〉의 주인공은 '나쁜 여자'다. 가부장제의 억압적 여성 규범을 정면에서 거스르는 인물들이 본격적으로 등장하기 때문이다. 특히 이 장의 맨 앞 세 편을 장식하고 있는 것은 고대 왕조 하나라, 상나라, 주나라를 망하게 한 희대의 악녀들, 나라를 망하게 한 경국지색의 대명사로 꼽히는 세 여성, 말희, 달기, 포사다.

가만히 보면 이들의 이야기는 뭔가 비슷하다. 특히 말희와 달기의 서사는 소재와 구성까지도 매우 유사하다.

> 말희는 하나라 걸왕의 비다. … 말희를 무릎에 앉히고는 그의 말만 들으며 혼란하고 도를 잃고 교만하고 사치하며 제멋대로였다. 술 연못을 만

드니 배를 띄울 정도였는데 북을 한 번 치면 소처럼 엎드려 마시는 자가 3,000명이었다. 머리에 굴레를 씌워 술 연못에서 먹게 했는데 취해 빠져 죽는 자가 있으면 말희는 웃으며 즐거워했다. 용봉이 나아가 "임금께서 도가 없으니 분명 망할 것입니다." 하며 간하니 괴이한 말을 한다며 죽였다. … 이에 상나라 탕왕이 천명을 받고 정벌에 나서 명조에서 전투를 하는데 걸왕의 군대가 그를 위해 싸우려 들지 않았다.[53]

달기는 상나라 주왕의 비다. … 술과 음악을 즐기며 달기를 떠나지 않았으며 달기가 높이는 사람을 대접하고 싫어하는 이는 죽였다. … 흐르는 술로 연못을 만들고 고기가 걸린 숲을 만들고는 사람들이 그 사이에서 나체로 서로를 쫓게 하며 밤새 마셨다. 달기가 이를 좋아해서였다. … 주왕이 포락의 형벌을 만들었다. 기름 바른 구리 기둥 밑에 불을 피우고 죄인에게 그 위를 걷게 해서 떨어지는 자를 보면 달기가 웃었다. 비간이 간하였다. … 주왕이 괴이한 말이라며 노하자 달기가 말했다. "저는 성인의 심장에 구멍이 7개 있다고 들었습니다." 이에 심장을 갈라 그것을 구경하였다. … 주나라 무왕이 천명을 받아 주왕을 치니 목야에서 전투를 하는데 상 주왕의 군대가 창을 거꾸로 돌렸다.[54]

《열녀전》에 실려 있는 하나라의 마지막 왕 걸왕의 비 말희와 상나라의 마지막 왕 주왕의 비 달기 이야기에서 공통된 부분을 보면 이렇다. 첫째, 왕이 말희, 달기를 곁에 두고 떠나지 않으며 그의 말만 따른다. 둘째, 주지육림을 만들어 사치하고 난잡한 유흥을 즐기고 죽는 사람을 보면 즐거워한다. 셋째, 충언을 하는 신하를 죽인다. 넷째, 전쟁이 났을 때 군사들이 왕을 저버리고 배신한다. 이러한 말희와 달기 이야기는 악녀의 핵심적인 요소가 무엇인지 압축적으로 보여 준다. 그것은 이들이 남성을 미혹시켜 판단력을 흐리게 한다는 것, 그리고 사치하고 음탕하며 잔인하다는 것이다.

《열녀전》에 기록된 서사만 본다면 이들은 천하에 둘도 없는 악녀다. 난잡하고 가혹하며 부도덕하다. 이어지는 포사 편에서도 큰 줄거리는 말희나 달기 이야기와 비슷하다. 주나라 유왕이 포사와 더불어 밤낮으로 유흥을 즐기고 국사를 돌보지 않았기 때문에 결국 나라가 망했다는 것이다.

그런데 포사 이야기에서는 말희와 달기 편에서 찾아 볼 수 없었던 '여성의 역사' 혹은 '여성의 이야기'에 대한 단서를 일부 포착할 수 있다. 그것은 포사의 탄생에 얽힌 비화와 그녀가 왕후가 된 계기를 설명하는 대목이다.

> 포사는 어린 궁녀의 딸로 주나라 유왕의 비다. 원래 하나라가 망할 때 포나라의 신이 두 마리 용이 되었다. … 용의 침을 상자에 담아서 성 밖에 두고는 주나라 때까지 아무도 열어 보지 않았다. 주나라 려왕 말이 되어서야 열어 보게 되었는데 용의 침 거품이 마당에 흘러내려 없어지지 않자 왕이 부인들에게 옷을 벗고 떠들게 했다. 그러자 침이 검은 뱀으로 변해 후궁의 어린 궁녀에게 갔는데 그때부터 잉태를 하였다. 선왕 때에 아이를 낳았는데 아비 없는 것이 두려워 버렸다.[55]

그때 포나라의 왕인 후가 옥에 갇혔는데 여자를 대신 바치자 유왕이 그녀를 첩으로 삼고는 포나라 왕을 풀어 줬다. 그래서 포사라고 불렀다. 포사가 아들 백복을 낳자 유왕이 신나라 제후 딸인 왕후와 태자 의구를 폐하고 포사를 왕후로 삼고 백복을 태자로 세웠다. … 포사는 웃지 않았다. 유왕이 봉화를 올리고 큰 북을 울렸다. 이는 오랑캐가 침입했을 때 하는 것인데 제후들이 모두 모여들었을 때 오랑캐는 없었다. 이때 비로소 포사가 웃자 유왕이 그를 기쁘게 하려고 번번이 봉화를 올렸다.[56]

포사의 탄생담은 꽤 복잡한데 핵심 줄거리는 이렇다. 포나라의 신이 변했다는 용이 침 거품을 남겼는데 그것을 담아 둔 오래된 상자가 있었다. 그런데 그 상자를 열었더니 용의 침이 뱀으로 변해 어린 궁녀를 임신시켰고 그렇게 낳아서 버린 아이가 바로 포사라는 것이다. 용이 왕의 상징이라는 점, 침과 뱀이 성적인 비유라는 점 등은 신화적 상상력의 표현으로 쉽게 짐작할 수 있는 부분이다. 요약하자면 포사는 결국 '궁녀들의 아이' 혹은 '궁에서 낳아 버려진 아이'가 되는 셈이다.

이후 이 아이는 아름다운 처녀로 성장해 '왕을 구하기 위해 바치는 진상품'이 된다. 포나라 임금이 종주국인 주나라에 인질로 붙잡혀 있게 되자 나라에서 아름다운 처녀를 구해 공물로 바치고 왕을 풀려나게 하려고 했던 것이다. 그렇게 진상된 공물, 그녀가 바로 포나라의 여자라는 이름의 '포사'였다.

이러한 이야기는 포사가 '웃지 않는 인물'이 된 이유를 설득력 있게 설명해 준다. 왕실 남성들이 행사하는 일방적인 폭력에 노출되었던 젊은 궁녀의 딸, 그리고 왕을 위해 뽑혀 나가 물건처럼 바쳐지는 약소국 여성. 이것이 바로 포사의 배경담이 보여 주는 여성의 역사 아닌가.

그렇다면 말희와 달기의 경우는 어떨까? 《열녀전》에는 드러나지 않은 말희의 출신을 다른 문헌들을 통해 찾아보면 그녀는 하나라 주변의 작은 부족이었던 유시씨有施氏의 딸이라는 것을 알 수 있다. 걸왕이 유시를 침략했을 때 사람들이 그의 공격을 멈추려고 진상했던 공녀가 바로 말희였다. 달기 역시 마찬가지다. 사마천의 《사기》 등을 통해 폭군으로 굳어진 상나라 주왕은 사실 제신帝辛이라는 이름을 가진 유능한 정복 군주였다고 한다. 그가 유소씨有蘇氏를 토벌했을 때 그 부족에서 헌상한 여자가 달기였다.

결국 《열녀전》이 의도적으로 삭제한 말희와 달기의 배경담의 핵심은 그녀들이 약소국 또는 정복된 부족 출신이라는 점이다. 그들의 입장에서 무엇이 '선'이고 무엇이 '악'이었을까. 그들에게 왕실의 유지와 번영이 적어도 순수한 '선'이었을 리는 없지 않을까. 부족과 나라의 안녕을 대가로 물건처럼 수수되었던 그들에게 정복자 왕조가 멸망한 책임을 묻는다거나 그 행동을 선악으로 판단하는 것이 오히려 이상한 것 아닐까.

자기 부족을 침략하고 약탈했던 왕에게, 자기 의사와 관계없이 물건처럼 징발되어 헌납된 존재. 이러한 여성들에게 부여된 의무와 역할은 강대국의 왕이라는 지배자 남성에게 복종하는 것, 그리고 그들을 위해 여성적인 역할을 적극 수행하는 것이었을 터다. 그런데《열녀전》의 포사 편과 말희 편에서 읽어 볼 수 있는 다음 대목은 이 여성들이 그러한 '공물'의 위치에 놓인 여성에게 기대되는 역할의 수행을 고분고분하게 받아들이지 않았음을 은연중에 짐작하게 해 준다.

포사의 기분을 맞추려고 통음痛飮하며 술을 마시고 배우를 불러 앞에서 유희하며 밤낮을 이어 갔지만 포사는 웃지 않았다. 유왕의 봉화와 큰 북은 외적이 침입하면 올리는 것이었는데 제후들이 모두 모여들었을 때 막상 외적은 없었다. 이를 보고 포사가 크게 웃었다.[57]

말희는 외모가 아름다웠으나 덕이 없고, 화려하게 꾸몄으나 도리에 어긋났다. 여자로서 장부의 마음(丈夫心)으로 행하였으며 검을 차고 관을 썼다.[58]

유왕은 포사의 환심을 사려고 유흥의 나날을 이어 갔지만 포사는 '웃지 않았다'. 포사는 남성의 마음을 기쁘게 하기 위해 여성들에게 가장 먼저 요구되는 감정적 봉사인 '웃음'을 거부했던 것이다. 그런 포사가 웃음을 보였다고 기록된 상황 역시 의미심장하다. 그것은 바로 여러 제후국들의 최고 수장들이 군대를 이끌고 달려왔다가 속았다는 사실을 알았을 때였다. 남성들이 '기만당한' 순간, 수많은 군대가 허수아비처럼 쓸모없는 '무력한' 존재가 되어 버린 순간, 그것만이 포사에게 진정한 웃음의 희열을 줬던 것이다.

말희 편에서 눈에 띄는 것은 여성을 묘사하는 표현으로 등장한 낯선 단어, '장부심丈夫心'과 '패검대관佩劍帶冠'이다. 아름답고 화려한 왕후의 외양 묘사에 이어서 등장하는 '장부심'은 '여자인데 사내대장부의 마음으로 행동했다'는 뜻으로 볼 수 있다. '패검대관'이라는 말 역시 '검을 차고 관을 쓰기를 좋아했다'는 표현이니, 이러한 말들은 말희의 남성성과 권력에 대한 욕망을 설명해 주는 부분으로 보인다. 그러니 말희를 '덕이 없고 도리에 어긋났다'고 평가한 부분 역시 엄밀하게 말해 '여성으로서의 미덕과 도리', 즉 부덕婦德이 없고 부도婦道에 맞지 않았다는 뜻으로 읽어야 옳을 것이다. 약소국의 여성이라는 이중적 약자의 표지를 가진 존재가 '장부의 마음'을 갖고 '검'으로 상징되는 '남성성'을 욕망한다는 것, 그것 자체가 용서할 수 없는 '악'이었던 것은 아닐까.

악한 여성의 대명사로 알려진 말희, 달기, 포사의 출신에 대해《열녀전》서사는 침묵한다. 정복된 부족, 힘없는 주변국 출신 공물로서의 여성이라는 입장을 굳이 생각하거나 서술할 필요가 없기 때문이었을 것이다. 유향의《열녀전》이 비교적 다양한 여성 서사의 유형학을 보여 주고 있다 해도, 서술의 틈새를 통해 여성의 힘과 능력을 읽어 볼 수 있게 해 주는 텍스트라 해도, 〈얼폐전〉의 악녀 서사는 근본적으로 이 작품이 철저히 지배자 남성의 입장과 시각에서 재단된 서사라는 사실을 다시금 환기하게 해 준다.

권력과 성을 욕망하는 여자

하희는
세 번 왕후가
되었고 일곱
번 부인이
되었는데,
왕과
제후들이
그를 두고
다투며
빠져서
헤어나지
못했다

진晉 헌공 부인 여희, 진陳나라 하희

남성의 질시와 공포, 살인과 배신을 은폐하는 '여화女禍' 서사

〈열폐전〉 전체에 걸쳐 가장 많이 등장하는 소재는 두 가지다. 첫 번째는 '왕위 다툼', 두 번째는 '간통'이다. 왕위 다툼 소재는 대체로 정비의 뒤를 이은 후비들이 전처소생인 태자를 폐하고 자기 소생인 왕자를 태자로 앉히기 위해 계략을 꾸몄다는 줄거리로 진행된다. 간통 소재는 주변 남성과 간통을 한 여성이 남편과 가문, 주변의 인물들을 모두 죽게 만들었다는 내용으로 이어진다. 이 두 소재는 남성들이 여성에 대해 갖고 있는 오래된 불안의 두 원형을 보여 준다. 하나는 권력에 대한 야심을 갖고 있는 여자에 대한 두려움, 다른 하나는 성적인 욕망을 드러내는 여자에 대한 두려움이다. 이런 여자들이 남성 지배 질서를 흔들고 위협하며 결국은 파멸하게 만든다는 것이다.

이 장에서는 바로 그러한 욕망에 충실했던 두 여성, 진晉나라 헌공의 비 여희와 진陳나라 영공 때 대부 하징서의 어머니인 하희의 이야기를 함께 살펴보기로 한다. 여희는 권력 승계에 대한 야심 어린 계획을 추진한 인물이며, 하희는 자신의 성적 욕망을 감추지 않은 인물이었다.

먼지 권력을 원했던 악녀 여희의 경우를 읽어 보자. 여희의 이야기는 권력을 욕망하는 여성이 어떻게 가부장 질서를 흔들고 나라에 치명적인 혼란을 초래하는지에 대한 전형적인 서사를 보여 준다.

> 저는 태자 신생申生의 사람됨이 인을 매우 좋아하고 강인하며, 백성들에게 심히 관대하고 자애롭다고 들었습니다. 하지만 요즘 '왕께서 저를 총애하여 백성들이 나라가 어지럽다고 말한다'고 합니다. 백성을 이유로 신생이 왕께 강포強暴한 일을 한다면 명을 다하지 못하고 돌아가실 테니 어쩌시겠습니까. 어찌 저를 죽이지 않으십니까. 저 하나로 백성들을 어지럽게 하지 마십시오. … 왕을 죽여 백성이 이롭다면 어떤 백성이 바라지 않겠습니까. 이익을 나눠 백성의 마음을 얻고 혼란을 없애 백성들을 설득한다면 누가 하고 싶지 않겠습니까. 비록 왕을 사랑하더라도 욕심을 이길 수 없을 것입니다. 상 주왕에게 훌륭한 아들이 있었다면 먼저 주왕을 죽여 그 악을 밖에 드러내지 않았을 것입니다. … 왕께서는 늙으셨는데 어찌 태자에게 정치를 내주고 그가 다스리게 하지 않으십니까.[59]

이 이야기에서 강조되는 것은 여희가 전 왕후의 소생인 태자와 왕자들을 모함해 죽이기 위해 치밀한 계획을 세웠다는 것이다. 계획은 세 단계였다. 1단계는 왕과 태자 사이의 물리적인 거리를 만드는 것, 2단계는 왕의 마음에 태자에 대한 불신을 심는 것, 3단계는 태자를 죽이고 왕자들을 쫓아내는 것이었다. 1단계로 여희는 태자 신생과 왕자 중이, 이오에게 각각 다른 변방의 작은 성을 지키는 임무를 줘서 궁에서 멀리 떠나게 만들었다. 왕자들의 세력이 커지는 것을 막기 위한 일차적 조치였다.

위 인용문은 2단계에 해당하는 내용으로, 여희가 왕에게 '왕위를 태자에게 넘겨주자'고 권하면서 태자에 대한 두려움과 경쟁심을 부추기는 대목이다. 여희는 태자 신생이 어질고 인망이 있어 백성들에게 인기가 높다며 칭찬했다. 아들을 칭찬하는 말에 흐뭇해진 헌공에게 여희는 충격적인 이야기를 전한다. 태자와는 반대로 부왕인 헌공은 젊은 후비에게 빠져 백성들의 마음을 잃고 있다는 소문이 돈다는 것이었다. 헌공은 백성들에게 비칠 자신과 태자를 비교해 본다. 그것은 나날이 백성들의 사랑과 신망을 얻어 가는 젊은 태자의 모습과 인기를 잃어 가는 늙은 자신의 모습이었다. 왕은 여희의 말대로 백성들을 이롭게 하고 나라를 위한다는 명분이 뚜렷해진다면, 또 태자 주변에 능력 있는 신하 세력이 모인다면 자신을 시해할 수도 있다는 생각이 들기 시작했다.

3단계는 간단했다. 이미 태자에 대한 불안감과 공포를 갖게 된 왕은 속을 준비가 되어 있는 것과 같았다. 여희는 태자가 준비한 제사 음식에 몰래 독을 묻혀 왕을 죽이려는 음모가 있었던 것으로 꾸민다.

대노한 헌공은 태자를 죽게 했고 나머지 두 왕자도 나라 밖으로 추방해 버린다. 이렇게 여희는 자신의 10살짜리 아들을 태자로 만들 수 있었다.

여희의 계획이 통할 수 있었던 이유는 무엇일까. 사실 그것은 그녀가 절대 권력인 왕위를 주고받아야 하는 부자간 긴장 관계의 본질을 꿰뚫고 있었기 때문이다. 남성 지배자의 진짜 두려움은 아들이 자신을 죽이는 것, 그래서 자기보다 힘 있는 권력자가 되는 것이기 때문이다. 그렇다면 여희의 부추김보다 더 본질적인 것은 부자 관계에서 헌공이 태자에게 가졌던 질시와 두려움이 아니겠는가.

이에 비해 여희의 권력에 대한 욕망은 순수한 권력욕이라기보다는 생존 감각에 가깝다. 진 헌공의 세 번째 비가 된 여희는 여융국이라는 작은 이민족을 토벌할 때 공물로 받은 여인이었다. 앞서 본 말희, 달기, 포사와 마찬가지로 정복된 약소 부족 출신의 여성이었던 셈이다. 비록 왕의 총애를 받아 왕후가 되었지만 여희의 위치는 불안했다. 앞선 왕비들이 낳은 태자 신생과 왕자 중이, 이오는 이미 장성한 나이였으니, 그들이 왕위를 이어받을 경우 이방인인 여희 자신이나 이제 막 낳은 어린 아들의 신변을 장담할 수 없었기 때문이다. 이러한 상황을 고려한다면 여희가 권력에 대한 욕망을 품은 것은 생명과 안전에 대한 본능적인 욕구를 따른 것이라 봐야 하지 않을까.

다음으로는 춘추시대 최대의 요부라고 일컬어지는 하희의 이야기를 보기로 하자.

하희의 모습은 아름다움이 비할 데 없었고 유혹하는 기술이 있었으며 나이가 들어도 다시 젊어졌다. 세 번 왕후가 되었고 일곱 번 부인이 되었는데, 왕과 제후들이 그를 두고 다투며 빠져서 헤어나지 못했다. … 대부 공손녕과 의행보는 진 영공과 함께 하희와 사통하였는데 간혹 그녀의 속옷을 입어 보며 조정에서 희롱했다. … 진 영공이 두 대부를 놀리며 말했다. "징서가 자네들을 닮은 것 같소." 두 대부 또한 말했다. "공을 닮은 것보다는 덜 합니다." 징서가 이 말을 듣고 증오하며 영공이 술에 취해 나갈 때 마구간 문에 엎드려 활을 쏘아 그를 시해했다. … 초 장공이 하희의 미모에 반해 후궁으로 들이려 하자 신공 무신이 간했다. "안 됩니다. 왕께서 죄인을 벌주기 위해 토벌을 하셨는데 하희를 데려오면 이는 색을 탐한 것이 됩니다." … 장군 자반도 하희의 미모를 보고 취하려 하자 무신이 간했다. "상서롭지 못한 여인입니다. 남편 하어숙을 죽이고 진 영공을 시해했으며 아들 징서를 죽게 했고 공손녕과 의행보를 쫓아냈으며 진나라를 망하게 했습니다." … 무신이 하희에게 말했다. "그대 나라에 돌아가 있으시오. 내가 그대를 맞이하러 가겠소."[60]

〈얼폐전〉의 하희 편 서술은 하희의 특별한 미모, 그리고 그녀를 둘러싼 남성들의 이야기로 이루어져 있다. 하희는 정나라 목공의 딸로, 정나라의 대부인 자만에게 출가했으나 자만이 일찍 죽자 진나라의 하어숙에게 재가했다. 하어숙과의 사이에 아들 하징서를 두었는데 그도 일찍 죽어 다시 과부가 되었다. 이때 진나라의 대부인 공손녕, 의행보와 진나라 영공이 모두 그녀에게 접근해 정을 통했으며,

이 관계로 인해 살인과 망국의 비극이 시작된다.

화근은 공손녕, 의행보, 영공, 이 세 명의 남자가 하희와의 관계를 경박하게 떠들었던 것이었다. 이들은 서로 하희의 잠옷을 가져와서 입고 자랑하며 희롱하는가 하면, 하어숙의 장성한 아들 하징서를 술자리에 앉혀 놓고 서로 '네가 아비 아니냐'며 놀려 댔던 것이다. 징서는 치욕을 견디다 못해 영공을 살해하고 말았다. 이렇게 신하가 군주를 죽이는 역변이 일어나자 옆 강국인 초나라는 대의를 바로잡는다는 명분으로 진나라를 침공한다.

그런데 이번에는 진나라를 손에 넣은 초나라의 남자들이 다시 하희를 둘러싸고 다투기 시작한다. 초나라 장왕이 역모자의 모친인 하희를 처벌하기는커녕 그녀를 후궁으로 들이겠다고 한 것이다. 신하인 무신이 나서서 '진나라의 반역을 다스린 명분이 무너진다'고 만류하자, 이번엔 장군 자반이 하희를 데려가겠다고 했다. 다시 무신이 나서서 하희는 '상서롭지 못한 여자', 즉 재수 없는 여자라서 '남편, 군주, 아들을 죽이고 대부들을 추방하고 나라를 망하게 했다'며 말렸다. 그런데 최종적인 반전의 주인공은 무신이었다. 초 장왕과 장군 자반이 하희를 데려가지 못하게 한사코 막았던 그 무신이 하희와 함께 몰래 다른 나라로 도망을 치고 만 것이다.

이러한 〈얼폐전〉의 하희 편 서술에서 중요한 점은 이야기의 중심이 하희가 아니라는 사실이다. 하희의 말과 행동과 심리를 짐작할 수 있는 대목을 거의 찾아볼 수가 없기 때문이다. 결국 하희에 대한 〈얼폐전〉의 서술은 처음부터 끝까지 그녀 주변의 '남자들'이 하희를 둘러싸고 벌인 말과 행동에 대한 것이다. 그리고 그 모든 조롱과 기만, 살인과 배신의 주체는 전부 남성이다.

하희와 통정했던 진나라의 대부 두 명과 군주 영공은 그녀의 속옷을 들고 조정에 나와 입어 보고 돌려 보며 추잡한 농담을 주고받았다. 게다가 하희의 아들을 동석시켜 죽은 부친을 모욕하고 면전에서 그가 '누구의 자식인지 모르겠다'는 조롱을 던져 살인의 빌미를 줬다. 음탕한 말과 행동의 주체는 과연 누구인가? 초나라의 장왕과 장군 자반은 자기의 위치와 명분을 망각하고 하희를 차지하고자 했고, 그것을 만류했던 초나라 대부 무신은 자신의 군주와 장군을 기만하고 하희를 빼돌려 도망쳤다. 이후 초나라에서는 무신의 일족을 모두 죽였고 무신은 그런 초나라를 두고두고 괴롭혔다. 의리를 망각하고 서로를 기만하며 배신한 주체는 대체 누구인가?

그러나 〈열녀전〉의 비판의 화살은 이들 남성들이 아니라 오로지 요부인 '하희'를 향한다. 그녀가 음탕하고 색을 밝히는 여성이었기 때문에, 성에 대한 욕망을 거리낌 없이 분출한 음녀였기 때문에 이 모든 사태가 일어났다는 것이다.

실제 하희에 대한 서술 초두에 나온 진술은 그녀의 독보적인 미모에 대한 것이다. 너무 아름답다 보니 왕과 제후들이 그녀를 차지하기 위해 늘 다퉜고 그녀를 본 남자들이 미혹되어 정신을 차리지 못했다는 것이다. 특히 〈얼폐전〉 서술에서 하희의 특별한 능력으로 기록하고 있는 것은 그녀의 '성적 기술'과 '젊어지는 기술'이다. 그녀가 방중술과 같은 특별한 기술을 섭렵했으며 그로 인해 나이가 들어도 다시 젊음을 회복하는 비법을 체득했기 때문에 40이 넘은 나이까지도 많은 남자들을 유혹할 수 있었다는 것이다. 이러한 하희의 성적 기술에 대한 신화화된 서술은 그녀를 그냥 미인이 아니라 남자를 유혹하여 파멸에 이르게 하는 '요부'의 이미지로 굳어지게 한다. 성적인 욕망을 타고난 여자, 전설로 내려오는 관능의 기술을 연마한 여자에게 잘못 걸렸다간 남편과 아들과 일족, 나아가 나라가 망하고 만다는 서사가 바로 하희의 이야기인 것이다.

〈얼폐전〉에서 권력과 성을 욕망하는 여자들을 묘사하는 방식은 간단하다. 그들의 배경을 삭제하고 목소리를 지우는 것이다. 여희가 이민족 출신의 공물로 바쳐진 여성이라는 배경, 장성한 태자와 왕자들 사이에 어린 아들을 둔 처지였다는 점을 언급하지 않는다. 하희가 자기를 둘러싸고 쟁투를 벌이는 남자들을 보면서 무슨 생각을 했는지, 그들을 편력하면서 진정으로 원한 것은 무엇이었는지 관심을 두지 않는다. 이들은 그저 자기 소생을 권좌에 앉히기 위한 권력욕의 화신이며 음탕한 색기로 남자들을 홀린 악녀일 뿐이다.

이러한《열녀전》의 서술은 권력과 성에 대한 욕망을 가진 여성은 위험하다는 결론, 부자 사이를 이간질시키고 남자들을 서로 죽고 죽이게 만들며, 나라를 오랜 혼란에 빠뜨린다는 정해진 결론을 보여 줄 뿐이다. 이러한《열녀전》의 효과가 여성으로 인한 재앙이라는 뜻의 '여화女禍'라는 말과 함께 후대로 갈수록 여성의 욕망을 효과적으로 제어하는 것으로 작동했음은 더 말할 필요도 없을 것이다.

2

사死의 찬미

열녀列女에서 열녀烈女로,
조선에 울려 퍼진 레퀴엠의 메아리

'죽음 강박'으로 단일화된 조선 후기 열녀 서사

1부에서 살펴본 유향의 《열녀전》은 유교적 여성 지배의 원형적 시도이자 전범적 여성의 유형화를 시도한 책이었다. 이러한 유향의 여성상 분류 작업은 궁극적으로 '여성에 대한 통제'라는 남성 지배 담론의 목적을 위한 것이라는 한계가 있었다. 하지만 그럼에도 불구하고 유향의 《열녀전》은 여성상을 하나로 귀결시키지 않았으며 다양한 여성들의 모습을 보여 준다. 그렇기 때문에 그 속에서 여성을 통제하기 위한 가부장제의 역사가 매끄럽게 진행되지 않았다는 점을 알 수 있었고, 남성 중심적인 시각 속에서도 여성의 생동감을 읽어 낼 수도 있었다.

그러나 이제부터 함께 읽어 보게 될 조선 후기 열녀 이야기는 '남편을 위해 정절을 지킨 여성', 나아가 '남편을 따라 죽은 여성'을 다룬다는 점에서, 그 내용이 대폭 좁혀져 있다. 우리가 흔히 '일부종사一夫從事' '정절녀'의 이미지로 떠올리는 바로 그 열녀상을 그리고 있는 것이다. 그나마 1부에서 볼 수 있었던 '다양성과 복수성'의 느낌과는 완전히 대조되는 '획일화된 양상의 여성 억압과 폭력의 역사', 그것이 바로 조선의 열녀 이야기다. 즉 2부에서는 '여성 역사의 다양성(列)'이 강력한 '성적 통제(烈)'로 협소화되고, 나아가 '여성의 죽음'이라는 극단적인 폭력으로 이어지고 있는 역사적 흐름을 볼 것이다.

순절 열녀 전통의 기원

조선 후기 열녀전은 '다양한 여성 열전, 열녀列女' 중에서 '정순한 정절녀, 열녀烈女'에 대한 이야기만을 다룬다. 이렇게 좁은 의미로 국한된 열녀 서사의 내용은 크게 남편이 먼저 죽었을 때 여성들이 개가하지 않고 정절을 지키는 수절 이야기와 남편을 따라 죽는 순절 이야기로 나뉜다. 그중에서도 특히 조선 후기에 대세를 이룬 것은 '남편을 따라 죽는 열녀' 이야기였다.

여기서 중요한 것은 남편을 따라 죽는 열녀 이야기가 '조선 후기적인 전통'이라는 사실이다. 남편을 위해 정절을 지키는 방법은 개가를 하지 않고 '일부종사', 한 남편만을 따랐다는 것만으로도 충분했다. 실제로 고려 말에서 조선 전기에 드문드문 발견되는 열녀전들은 대개 남편이 죽었는데도 재혼하지 않고 수절했다는 사실을 대단히 높이 평가하는 내용을 담고 있다.

그런데 조선 전기와 후기를 가르는 17세기에 여성의 열행烈行 개념에 대한 뚜렷한 변화가 시작된다. 가장 단적인 사례는 임진왜란 후 17세기 진반에 편찬된 대표적인 유교 이념 교화서《동국신속삼강행실도東國新續三綱行實圖》에 열녀 746명이 등재된 일이다. 이는 15세기에 간행된《삼강행실도》열녀 편에 35명의 열녀가 실려 있다는 점과 비교할 때 충격적으로 증가한 숫자다. 또한 746편 중 400여 편 이상이 전란 중에 외적의 침입과 성적 침탈에 항거하면서 죽음을 택한 여성들의 이야기다. 이러한 수치는 임진왜란과 병자호란이 여성의 섹슈얼리티와 정절에 대한 인식을 민감하게 만들었다는 점, 전쟁이 열행의 궁극적인 수행을 '죽음'으로 인식하게 했다는 점을 알 수 있게 해 준다. 대체 무슨 일이 일어났기에 그런 것일까?

두 차례의 전쟁이 일으킨 양반층 내부의 변화

《고려사》에서부터 '열녀'라는 말이 쓰이기는 하지만 한국에서 '열녀 전통'이 본격화되는 시기는 조선 후기, 즉 18~19세기를 말한다. 그런데 이러한 조선 후기의 시작은 보통 17세기 중반으로 보는 경우가 많다. 그렇다면 17세기가 어떤 시기였는지 간단히 짚어 보자.

역동적인 변화의 시대였던 17세기 당시 조선 사회를 근본적으로 변화시킨 사건은 두 차례의 큰 전란이었다. 임진왜란은 1592년에 시작되어 7년에 걸쳐 조선 전체를 황폐하게 만들었다. 임진왜란의 끝이 곧 17세기의 시작이었으니 17세기는 전쟁의 후유증과 그로 인한 피해를 복구하는 것으로 시작했다 해도 과언이 아니다.

그러나 조선 사회 전체를 뒤흔든 막대한 물질적, 정신적 피해를 남긴 전쟁은 30여 년 뒤에 일어난 병자호란이었다. 병자호란은 1636년 12월부터 다음 해 1월까지 짧게 일어났지만 그 피해는 막대했다. 압도적인 군사력을 가진 청이 조선을 참혹하게 짓밟은 한 달 사이, 백성들을 버리고 강화도로, 남한산성으로 피신한 왕실과 양반에 대한 백성들의 실망과 불신은 극에 달했다. 완벽한 패전이었다. 수많은 백성들이 죽었고 왕은 청 태종에게 무릎을 꿇었으며 세자와 왕자는 포로로 끌려갔다. 망해 가는 한족의 왕조인 명나라에 대한 신의를 지켜야 한다는 맹목적인 명분론 때문에, 새로운 지배 왕조로 떠오른 만주족의 나라 청의 군사력과 경제력을 제대로 보지 못해 생긴 결과였다.

이러한 전쟁의 결과는 조선 사회를 서서히 바꿔 놓았고 그중에서도 가장 큰 변화는 신분 질서의 동요와 재편으로 나타났다. 전란 피해를 복구하는 과정에서 상공업에 종사하는 백성이 늘면서 부요한 평민층이 일부 형성되었는가 하면, 반대로 생업에 종사하지 않을 수 없는 몰락 양반인 잔반 계층도 생기기 시작했다. 조선 전기까지 비교적 굳건했던 신분제의 상하 질서가 17세기 후반부터 조금씩 동요하면서 틈을 보이기 시작한 것이다. 물론 봉건사회의 틀이 유지되는 한도 내에서의 변화는 한계가 있는 것이어서 이러한 흐름이 평민층의 각성이나 민중의 대약진으로 이어지지는 않았다. 오히려 신분제 내부의 계층 분화가 더 복잡하게 일어나는 방향, 즉 '양반 계층 내부에서의 분화'[61] 쪽으로 변화의 가닥이 잡혔다. 이러한 양반층의 분화는 조선 후기 사회의 매우 중요한 특징인 '가문 의식'을 강화하는 경향과 연관되면서, 열녀를 권장하고 양산하는 데 있어서도 큰 현실적 배경으로 작용하게 된다.

유교 이념의 재정립

그 다음 특징으로 지적할 수 있는 것은 '유교 이념의 재정립'이라는 작업이 지속적으로 일어났다는 점이다. 계기는 두 가지였다. 하나는 1623년 인조반정 이후 집권 세력이 대대적으로 교체되면서 강력한 도덕적 명분론을 지지하는 이들이 정권을 잡은 것이다. 그리고 다른 하나는 전쟁의 와중에 절의를 지킨 이들을 포상하는 전후 표창 사업으로 인해 충효열忠孝烈(충신, 효자, 열녀) 관념이 재조명된 것이다.

임진왜란 당시 부친인 선조를 도와 많은 공을 세웠던 광해군은 왕위에 오른 뒤에도 뛰어난 현실 감각을 발휘했다. 광해군과 그를 뒷받침했던 북인 세력은 국내에서 전후 상황 복구에 주력했고, 국외적으로는 훗날 청이 되는 후금 세력과 명 사이에서 실리 외교를 펼쳤다. 그러나 이러한 현실적이고 개혁적인 정치는 서인 세력과 인조가 주도한 인조반정으로 곧 끝나고 만다. 반정이란 왕위를 놓고 정권을 뒤집는 쿠데타이니 가장 중요한 것은 반정 세력의 대의명분인데, 이들은 유교 이념인 충효열에 대한 도덕적 정당성을 내세웠다. 광해군이 현실 감각과 실리를 추구한 왕이었다면 인조는 '도덕적 명분과 이념'을 상징하는 왕이었다. 인조반정은 광해군이 계모인 인목대비를 폐위한 것을 '효'를 어긴 패륜으로 규정하면서 명분을 세운 사건이었고, 병자호란은 명나라에 대한 '충'을 앞세우다가 벌어진 전쟁이었으며, 인조의 뒤를 이은 효종의 북벌론은 부친의 유지를 받들기 위한 '효'와 명에 대한 '충'을 재차 강조하며 나온 정책이었다. 17세기 중반에 서인 정권이 꾸준히 강조한 도덕적 명분론과 충효의 이념화는 이후 조선 사회가 '현실과 실리'보다 '이념과 도덕'의 시대로 접어들었음을 보여 주는 중요한 지표가 된다.

표창 사업 또한 17세기를 유교 이념 재정립의 시대로 만드는 데 큰 역할을 했다. 전란의 피해를 복구하는 과정에서 물질적 토대 재건 이상으로 중요한 것은 상층 지도부의 추락한 위신을 세울 수 있는 윤리적 기반의 구축이었다. 이를 위해 전란 중에 충효열의 '삼강三綱'을 다시 빛낸 인물들을 발굴해 표창하는 '정표 정책'이 활발하게 시행되었다. 조정은 이들이 사는 마을 어귀나 대문 앞에 정문旌門, 즉 큰 홍살문을 세워 충효열의 공을 세운 집안임을 표시해 주고 '복호復戶'라는 세금 면제 혜택도 줬다.

17세기에 특히 정표자가 급증하고 정표를 청하는 상소가 늘면서 가문 단위에서 정표를 요청하는 경우가 많아졌다는 점은 앞서 말한 가문 의식의 강화와 연결되는 지점이다. 인조, 효종 대에는 자손들이 가문의 권위를 과시하기 위해 또는 몰락한 가문을 일으키기 위해 선조들의 행적을 밝히는 상언을 올리는 경우가 많아졌다. 심지어 정표

자의 행실에 대한 진위 문제가 제기되는 상황이 벌어지는 일까지 있었다.

우암 송시열 가문의 열녀 만들기

우암 송시열(1607~1689)은 17세기에 재위했던 네 명의 임금, 즉 인조-효종-현종-숙종을 보위하며 이후 정치적, 사상적 차원에서 조선에 가장 큰 영향력을 미친 유학자이자 이념적 주동자였다는 점에서 한 개인의 존재를 넘어선다. 그가 조선 후기에 본격적으로 전개된 붕당 정치의 시작을 알린 인물이라는 점, 왕권과 비등할 정도의 사대부 권력을 확립하는 데 지대한 영향력을 미친 인물이라는 점, 그래서 유림들의 집단인 서원에 배향된 인물 중에서 퇴계 이황 다음으로 많은 제사를 받는 인물이라는 점은 그러한 상징성을 보여 주는 증거들일 것이다. 심지어 18세기에 정조는 우암을 주자朱子와 같은 반열로 추존하며 '송 선생님'이라는 뜻의 '송자宋子'라고 칭했다. 또한 그의 문집을 《송자대전》이라는 제목으로 평안감영에서 간행하도록 했고, 여주 영릉 부근에 그를 배향하는 사당인 '대로사大老祀'를 세우고 사당의 비석 글자까지 손수 써서 내려보냈다. 이러한 사실은 그가 조선 후기 사회에서 자연인의 지위가 아니라, 이미 하나의 상징적 기호처럼 작용하는 이념적 권력이 되었음을 보여 준다.

이러한 우암이 조선 후기 사회 전반에 미친 영향 중에 여성생활사 측면에 끼친 직간접적 변화가 없었을 리 없다. 다시 말해 우암은 조선 후기 여성들의 삶을 지배했던 습속의 변화, 상층 남성들의 여성

정책에 대한 입장 변화의 방향을 가늠케 하는 풍향계와 같은 인물이다. 이번에는 바로 그러한 지점을 소개해 보려 한다.

우암은 율곡 이이의 학통을 이어받은 사계 김장생과 그의 아들 신독재 김집에게 수학하면서 조선 성리학의 정통을 섭렵했다. 부친에게는 '주자는 훗날의 공자요, 율곡은 훗날의 주자'와 같음을 명심하고 '조광조의 말씀대로《소학》을 배움의 중심으로 삼으라'는 가르침을 받았다.[62] 그의 가장 큰 저술이 주희의《주자대전》을 연구한《주자대전차의朱子大全箚疑》《주자어류소분朱子語類小分》같은 책이었다는 점은 학문이나 실천에서 그가 가장 힘을 기울인 것이 주자를 배우고 그 이념을 실천하는 것이었음을 잘 보여 준다. 조선 후기 유학, 즉 주자 성리학의 정통 계보를 '주자-조광조-이이-김장생-송시열'로 확립하고 '내가 평생 존숭한 것은 주자와 율곡뿐'이라는 말로 스스로의 삶을 요약했던 인물, 그가 바로 우암이었다.

그러한 우암의 관직 생활은 전형적인 '산림山林'의 방식이었다. 재야에 있는 거유巨儒, 즉 큰 선비로 끊임없이 관직 제안을 받지만 그것을 사양하고 고향에 살면서 학문 연구와 사림들끼리의 교유에 힘쓰는 삶 말이다. 간단히 요약하자면 그는 1년의 관직 생활과 10여 년의 재야 생활을 평생에 걸쳐 세 번 반복했고, 60대에 이르러서야 비교적 길게 6년간 관직 생활을 했으며, 70대까지 3년의 벼슬살이를 더 한 것이 전부였다. 83세까지의 일생 중 관직에 있었던 기간을 모두 합쳐 봐야 12년에 불과한 이력이지만, 그는 17세기 당대에 이미 최고의 추앙을 받은 인물이었으며 정치를 하지 않음으로써 정치를 하는 산림의 존재를 가장 위엄 있게 구현한 인물이었다.

우암 송시열은 집안에서도 유교의 원리와 대의의 시작인 충효열, 즉 '삼강'의 중요성을 강조했고, 자제와 며느리 들을 불러 모은 자리에서 늘《소학》을 소리 내어 읽게 했다.《소학》은 주자가 초학자들을 위해 펴낸 성리학 입문서로, 조선 중기 사림의 원칙론을 상징하는 책이자 충효열의 구체적인 실천 및 수양의 지침을 제시하는 책이었다.

송시열이 가문 내의 여성들에게《소학》의 독서를 장려했다는 것은 의미심장하다. 왜냐하면 17세기 이후 조선 후기 상층 여성들의 독서 목록에서 빠지지 않고 등장하는 필수적인 책이 바로《열녀전》과《소학》이기 때문이다. 조선 후기 상층 가문에서 내외의 분별, 부친-남편-아들로 이어지는 삼종지도의 의리가 점차 내면화되고, 가부장적 질서와 가치관이 확고해지면서 남편에 대한 절대적 순종의 윤리인 '열'이 부각된 배경에는 송시열이 장려했던 '삼강'의 이념서《소학》을 중심으로 한 여성 교육이 큰 역할을 했다고 볼 수 있는 것이다.

조선 후기 가부장제의 상징적인 시작점이 송시열임을 보여 주는 장면은 그 외에도 몇 가지가 더 있다. 처가살이가 대세이던 조선 전기 풍속을 시집살이 중심으로 교정하기 위해 딸에게 시집 생활의 지침서인《계녀서》를 써 줬다거나, 그가 집안 여성들에게 적나라할 정도로 가부장 중심적인 태도를 보였으며 제문을 통해 여성들에게 죽어서도 '나와 아들과 손자'를 돌보고 보호하며 헌신하도록 요청하고 있다는 것 등이 그러하다.

그중에서도 가장 백미를 이루는 것은 역시 송시열이 문중 사람들을 주도해 200년 전 송씨 가문에 있었던 열녀를 발굴하고 국가에 그의 정표를 청원하는 사업을 대대적으로 벌였던 사건이다. 이 열녀 만들기 사업의 주인공은 바로 송시열의 8대조 할머니인 류씨 부인이었다.[63]

그 시작은 문중의 한 친족이 우연히 사냥을 하다가 발견한 오래된 묘표에서였다. 무덤을 돌보는 이가 없어서 거의 인멸되어 가는 작은 묘 앞에 놓인 비석에는 이렇게 쓰여 있었다.

> 부인은 22세에 남편을 잃고 82세에 돌아가셨다. 성품이 장부의 뜻처럼 굳었으며 종신토록 수절하였다.[64]

20여 글자에 불과한 이 비문은 송시열 가문을 발칵 뒤집어 놓았다. 22세에 남편을 잃고 82세까지 수절했던 이 묘의 주인이 바로 송시열의 8대조인 송유(1409~1446)의 모친 류씨 부인(1392~1474)이었기 때문이다. 우암의 가문에서 이 할머니의 이야기는 구전으로만 전해 내려오고 있었다. 류씨는 송시열의 9대조인 송극기와 혼인을 했는데 그는 네 살 된 아들 송유를 남기고 곧 죽고 말았다. 류씨와 송극기는 '당시 대부분의 사람들처럼' 류씨의 친정에서 처가살이하고 있었고, 류씨의 친정 부모는 '당시 대부분의 사람들처럼' 젊어서 과부가 된 딸을 개가시키려 했다. 그러나 류씨는 개가 제안을 단호히 거부했다. 그러고는 친정인 개성을 떠나 아들 송유를 업은 채로 시집인 충남 회덕까지 500리 길을 걸어서 내려간 뒤 죽을 때까지 수절하며 살았다.

이러한 류씨 할머니의 행동은 은진 송씨 가문의 역사에 두 가지의 중요한 의미를 갖고 있었다. 첫째는 류씨가 개가를 하지 않음으로써 송씨 집안의 후사가 오롯이 아들 송유를 중심으로 보존될 수 있었다는 점이고, 둘째는 류씨가 친정인 개성을 떠나 시가인 회덕에 정착함으로써 송씨 가문의 본거지가 확실해지게 되었다는 점이었다. 송씨 가문의 입장에서 류씨의 존재는 끊어질 뻔한 가문을 중흥시킨 중시조와 같은 존재였다. 또한 류씨는 송시열 대에 이름을 높여 가기 시작한 은진 송씨 가문의 사회적 위상을 더해 주고 빛나게 해 줄 '조상 열녀' 할머니이기도 했다.

송시열은 이야기로만 전해 오던 류씨 할머니의 묘 발견을 계기로 문중 사람들을 총동원해 정려를 받기 위한 사업을 시작한다. 가문의 어르신을 모시고 수백 명이 관아에 몰려가서 정려를 내려 달라고 호소하고, 문중에 있는 80여 명의 선비들에게 류씨 부인의 사적을 담은 행장과 비문과 제문을 짓게 했으며, 현감을 통해 관찰사와 예조에 아뢴 후 임금에게 이를 상소하도록 했다. 결국 정표 청원을 시작한 지 불과 다섯 달 만인 1653년 6월 효종은 송씨 가문에 정려문을 내렸고, 송시열의 가문 선양 작업은 성공적으로 마무리되었다. 이후 은진 송씨가 고향인 회덕에서 더욱 강력한 영향력을 발휘하는 명문거족으로 자리 잡게 되었음은 물론이다.

우암 송시열의 열녀 만들기는 17세기 중반 가문 의식의 강화 과정에서 '여성'이 동원되는 방식을 잘 보여 준다. 가문의 차원에서 정절을 지킨 여성은 그것이 비록 200년 전의 여성이었다 할지라도 활용도가 대단히 높은 존재였다. 열녀는 가문의 위상을 드높이고 가문의 영광과 명예를 보장하는 존재일 뿐 아니라, 부자 관계를 중심으로 이어지는 가부장제 혈통의 순수성을 보증하는 데 있어서도 결정적인 존재였던 것이다.

한마디로 가문의 결집과 중흥에 있어서 필수적인 존재, 그것이 열녀였다. 그러니 조선 후기 가문 의식과 가부장적 질서 강화라는 맥락 한가운데 놓여 있는 명문 벌열 송시열 집안의 열녀 정표 청원 사업이 이후 많은 양반 가문들에 열녀의 '발굴' 혹은 열녀의 '발견'을 자극하는 데 큰 영감을 줬으리라는 것은 두말할 필요가 없을 것이다. 그렇게 정려를 받는 일은 집안에 큰 영광을 가져다주고 가문의 명예를 드높일 수 있는 기회로 각인되며 17세기적인 현상이 되었고, 조선 후기 열녀 풍속의 장려에 영향을 미치는 요소로도 작용하게 된다.

17세기, 죽음의 이데올로기가 시작되다

'양반층의 분화로 인한 가문 의식 강화'라는 흐름과 '유교 이념이 재정립되는 시대'라는 특징은 유독 절의를 지킨 여성, '열녀'라는 여성상에 대한 재발견으로 집중된다. 외적의 침략이라는 급박한 위기, 이념적으로 보수화되는 집권 세력의 성격, 문벌 의식의 강화라는 모든 흐름이 만들어 낸 것은 결국 '여성의 성에 대한 통제'였던 것이다. 임진왜란 후 국가 차원에서 표창한 정표 열녀의 수는 효자, 충신보다 많았다. 또한 조선 후기 여러 가문의 전승 계녀서의 전범이 된 우암의《계녀서》와 문인이 개별적으로 기록한 열녀전이 대거 등장했다. 이는 17세기가 여성 윤리 전반에 대한 관심이 제고되고 열 문제가 사회적 이슈가 되면서 조선 전기와는 다른 조선 후기적 여성사가 시작되었던 시기였음을 드러낸다.

더 중요한 것은 17세기 후반 이후 여성의 열행이 전란과 같은 비상시가 아님에도 불구하고 '죽음'으로 강력하게 고착화되었다는 점이다. 이를 잘 보여 주는 자료가 바로 조선 후기 개인 문인들이 입전한 열녀전 자료군이다. 이는 이전까지의 열녀 기록이《행실도》《동국여지승람》등과 같이 조정에서 펴낸 교화서, 지리지, 읍지 등의 관찬 사료 중심으로 만들어졌던 것과 사뭇 다른 방식으로 열녀 담론이 진행되었음을 보여 준다. 담론의 생산 주체가 '관'이 아니라 '개인'이 되었기 때문이다. 물론 이들은 한문으로 기록을 남길 수 있는 상층의 양반 남성들이었으며 이들이 남긴 열녀전은 조정이 국가의 목소리로 전파한 교화와는 또 다른 지배적 영향력을 발휘하기 시작했다.

조선 후기 열녀전은 상층의 남성 문인들이 간행한 개인 문집에 '열부유인○○씨전'이라는 제목으로 몇 편씩 의례적으로 실린 작품군이다. 그리고 그 내용은 거의 남편의 병을 간호하다가 혹은 이러저러한 이유로 갑자기 죽은 남편을 따라서 '자결한 여성'들을 열녀로 칭송하는 내용을 담고 있으며, 이런 내용을 담은 열녀전 작품들은 100여 편을 훨씬 상회한다. 이렇게 열녀에 대한 기록 자체가 많이 양산되었다는 것, 열녀로 칭송된 이들이 대부분 죽음을 택했다는 것, 또한 사회적으로 여성들의 죽음을 '지극한 순종'이라며 찬양하고 있다는 것, 이는 조선 전기에는 볼 수 없었던 기이한 현상이다. 이것이 바로 조선 후기 열녀 전통을 '죽음의 이데올로기'라고 명명한 이유다.

다른 목소리들의 발굴

2부에서 살펴보고자 하는 조선 시대 열녀 전통은 '죽음'에 강하게 결부되어 있다. 조선의 열녀 서사의 핵심에 '죽음'이 놓여 있다는 것은 그만큼 우리의 전통 속에서 '정절 강박'이 강력하다는 것을 의미한다. 그러한 관점은 지금의 우리 삶에서도 여성의 섹슈얼리티에 대한 억압적 인식으로 여전히 작용하고 있다. 바로 그 때문에 조선 후기 열녀전을 중심으로 한 조선 시대의 열녀 서사 전체를 조망할 필요가 있다. 현재까지도 한국 여성들을 규제하는 정절이라는 성적 윤리가 과연 어떻게 만들어진 것인지 그 역사적 지층을 탐사해 볼 필요가 있는 것이다. 이것이 참혹한 조선 후기 열녀 이야기를 굳이 지금 다시 읽어야 하는 이유다.

이를 위해 이 책은 먼저 '열'이라는 여성 윤리가 유독 조선 후기 사회에서 여성을 강력하게 통제하는 지배적 담론으로 안착하게 된 역사적 과정을 추적하고 그 의미를 생각해 볼 것이다. 그리고 지금까지 잘 알려지지 않았던 '열'에 대한 소수의 비판적 성찰 담론들을 함께 살펴봄으로써 조선 후기 열 담론의 지형도를 그려 보고 그 속에서 현재적 의미를 찾아 보고자 한다.

2부에서 함께 읽게 될 각 장의 내용은 다음과 같다.

1장 조선 전기 열녀전 – 수절 중심의 열 윤리

2장 17세기 열녀전 – 전란과 정절의 문제

3장 조선 후기 열녀전 – 남편을 따라 죽는 열녀 전통의 성립

4장 조선 후기 소수 지식인의 열 비판론

5장 한문 야담 속 열녀 이야기와 개가 인식

6장 20세기 구전설화 속 다양한 열녀상

7장 신씨 집안의 한 며느리가 남긴 한글 유서

2부의 전반부인 1~3장까지는 대체로 열녀전의 역사적 경과를 살펴보는 내용으로, '조선 전기-17세기-조선 후기'에 이르는 열녀전 작품들의 전체적인 양상을 조망해 볼 것이다.

후반부인 4~7장에서는 지배층의 열녀전과는 조금 다른 목소리를 내고 있는 열녀 서사들을 찾아 소개하고 함께 읽어 본다. 연암 박지원, 문무자 이옥, 다산 정약용, 창강 김택영, 운양 김윤식 등 일부 남성 지식인이 남긴 열 비판론을 들여다볼 것이다. 조선 후기 죽음을 찬양하는 엄숙한 주류 담론 속에서 소수의 남성 지식인이 소극적인 태도나마 죽음만이 유일한 열행의 방법은 아니라는 비판적 목소리를 내는 것이 쉬운 일은 아니었기 때문이다. 나아가 열녀전이라는 정통 한문학에서 비껴 난 주변 장르인 한문 야담에서의 열녀 서사와 기층 민중 중심으로 구연되었던 구비 설화에 전해지는 열녀담을 읽어

볼 것이다. 한문 야담과 구전설화의 열녀 이야기들은 허구로 만들어 낸 이야기지만, 그렇기 때문에 남성 중심적 열 담론에 대한 대항 서사로서의 생동감과 하위 담론 특유의 민중적 문제 해결 방식을 잘 보여 주고 있기 때문이다. 그리고 마지막으로 자결을 앞둔 여성의 유서 기록을 통해 그 모든 열녀 서사를 통틀어 어디에서도 들을 수 없었던 실제 열녀의 목소리를 발굴해 소개할 것이다.

이러한 조선 시대 열녀 서사 읽기를 통해 이 책이 던지고자 하는 질문은 이러한 것이다. 조선 후기 열녀전에 천편일률로 그려진, 엄격하고 단호하게 죽음을 실천하는 열녀들의 삶 뒤에는 어떤 힘이 작용하고 있었는가? 열녀전에 그려진 여성의 모습은 조선 후기 당대에 현실을 살아가던 수많은 여성들의 실제 삶과 어느 정도 같고 또 달랐을까? 여성 자신이 언어와 기록의 주체가 되었을 때 '열을 실천한다는 것'은 남성 문인들이 남긴 기록과 어떻게 다르게 말해지고 있었을까?

여성의 자결을 미화하고 정당화하는 열녀전 기록을 읽는 것은 고통스러운 일이다. 그럼에도 불구하고 이러한 독해를 시도하는 것은 여성 서사의 다양성이 축소되고 고정되며 협소해지는 과정의 역사적, 정치적 의의를 되묻기 위한 것이다. 또한 그렇게 강고하게 구축한 남성 중심의 지배 담론인 열 담론의 지층에 균열을 내 온 '다른 목소리들', 즉 한문 야담과 구전설화, 그리고 열녀 자신의 기록과 같은 하위 서사들의 존재를 부각시켜 열녀전에만 과도하게 부여되어 온 권위를 해체하기 위한 것이기도 하다. 특히 유서에서 들을 수 있는 신씨 집안 며느리의 목소리는 죽음을 눈앞에 둔 여성들이 느꼈을 복잡한 내면적 갈등과 인간적인 두려움, 남은 이들에 대한 걱정과 슬픔 같은 감정들을 생생하게 보여 준다. 여성 유서와 같은 자료들은 열녀전이 여성을 '열녀'라는 이름의 유교 이념적 주체로 만들기 위한 상층 남성들의 가짜 목소리이자 '복화술'이었음을 드러내는 증거인 것이다.

그럼 이제 조선 시대 열녀 전통 속으로 들어가 보기로 하자. 열녀라는 오래된 기호를 둘러싸고 조선에서는 과연 어떤 이야기들이 만들어지고 전승되었는지, 그 속에서 읽어 낼 수 있는 조선 여성의 삶과 역사는 어떤 것인지 함께 만나 보자.

1장

삼혼三婚 시대의 열녀

개가를 거부한 여자들

I

15~16세기에 양반 여성의 성과 관련해 가장 뜨겁게 논의된 주제는 '수절'의 문제, 즉 '절개를 지키는 일'이었다. 앞서 은진 송씨 집안의 류씨 할머니의 예에서 봤듯이 여성의 수절은 곧 시집 가문의 종통(종가 맏아들의 혈통) 보존을 보장한다는 의미였다. 그러나 조선 전기 양반 여성 대부분에게는 개가를 하는 것이 당연한 일이었고 더러 세 번씩 개가를 하는 여성들도 흔히 볼 수 있었다.

사실 조선 전기 《조선왕조실록》에서 '열녀'라는 말보다 자주 보이는 단어는 '방자하고 방탕한 여성'이라는 말인 '자녀恣女'다. 이 말은 성적으로 방종한 여성, 행실이 좋지 않은 여성이라는 뜻이었지만 실제로는 '세 번 혼인한 여성'을 뜻하는 말이었다. 조선 초기부터 성종 대인 15세기까지 실록에는 양반 여성의 재혼이 아니라 '삼혼'을 막자는 논의가 꾸준히 있었다. 이를 위해 남편을 세 번 얻은 여성들의 이름을 '자녀안恣女案'이라는 명단에 올려 사헌부에서 관리하고, 그 자손에게 관료 진출을 제한하자는 의견도 있었다. 〈세종실록〉의 한 대목을 보기로 하자.

> 신 등이 삼가 《속육전》을 살펴보니 '사대부의 아내로 세 번 개가한 자는 자녀안에 기록해 후세에 경계로 삼는다'고 했습니다. 허나 이 일을 맡은 관청이 없어 아직 거행하지 못했으니 마침내 법령이 있어도 한낱 헛된 문장일 뿐이었습니다. 원컨대 지금부터 본부에서 명단을 만들어 이름을 기록해 풍속을 고치는 데 힘쓰게 해 주십시오.[65]

세종 18년, 즉 1436년에 기록된 바에 따르면, 조선 초의 법전인 《속육전》에서부터 '사대부 부녀자의 삼혼은 문제가 있다'는 논의가 있어 왔던 것 같다. 남편이 일찍 죽거나 뜻이 맞지 않아 개가하는 것은 흠이 되지 않으나 재혼을 넘어 삼혼이 되는 경우도 왕왕 일어나니 이는 고쳐야 한다는 의견이 제기되고 있었던 것이다. 하지만 삼혼을 한 여성들을 '자녀안'이라는 명단에 올리자는 의견이 여태껏 지켜지지 않은 '헛된 법'이었다는 말은 그때까지 삼혼한 여성에 대한 제도적 금지가 당시 현실에 전혀 적용되지 않고 있었음을 단적으로 보여준다. 재혼은 물론이요 삼혼까지도 가능했던 양반 여성들의 개가 풍속을 국가에서 전혀 제지하거나 통제할 수 없는 상황이었음을 짐작할 수 있는 것이다.

양반 여성의 개가를 막자는 논의는 결국 성종 대인 15세기 후반에 이르러서야 비로소 '헛된 법'이 아니라 실효를 가진 법으로 정착하게 된다. 1485년 반포된 《경국대전》의 '재가녀자손금고법再嫁女子孫禁錮法'이 바로 그것이다. 이 법에는 '재가하거나 실행失行한 부녀의 아들 및 손자는 문과, 생원시, 진사시에 응하지 못한다'고 명시되어 있다.

말하자면 삼혼도 흔히 볼 수 있을 만큼 통용되던 현실에서 갑자기 재혼까지 금지되는 법이 발표되어 버린 것이었다. 그것도 재가를 한 행위의 처벌이 여성 자신에게 내려지는 것이 아니라 그 자손에게 가혹한 불이익, 즉 '상층 계급에서의 탈락과 배제'라는 심각한 결과를 초래하는 치명적인 방법을 통해서였다.

이 법은 조선 전기 양반 여성들의 삶을 서서히, 그러나 크게 바꿔 놓았다. 성종이 법을 반포하면서 인용한 정자程子의 가르침 또한 큰 영향을 미쳤다. 그것은 바로 '굶어 죽는 일은 작은 일이지만 절개를 잃는 것은 큰일(餓死事小, 失節事大)'라는 말이었다.

조선 전기 열녀전은 이러한 배경에서 읽어야 한다. 15, 16세기까지 사람들 대부분은 '의지할 데 없고 먹고살기 힘드니 개가는 당연하다'며 남편을 잃은 여성들을 동정했고, 양반 가문들에서조차 한 번 개가는 당연하지만 두 번 개가는 가급적 피해 보자는 분위기였다. 그러니 조선 전기의 열행인 '수절'은 당시 여성들에게 흔치 않은 일, 대단한 의지와 결단을 동반해야 하는 일이었다.

그러면 이제 조선 전기 열녀전을 통해 읽을 수 있는 수절 열녀들의 이야기를 함께 만나 보기로 하자. 앞서 말한 것처럼 조선 전기에는 남편을 잃은 여성들이 개가하는 것이 자연스럽고 당연한 사회적 분위기였으므로, 한 남편을 위한 절개를 다짐하는 일 자체가 보기 드문 일이었다. 그러니 그러한 열녀의 사적을 기록한 열녀전 작품도 많지 않았다. 조선 전기의 열녀전으로 꼽히는 작품은 대략 다음의 6편이다.

강희맹(1424~1483), 〈홍절부전洪節婦傳〉
송익필(1534~1599), 〈은아전銀娥傳〉
성혼(1535~1598), 〈은아전銀娥傳〉
이시발(1569~1626), 〈나열부전羅烈婦傳〉
김덕겸(1552~1633), 〈고오수재굉처윤씨전故吳秀才竑妻尹氏傳〉
이준(1560~1635), 〈양열부전楊烈婦傳〉

흔히 작품의 연대를 따질 때는 작품 속에 언급된 역사적 사건이나 작가의 생몰 연대를 기준으로 짐작하는 것이 보통이다. 그러다 보니 위의 6편 중에서도 아래의 세 편은 작가의 몰년을 기준으로 잡을 때 17세기에 지어진 열녀전으로 보는 경우도 있다. 그렇게 기준을 더 좁혀 본다면 명백한 조선 전기 열녀전으로 볼 수 있는 작품은 위에 있는 세 작품, 즉 강희맹의 〈홍절부전〉, 송익필과 성혼의 〈은아전〉뿐이며, 열녀로 꼽힌 인물은 두 명에 불과하다. 조선 전기에 열녀가 흔치 않은 존재였음을 자료 자체가 스스로 입증해 주고 있는 셈이라 하겠다.

남편의 신주를 살아 있는 사람처럼 소중히 여기다

삼년상이
끝났으나
여막에
신주를
안치하고
항상 그
아래 머물며
산 사람을
대하듯
했다

강희맹의 〈홍절부전〉

보기 드문 절부의 탄생

시대적으로 앞선 15세기 열녀전인 강희맹의 〈홍절부전〉부터 함께 읽어 보자. 대부분의 열녀전에서는 '열부烈婦'나 '열녀烈女'라는 단어를 주로 쓰는데 이 작품에서 '절부節婦'라는 단어를 택한 것에는 큰 의미상의 차이가 있다기보다는 절의를 강조하고자 하는 어감을 좀 더 살리려 한 의도가 있는 것으로 보인다. 실제로 이 작품은 남편을 잃은 여성들이 일반적으로 재혼을 선택하던 그 시대에, 죽은 남편에 대한 수절의 의지를 뚜렷이 밝히고 한결같은 마음을 드러낸 '홍씨'라는 여성의 절의를 '열행'으로 기록하고 있는 열녀전이다.

신축년에 이윤인이 평안도관찰사 겸 평양부윤이 되어 부인이 함께 갔다.

그런데 이공이 부임한 지 얼마 안 되어 갑자기 등창으로 세상을 떠났다. 부인의 슬픔이 지나쳐 몇 번이고 기절할 뻔하였으나 아들 공린과 상례를 치르고 돌아와 마전군 모처에 장례 지냈다. 스스로 묘 방식을 정했는데 그 가운데를 두 개로 나눠 함께 묻힐 뜻을 나타냈고, 무덤 곁에 여막을 지어 몸소 조석 제사를 올렸는데 덥거나 춥거나 비가 와도 폐하지 않았다. 공은 고기가 없으면 배부르게 여기지 않았기에 제사에는 반드시 고기를 두고 모자라지 않게 했으며 때마다 곡을 하며 애통해하니 보는 자들이 늘 코가 시큰해졌다.[66]

위 글은 홍씨가 갑작스러운 남편의 죽음을 맞아 애통해하며 정성을 다해 장제례를 집전하는 과정을 보여 주고 있다. 홍씨는 임지인 평양에서 숨진 남편의 관을 운구해 고향인 경기도 마전으로 돌아와 장례를 치르면서, 같은 무덤에 묘실을 두 개 마련한다. 이는 훗날 자신이 남편의 묘에 합장될 의사가 있음을 밝힌 것이니 곧 재가하지 않고 수절하겠다는 의지를 드러낸 것이었다. 이어 홍씨는 남편의 묘 옆에 여막을 마련해 삼 년간 아침저녁으로 제사를 직접 올리고, 남편이 생전에 좋아하던 고기가 끊이지 않게 하며, 곡을 할 때 지극히 슬퍼했다.

주변 사람들의 코끝이 찡할 정도로 극진한 추모의 정을 드러낸 홍씨의 사적에서 가장 눈에 띄는 부분은 남편의 신주神主를 생전의 사람처럼 대했다는 일화다.

삼년상이 끝났으나 여막에 신주를 안치하고 항상 그 아래 머물며 산 사람을 대하듯 했다. 갑오년 겨울에 불이 나서 사람들이 모두 놀라 황망하였는데 부인은 신주를 품에 거두어 안고 재산이 모두 탔는데도 돌아보지 않았다. 혹자가 "어찌 부인께서는 상에 신주를 두고 남은 불을 돌아보지 않으십니까." 하고 물었다. 그러자 부인이 말했다. "나도 오히려 놀라고 두려웠는데 신주라고 어찌 두렵지 않았겠는가. 그냥 놓아두면 신주가 의지할 곳이 없을까 봐 걱정이 되네." … 아들 공린이 서울에서 초례를 치르는데 부인께 와서 혼사를 보시라고 청했다. 그러자 부인은 "어찌 잠시나마 무덤과 신주에서 떠날 수 있겠는가. 가까운 이웃이라도 왕래하지 않는 것은 신주가 고적할까 봐서인데 하물며 서울에 가겠는가."라고 하며 끝내 가지 않았다.[67]

신주는 망자의 이름과 죽은 날짜를 기록한 나무패다. 여기에 죽은 이의 혼이 깃들어 있는 것으로 보고 사당에 모시며 제사를 지내는 것이다. 홍씨가 생전의 남편을 대하듯 했다는 것이 바로 그 신주인데, 그러한 태도가 집에 불이 났을 때도, 아들이 혼례를 치를 때도 변치 않았다는 것이 위 인용문의 요지다.

이 작품에서 홍씨는 시종일관 슬픔과 애틋함을 강조하는 모습으로 그려지고 있다. 죽은 남편의 혼을 모신 신주를 안고 '그가 놀랄까 봐, 그가 외로울까 봐' 걱정하고, 나중에 자신이 병에 걸린 것을 알게 되었을 때는 주변에 구병 기도를 못 하게 하면서 '죽으면 남편을 만나게 될 것'이라며 기다리는 태도를 보인다. 임종에 이르렀을 때는

'남편과 다정히 이야기하는 듯 헛소리를 한다'.

이렇게 죽은 남편을 극진히 그리워하는 홍씨의 모습은 당시 사회에서 상당히 낯설고 특이한 경우였던 것으로 보인다. 작가인 강희맹이 이러한 홍씨의 자연스러운 감정의 발로를 강조하고 이를 칭송하는 내용을 담은 열녀전을 지은 것도 바로 그러한 이유에서였던 것이다. 열녀의 사례가 많지 않다보니 당대에 비교할 사례가 없기도 하지만, 굳이 조선 후기 열녀전과 비교한다면 이 작품에 이념화된 전형성이 보인다거나 과도하고 비인간적인 장례 노동이 나타난다거나 정절을 강요하고 있는 듯한 흔적을 찾아보기는 힘들다. 오히려 여성 인물 개인의 품성과 덕성, 그가 처한 상황의 특이성이 강조되고 있다는 것이 이 작품의 특징이라고 할 수 있다.

그런데 남편의 죽음 당시 그의 나이나 부인인 홍씨의 나이는 대략 몇 살쯤이었을까. 작품 앞부분에 홍씨의 남편으로 이름이 거명된 인물은 세조 때 의주목사, 전라도관찰사, 평안도관찰사 등을 역임한 이윤인(李尹仁, 1415~1471)이다. 그는 평안도에 부임한 지 1년 만인 1471년 평양에서 죽었는데 그때 나이가 57세였으니 아내 홍씨 역시 비슷한 연령이었을 것으로 추측할 수 있다. 이는 홍씨가 조선 전기에 드물게 한 남편을 위한 의리와 정절을 지키는 '수절'을 택할 수 있었던 이유를 짐작하게 해 준다. 평균 수명이 현저히 짧았던 조선 시대에 50대 후반의 나이는 현실적으로 개가를 택할 만한 나이는 아니었던 것이다.

양반 남성에게 절의를 지킨 천민 여성 이야기

은아는
곡을 하다
여러 번
쓰러졌으며
양쪽 머리를
잘라내고
두 손가락을
잘라 함께
묻었다

성혼, 송익필의 〈은아전〉

조선 전기 열행의 기준과 전파

이번에는 강희맹의 다음 세대인 성혼과 송익필이 지은 16세기 열녀전, 〈은아전〉의 내용을 살펴보기로 한다. '은아'는 성혼이 살던 파주 교하 인근에 살던 천민 여성으로, 나이 많은 종실 남성의 첩으로 들어가 수절한 인물이었다. 〈은아전〉은 '열'이나 '절' 등의 글자를 쓰지 않고 그냥 여성 인물의 이름을 제목으로 삼고 있으나 내용상 한 남편에 대한 절개를 지킨 '은아'라는 인물의 열행이 중심 내용이므로 열녀전으로 분류된다. 이 작품은 성혼이 먼저 썼고 이를 바탕으로 송익필이 다시 지었는데, 주요 내용은 거의 유사하다. 여기서는 나중에 지어진 송익필의 작품을 함께 읽어 보기로 한다.

태수는 자신이 나이가 많고 병이 깊자 은아가 아직 아름답고 젊어 혹 자신을 싫어하고 지루하게 생각하겠다고 여겨 시험 삼아 말했다. "내가 죽으면 너는 수절하겠느냐, 아니면 다른 이에게 가겠느냐." 은아는 슬퍼하며 "아직 미리 말씀드릴 수 없습니다."라고 말했는데 여러 번 물어도 답이 한결같았다. 태수가 병석에 있는 기간이 길어지자 모시는 이들이 모두 지쳤는데 은아는 홀로 곁에서 받들어 보호하며 띠를 풀지 않고 약은 반드시 맛보고 더 조심하며 공경하고 삼갔다. 시간이 오래되어도 더욱 부지런하여 한밤중에도 그 곁에 무릎을 꿇고는 한 번 부르면 즉시 대답했다. … 은아는 곡을 하다 여러 번 쓰러졌으며 양쪽 머리를 잘라내고 두 손가락을 잘라 함께 묻었다. 삼년상의 법도를 지켜 머리를 빗지 않고 반찬을 먹지 않았으며, 태수의 의복을 원래의 평상에 쓰던 대로 두고 매일 그 밑에 거하며 주야로 떠나지 않았다. 제사를 지낼 때 예를 다했으며 상이 끝나도 그만두지 않고 더욱 슬퍼했다. 매번 사계절이 바뀔 때마다 새로 옷을 지어 곡을 하며 태웠고, 창호를 보수하고 계단을 쓸기를 생시처럼 하였다. … 나물 뿌리나 보리밥도 때로 다 떨어지니 가까운 사람들은 이렇게 권했다. "어찌 태수가 주신 집을 팔아 넉넉하게 살지 않습니까." 은아가 말했다. "빈천한 품팔이꾼의 후손으로 그 직분이 거친데 어찌 손수 내려 주신 필적을 남에게 마구 팔아서 내 옷과 먹을 것을 좋게 할 수 있겠소."[68]

송익필의 〈은아전〉에 따르면 은아는 집안이 영락한 후 떠돌아다니며 걸식하던 유랑민이었다. 그녀는 종실이며 '태수' 직함으로 불리던 '수성秀城'이라는 인물의 집에서 기거하면서 첩이 된다. 위 글은 태수가 늙고 병든 자신에게 젊은 은아가 싫증 낼 것을 걱정하며 자기가 죽은 뒤 수절할지 여부를 묻는 대목으로 시작된다. 흥미로운 것은 태수가 그런 말을 묻는 까닭은 수절하겠다고 다짐하는 말을 듣고 싶기 때문임을 알고 있음에도 불구하고 은아가 '미리 수절을 단언할 수 없다'는 답으로 일관했다는 것이다.

그러나 〈은아전〉은 시원치 않은 대답과는 정반대로, 있는 힘을 다해 절의를 실천하는 여성 인물의 모습을 보여 준다. 태수가 앓아누운 기간이 오래되자 시중드는 이들이 모두 지치고 고단해하는 상황에서도, 은아는 조금도 내색하지 않고 정성을 다하며 한밤중에도 곁에 엎드렸다가 부르면 즉시 응하는 모습으로 그려진다. 그녀는 장례를 치를 때도 슬프게 곡을 하다 기절하고 머리카락과 손가락을 잘라 같이 묻었는가 하면, 머리를 빗지 않고 거친 음식을 먹으며 삼년상을 치르고 계절이 바뀔 때마다 새 옷을 짓고 통곡을 하며 태웠다고 전한다.

이어서 이 여성이 간호와 상장례에서뿐만 아니라 태수가 남긴 재산을 처리함에 있어서도 절의를 보였음을 입증한다. 은아는 태수가 특별히 자신에게 준 집 한 채를 팔거나 자기 소유로 하지 않았으며, 나물과 보리밥조차 떨어지곤 하는 가난한 상태를 견딤으로써 경제적인 이득을 취하기 위해 태수를 간호하고 돌봤다는 혐의를 피하고 의로움을 드러냈다는 것이다.

이러한 은아의 행동에 대한 묘사는 작자가 유향의 《열녀전》 중

〈절의전〉 4편에 실린 초나라 소왕의 부인 월희의 사례를 떠올린 것이 아닐까 하는 생각이 들게 만든다. 월희는 왕이 자신을 따라 죽겠는지 묻자 왕의 자질이 충분치 못하다며 거절했지만 실제로 왕의 목숨이 위태로워지자 자신을 기꺼이 희생했던 인물이었다. 은아와 월희는 공통적으로 자신의 절개를 시험하고자 하는 남편의 물음에 분명한 답을 하지 않거나 거절하는 반응을 보였지만 내신 말없이 절의를 실행하는 모습으로 그려지고 있다. 이들은 아부하는 말로 당장 상대의 비위를 맞추고 환심을 사서 총애를 끌어내지 않고 절의를 실천할 뿐이다. 이러한 은아의 의리와 절개가 당대 상층 양반들에게 낯설고 희귀한 것으로 보였을 것이라는 점은 충분히 짐작할 만하다.

앞서 살펴본 조선 전기의 두 열녀전은 이 시기의 열행으로 인정되는 행위란 한 남편에게 절개를 지키는 것이었음을 분명히 알게 해 준다. 두 이야기 모두 주인공이 조정에서 정려를 받는 결말로 마무리되고 있다는 점은 열행에 대한 조선 전기의 사회적 인정 기준을 더 뚜렷이 보여 주는 대목이다. 이는 조선 후기에 지어진 많은 열녀전에서 '이렇게 훌륭한 일을 했는데도 정려를 받지 못했다'는 기록이 자주 보이는 것과 분명한 대조를 이룬다.

강희맹이 쓴 〈홍절부전〉의 뒷부분을 보면, 홍씨가 병으로 죽은 뒤 지역에서는 이 일을 임금에게 올렸고, 나라에서는 곧 정려문을 내렸다. 아들인 공린에게 명해 홍씨의 사적을 기록한 비문까지 세우도록 한다. 이는 조선 전기에 홍씨가 남편을 위해 절개를 지킨 것이 '표창할 만한 일'로 받아들여지고 있으며, 남편의 신주를 소중히 대한 행적이 '기록할 만한 가치가 있는 일'로 인정받고 있음을 보여 준다. 송익필의 〈은아전〉 역시 마찬가지다. 작품의 마무리 부분에는 은아가 병에 걸려 서른일곱의 나이로 세상을 떠나자 이 일이 알려져 정려가 내려졌다고 전하고 있다. 은아가 실천한 수절의 예법과 절의가 나라에서 '칭송할 만한 일'로 받아들여지고 있음을 보여 주는 대목이다.

조선 전기 열녀전을 일별하는 이 장에서 끝으로 살펴볼 것은 열녀에 대한 이야기 혹은 열녀전이 어떻게 문인들 사이에 전해지고 있었는가, 즉 전파의 방식에 대한 것이다. 다음은 〈은아전〉의 마지막 부분이다.

> 파산의 성호원은 교하의 접경에 살았는데 은아의 행적을 듣고 나에게 그 이야기를 끊임없이 하더니 〈은아전〉의 초고를 써서 내게 개작을 부탁했다. 내가 사는 귀봉에 있는 집은 교하의 남촌에 더욱 가까워 수성 태수와 왕래하며 교유도 있었는데 그의 말이 호원에게 들은 말과 똑같았다. 또 수성의 손녀는 내 형의 처가 쪽 사람이어서 은아에 대해 더 자세히 들려줬다. 호원의 전에 의지해 삼가 초고를 고쳤으나 호원의 전에 없는 내용은 몇 줄에 불과하다.[69]

교하 남촌은 수성 태수와 은아가 살던 동네로, 그 근방에 살던 문인인 성혼은 동네에 퍼진 소문으로 은아의 행적을 듣고 감명을 받아 열녀전의 초고를 짓는다. 또 스스로 전을 지은 것으로 그치지 않고 자신의 친구인 송익필을 찾아가 은아의 행적을 이야기하고 자신의 초고를 주며 개작을 부탁한다. 그런데 송익필 또한 직접 은아에 대한 이야기를 수성 태수에게 들은 바가 있었으며, 수성의 손녀는 송익필의 형의 처족이었기 때문에 더 자세한 이야기를 전해 들었다고 전한다.

송익필의 글은 한 여성의 수절과 열행이 소문과 이야기, 기록과 기록의 부탁으로 이어지고 진파되고 있음을 보여 준다. 남편에 대한 절의를 지킨다는 것은 입소문으로 동네 인근의 사람들에게 널리 퍼지고 글로 기록되며 다른 문인에게 글을 지어 줄 것을 부탁하게 할 만한 일이었던 것이다.

2장

나라와 가문을 더럽히지 마라

전란과 정절의 문제

17세기는 양반층이 분화되면서 명문 벌열과 지방의 향반들이 각자의 이유로 가문 의식을 강화해 가는 시기로서, 조선왕조를 반으로 나누는 분기점이다. 이때를 기준으로 조선 전기와 후기 사회의 성격이 서로 크게 달라지기 때문이다.

이러한 변화의 근본적인 원인은 앞서 말했듯 '전쟁'이었다. 1592년 임진왜란과 1597년의 정유재란, 그리고 1627년에 일어난 정묘호란과 1636년의 병자호란은 17세기를 살았던 당대 사람들의 기억을 온통 전쟁의 악몽으로 뒤덮었다. 특히 임진왜란 중 화의 교섭 결렬로 일어났던 정유재란은 그 목적이 '정명가도征明假道'(일본군이 명을 침략하고자 하니 조선은 명으로 가는 길을 빌려 달라)에서 '삼남 지방의 백성을 전멸시키고 조선 땅에 일본인을 이주시키는 것'으로 변질되면서 왜적의 잔학 행위가 두드러지게 많았던 전쟁이었다.

전쟁의 경험은 물질적 피해만이 아니라 막대한 정신적 충격과 피해를 남겼다. 그 속에서 흔들리는 민심을 붙잡고 통치 질서를 재확립하기 위해서는 백성들에게 충효열의 윤리와 강상(삼강과 오상)의 중요성을 새삼 강조해야 했다. 이를 위해 기획된 17세기 관찬서가 바로 《동국신속삼강행실도》다.

《동국신속삼강행실도》는 이전의 행실도와 크게 달랐다. 첫째, 원래의 《삼강행실도》에 중국 고전이나 고대사 속 인물이 주로 들어갔던 것과 달리 이 행실도는 '동국', 즉 조선인로만 채워져 있고 동시대 인물의 비중이 70%가 넘었다. 둘째, 이전 《삼강행실도》의 규모가 3권 105명이었던 것에 비해 《동국신속삼강행실도》는 18권에 1,600여 명의 인물을 수록해 권수로 6배, 인물로는 16배나 많은 압도적인 분량으로 만들어졌다. 셋째, 《삼강행실도》는 충효열의 비율이 각 35명씩으로 동일했지만 《동국신속삼강행실도》는 충신 99명, 효자 741명, 열녀 746명으로 열녀가 이례적으로 많이 수록되어 있다.

《동국신속삼강행실도》에서 주목해야 하는 부분은 이 충효열 사례 중 전쟁을 배경으로 한 경우가 어느 정도의 비율인가 하는 것이다. 전체 인물 수가 비슷한 효자와 열녀를 비교해 볼 때 왜란을 배경으로 한 효행 사례는 741명 중 90명인데 비해 왜란을 배경으로 한 열행 사례는 746명 중 441명이었다. 이것은 무엇을 뜻하는가? 전쟁이라는 극단적인 상황에서 충효열이라는 윤리가 요구되는 갈등 상황은 더 첨예하게 드러나기 마련이지만, 충효에 비해 '열'의 실천이 요구되는 상황, 즉 여성의 정절이 위협받고 유린당하는 상황이 훨씬 더 많았음을 의미한다.

물론《동국신속삼강행실도》는 있는 그대로를 기록한 역사서가 아니라 사람들을 가르치고 깨우치기 위한 '교화서'이므로 여기에 실린 인물들의 숫자가 그 당시의 피해 규모를 객관적으로 보여 주는 수치라고 볼 수는 없다. 그보다는 편찬자들의 인물 수록 기준, 즉 충효열의 각 사례 중에서 어느 쪽을 더 많이 선정하는가의 기준이 곧 '백성들에게 강조하고 싶었던 덕목의 우선순위'라고 보는 것이 옳을 것이다. 남성 지배층이 전쟁의 후유증으로 이반된 민심을 수습하고 가문의 명예를 회복시키는 가장 효과적인 기표로 선택한 것은 '열녀'였다.

17세기의 열녀전과《동국신속삼강행실도》의 열녀 기사는 서로가 서로를 비추는 상호적인 텍스트다. 두 텍스트는 공히, 전란 중에 강요되는 외적의 성적 요구에 항거하며 자결하는 열녀를 대서특필함으로써 여성이 정절을 지킨다는 것의 윤리적 의미를 대대적으로 선양하고자 했다. 나라에서 편찬한《동국신속삼강행실도》가 그림과 언문을 도구로 백성들에게 열 이데올로기를 전파하는 데 좀 더 주도적인 역할을 했다면, 상층 남성들은 한문 장르인 열녀전의 창작을 통해 이념 생산의 한 축으로 나서기 시작했다.

17세기 열녀전은 작품 수로는 10여 편 내외로 그렇게 많지 않다. 그러나 17세기에 열녀전을 지은 작가들은 이정암, 김덕겸, 유몽인, 허목, 이재 등으로, 당시 임금을 호종할 정도로 고위직에 있었던 관료 계층이자 당대 사상계를 주도하던 인물들이었다. 이는 열녀전 작가들에 지방의 한미한 양반들이 다수 포함되기 시작하는 조선 후기와 대조를 이룬다. 또한 17세기 열녀전의 창작 배경에 '무너진 사회 윤리의 교화'라는 지배층의 계몽적 의도가 강하게 작용하고 있었음을 다시 한 번 확인하게 해 준다.

그러면 외적의 침입과 성적 위협의 공포가 생생하게 묘사되어 있는 17세기의 열녀전 작품들을 함께 읽어 보기로 하자. 17세기에 창작된 것으로 보는 열녀전은 10편 정도다. 작가와 작품을 소개하면 다음과 같다.

이정암(1541~1600) 〈삼절부전三節婦傳〉
김덕겸(1552~1633) 〈고오수재굉처윤씨전故吳秀才竑妻尹氏傳〉
유몽인(1559~1623) 〈열녀정씨전烈女鄭氏傳〉〈절부안씨전節婦安氏傳〉
이준(1560~1635) 〈양열부전楊烈婦傳〉
이시발(1569~1626) 〈나열녀전羅烈女傳〉
라해봉(1584~1638) 〈이열녀전二烈女傳〉
허목(1595~1682) 〈열녀전烈女傳〉
이영인(1611~1669) 〈박낭전朴娘傳〉〈최낭전崔娘傳〉

위 작품들 중에서 전란을 배경으로 한 열녀를 소개하고 있는 것은 다섯 편으로, 이정암의 〈삼절부전〉, 라해봉의 〈이열녀전〉, 허목의 〈열녀전〉, 이영인의 〈박낭전〉과 〈최낭전〉이다. 17세기에 창작된 열녀전 중 절반이 전란 때 외적에게 성적 위협을 당해 자결한 여성들을 보여 주고 있는 것이다. 전란 중에서도 가장 많은 배경이 되고 있는 것은 정유재란이다. 1597년부터 1598년까지 이어진 이 전쟁에서 왜군은 조선 민중들의 코와 귀로 무덤을 만드는 잔학한 학살과 여성에 대한 성적 약탈을 수없이 자행했다. 이정암의 〈삼절부전〉, 라해봉의 〈이열녀전〉, 이영인의 〈박낭전〉 〈최낭전〉은 모두 정유재란 때의 일을 다루고 있다.

전란이 아닌 평시를 배경으로 한 나머지 다섯 편은 각각 '수절'을 다룬 작품 두 편, '따라 죽음'을 다룬 작품 세 편으로 나뉘어져 있다. 조선 전기적 열행인 '수절'과 조선 후기적 열행인 '따라 죽음'이 골고루 나타나고 있는 이런 작품 분포는 17세기 특유의 과도기적 성격을 잘 보여 준다.

한 집안에서 세 열녀가 나게 한 왜란의 참상

아아,
누가 젊은
부인이
이렇게
용감히
결단할 줄
알았겠는가

이정암의 〈삼절부전三節婦傳〉

아내와 딸과 며느리를 버린 비겁한 가부장들의 초상

〈삼절부전〉은 말 그대로 절개를 지킨 여성 세 명의 이야기다. 그런데 이 세 명은 모두 작가인 이정암의 집안사람들이다. 첫 번째 인물은 작가의 둘째 며느리 민씨고, 두 번째 인물은 작가의 누이동생 이씨, 세 번째 인물은 누이인 이씨의 딸이자 작가의 질녀인 한씨다. 며느리 민씨는 왜란 초기인 1592년에, 누이 이씨와 그 딸인 한씨는 1597년 정유재란 때 칼로 목을 찔러 자결했다.

이들의 이야기를 열녀전으로 쓴 작가 이정암은 선조 때 예문관 검열이라는 사관 자리를 거쳐 공조, 예조, 병조의 좌랑을 지냈던 문신이었다. 그는 임진왜란 때 선조를 호송해 파주를 거쳐 개성까지 갔고, 황해도 연안성의 의병장으로 나서서 왜병 수천 명에 대항해 나흘

밤낮의 치열한 전투를 했으며, 정유재란 때는 초토사招討使로서 해주 수양산성을 지켰던 인물이었다. 그렇게 전쟁의 참상을 누구보다 직접적으로 보고 겪은 인물이었기에 여성들에게 닥칠 실절의 위기도 어쩌면 잘 알고 있었을지 모른다.

> 민씨는 여흥의 명망가 출신이다. … 우리 둘째 아들에게 시집왔는데 매우 부덕이 있었고 두 아이를 낳았다. 임진년 변란 때 왜병을 피해 그 남편과 파주의 산속으로 피했는데 적이 갑자기 들이치자 민씨가 피할 수 없음을 깨닫고 곧 차고 있던 칼로 목을 찔러 죽었다. 왜적들이 이를 보고 화를 내며 그 머리를 자르고 떠났다. … 그 남편 역시 수없이 베여서 몸에 성한 구석이 없었고 쓰러졌다 겨우 살아나서는 다음 해 계사년에 민씨의 유해를 수습해 선산에 묻고 2년 후 죽었다. 왜란 초에 내가 임금님을 호종해 송도로 갈 때 파주의 산속 집에 묵으며 헤어지는 말로, "일이 이에 이르렀으니 한 번 죽기 어려우나 부디 우리 가문을 더럽히지 말아다오." 라고 했었다. 그런데 송도에 도착한 지 며칠 안 되어 민씨가 절개를 지켜 죽었다는 말을 들었다. 아아, 누가 젊은 부인이 이렇게 용감히 결단할 줄 알았겠는가.[70]

작가가 '삼절부' 중의 첫 번째 인물로 자신의 며느리 민씨의 사적을 소개하고 있는 대목이다. 두 아이를 낳은 후 임진왜란이 일어났다고 했으니 조선 시대의 일반적인 생애 연령으로 봤을 때 민씨의 나이는 20대 초중반이었을 것으로 짐작된다. 그녀의 죽음은 왜란 초기,

임금이 송도로 막 피신을 떠나던 때에 있었던 일이었다. 작가는 송도로 가는 길의 중간인 파주에서 아들, 며느리와 헤어지며 며느리에게 이런 당부를 한다. '죽음이 쉽지는 않지만 우리 가문을 더럽히는 일은 하지 말아 달라'.

더 북쪽인 송도로 같이 피하지 못하고 파주산성에 남아야 했던 이들에게 결국 절체절명의 순간이 다가온 것은 임금과 시아버지 일행이 떠난 지 며칠도 채 되지 않아서였다. 셀 수 없이 많은 왜군이 순식간에 몰려와 성을 에워쌌던 것이다. 공포 속에서도 민씨는 '내 가문을 더럽히지 말라(無吾家門)'는 시아버지의 엄중한 당부대로 죽음을 택한다. 단도로 목을 찔러 자결한 것이다. 적에게 '오염'당할 수 있는 공간인 몸을 미리 차단하고 봉쇄하는 수단, 그것이 바로 자결이었다. 적들 또한 이러한 민씨의 죽음이 저항의 의미라는 것을 바로 깨닫고 화를 내며 시신의 목을 자르는 분풀이까지 자행한다.

작가는 임금을 모시고 송도(개성)에 도착한 지 며칠 만에 소식을 듣게 된다. 외적의 침입으로 위태로운 상황이었으나 며느리가 스스로 목숨을 끊었다는 것이다. 그는 이렇게 탄식한다. '젊은 부인이 이렇게 용감한 결단을 할 줄 누가 알았겠는가!'

그 소식을 전해 듣던 작가의 상황은 과연 어땠을까. 사실 선조의 송도 피난길은 임금이 자기 백성을 버리고 혼자 살기 위해 떠난 길이었다. 파주에서 작가가 아들, 며느리와 헤어진 것은 그 임금을 따라나선 피난길에서 다시 한 번 일행의 일부를 떼어 내야 했기 때문이다. 한양에서 백성을 버려두고 도망쳐 나온 선조처럼, 그 왕의 신하였던 작가 역시 파주에 가족을 놓아두고 혼자 떠나야 하는 상황이었던 것이다. 그들은 백성을 버린 왕, 가족을 버린 아버지였다. 그러나 그들은 그들이 버린 백성과 여성에게 충과 열에서 우러나온 희생을 원했다. 바로 '나라와 가문'을 위해서 말이다.

> 이씨는 내 막내 누이로 선비 한형의 처다. … 정유년 변란 때 황석산성에 들어가 있었는데 왜적이 갑자기 성 아래로 몰려왔다. 대장 김해부사 백사림은 그 가솔들을 데리고 밤에 몰래 도망쳤다. 이씨는 딸 한씨와 함께 목을 찔러 죽었고 노비들 중 같이 죽은 자가 10여 명이었다. 한씨는 선비 김건의 아내로 이때 나이 26세였다. … 알 수 없는 것은 이 부인들의 남편들이다. 매부인 한형은 이미 성에 없었으니 내 누이가 어찌 혼자 산속에 남아 있을 수 있겠는가. 조카사위인 김건도 들어갈 때는 처 한씨와 함께였으나 그 자신만 홀로 화를 면했으니 이는 어찌 된 일인가.[71]

위 내용은 작가의 가문에서 난 '삼절부' 중 두 번째와 세 번째 인물의 이야기를 소개하고 있는 대목이다. 정유재란 때 함양의 한 고립된 산성에서 자결한 자신의 막내 여동생 이씨와 그녀의 딸 한씨가 바로 그들이다. 이 모녀 역시 성안에서 외적이 몰려오는 것을 보고는 스스로 목을 찔러 자결을 감행했다.

그런데 이 대목에서 작가가 누이 모녀의 비장한 자결과 대조해서 짚어 내고 있는 이들이 있다. 그것은 그 산성을 지켜야 했던 김해부사 백사림, 누이 이씨의 남편인 한형, 질녀 한씨의 남편 김건이다. 백사림은 최후 보루인 산성을 적으로부터 지키고 방어해야 하는 최후의 책임자임에도 불구하고 자기 식구들만 챙겨 몰래 도주하는 행태를 보였다. 자결한 모녀의 남편들 역시 부인도 딸도 돌아보지 않고 혼자 도망쳤다가 적의 침입이 지나간 뒤에야 슬그머니 모습을 드러냈다. 작가는 이러한 이들의 무책임함과 비겁함을 지적하면서 여성들의 절의가 얼마나 무겁고 대단한 것인가를 강조하고 있다.

> 선비가 세상에 나면 옛 사람의 책을 읽고 옛 사람의 절의를 흠모하며 보통 때는 '의롭게 죽기를 바라지 구차히 사는 것을 바라지 않는다'고 큰소리친다. 그러나 나라와 가문이 위급해져 칼날이 서로 부딪치는 전란이 났을 때 목숨을 버리고 의리를 취하는 자는 100명 중 한둘일 뿐이다. 그러나 도리어 부인, 여자들이 그렇게 하기도 하니, 나는 우리 가문의 절부 세 명에게서 그것을 보았다.[72]

〈삼절부전〉의 위 대목은 참혹한 전란 속에서 작가가 깨달은 핵심을 전해 준다. 그것은 '위난의 상황'이 닥쳤을 때 의를 실행하는 사람은 '선비'보다 '부인'들이라는 점이다. 그는 평소에 '고인의 책과 절의'를 사모하고 '구차한 삶'을 살지 않을 것처럼 책을 읽던 선비들 중에 정말로 '사생취의'를 행하는 자, 즉 '삶을 버리고 의리를 택하는' 자는 거의 없다고 일갈한다. 그리고 선비들의 위선과 비겁, 배웠으되 실천할 줄 모르는 허위성을 날카롭게 비판한다. 위급한 상황에서 의리를 지켜 자결한 자들은 '의리를 배운' 그들이 아니라 글을 익힌 적도 없는 부인과 백성, 그리고 노비들이었음을 깨달았기 때문이다.

그러면 이러한 비판의 대상에 작가 자신은 과연 해당되지 않는 것일까? 실제로 〈삼절부전〉의 작가인 이정암은 전란 속에서 혼자 도망치거나 자기만의 생존을 도모하는 비겁한 행위를 한 인물은 아니었다. 그는 나름대로 의병을 일으켜 적과 싸웠고 사생취의를 실천하려 한 인물이었다. 그러나 그 역시 선조의 몽진을 따라가며 가솔들을 버려야 했다. 백성들을 저버린 김해부사나 부인과 딸을 저버린 매부와 조카사위보다는 낫다 해도, 그 역시 양반, 남성, 가부장으로서의 책임을 다했다고 볼 수는 없지 않을까.

이정암의 〈삼절부전〉은 전란에서 '의'를 지킨다는 것의 어려움을 알려 준다. 아울러 죽음을 택한 여성의 절의를 높이고 있는 만큼 양반 남성의 허위와 모순도 적나라하게 폭로한다. 그리고 작가 자신도 그러한 비겁한 가부장들의 초상에서 크게 벗어날 수 없다는 사실을 은연중 보여 주고 있다. 이 점에서 〈삼절부전〉은 전쟁의 또 다른 얼굴을 비춰 주는 17세기 열녀전이라고 할 수 있다.

두 부인 중 누가 더 종용하게
죽음에 나아간 사람일까요?

슬프도다,
세상에는
작은 행실을
하고도
가문의
세력에
힘입어
역사에 붉은
글씨로
기록되는
사람이
있지만…

라해봉의 〈이열녀전 二烈女傳〉

열의 순수성을 '평가'하기 시작하다

이정암의 〈삼절부전〉은 여성의 입장에서 겪어야 했던 전란의 공포를 생생하게 전달하지는 않는다. 스스로 자기 목을 찔러야 했던 세 여성이 그때 과연 어떤 상황에 놓여 있었는지를 작가가 직접 본 것이 아니라 소식으로 전해 들었기 때문이다. 이에 비해 라해봉의 〈이열녀전〉은 전란 때 여성들이 놓이게 되는 폭력적인 강간 장면들을 목격자의 입을 빌어 묘사하고 있는 충격적인 작품이다.

지난 무신년 내가 보광사에서 책을 읽을 때였는데, 쉬다가 문득 정유왜란 때 열녀 이야기를 나누게 되었다. 무반 출신인 임형이라는 사람이 말했다. "내가 해남에서 왜적에게 포로로 잡혀 짐을 지고 따라갈 때였습니다. 사오일쯤 되었을 때 현의 북쪽 백련동에 갔지요. 왜적들이 산에서 한 서른 살 되어 보이는 남자를 발견해서 산 위로 쫓아가는데 추적하는 것이 마치 나는 듯했습니다. 그 처가 근처에 엎드려 숨어 있다가 남편이 곧 잡힐 거라고 생각하고는 갑자기 일어나 한 왜적 놈의 발을 잡아당겨 절벽으로 밀어 떨어뜨렸지요. … 왜적들이 그 남편을 무릎 꿇려 놓고는 처의 옷을 벗기고 네 명의 적들에게 그 손발을 붙잡게 하고는 한 놈이 겁탈하려는 차였습니다. 처가 온몸을 비틀며 그놈들을 발로 걷어차고 겨우 몸을 떨쳐 내더니 곧장 열 길 절벽 아래로 몸을 던졌습니다. 뼈와 얼굴이 부서져 죽은 것을 보고 적들이 서로 쳐다보며 혀를 내두르더니 그 남편을 베어 죽이고는 가 버렸답니다.[73]

작가인 라해봉은 이정암보다 한 세대 뒤의 문인으로, 그는 25세 무렵 한 절에서 과거 공부를 하던 당시 함께 수학하던 사람들 중 한 명에게 들은 이야기를 바탕으로 〈이열녀전〉을 지었다. 이 작품은 말 그대로 두 명의 열녀를 소개하고 있는데, 그 방식은 여성들의 죽음을 직접 목격했다는 사람의 말을 직접 인용하는 것으로 되어 있다. 목격담을 들려준 인물은 '임형'이라는 무반으로, 그는 정유재란 때 포로로 잡혀 있으면서 짐을 져 주는 노역을 하다가 두 여성의 열행을 직접 보게 되었다.

첫 번째 여성은 산속에 살던 한 화전민의 처였다. 왜적들이 산속까지 갑자기 쳐들어왔지만 원래 그녀는 안전하게 숨어 있었다고 한다. 그러나 그녀는 숨어서 자기 목숨을 보전하는 길을 택하지 않았다. 남편이 잡힐 것 같자 그 처는 자기가 죽을 줄 알면서도 뛰쳐나왔고 한 왜적의 발을 잡아당겨 절벽 아래로 밀쳐 버렸다. 화가 난 적들이 남편 앞에서 그녀를 강간하고 벌주기 위해 옷을 벗기고 사지를 붙잡아 겁탈을 하려 했을 때였다. 무서운 힘으로 네 명의 왜적을 걷어차고 몸을 빼낸 그 처는 곧장 절벽으로 몸을 던진다. 작가는 목격자의 입을 빌려 남편 앞에서 능욕당할 위기에서 벗어나려 필사적으로 몸부림치는 여성의 모습과 결국 절벽 아래로 떨어져 '뼈가 부러지고 얼굴이 부서진' 참혹한 죽음을 그대로 전한다.

바로 다음날 그가 목격한 것은 부녀자와 사족 여인들을 한꺼번에 잡아 와 비어 있는 커다란 집에 모아 놓는 모습이었다. 두 번째 여성은 바로 그때 끌려온 사람들 중에 섞여 있던 한 소녀였다.

> 다음날에는 적이 또 아녀자들과 사족 여인들을 대거 잡아 와 큰 빈집에 가두었습니다. 그런데 그중 한 소녀가 검은 머리에 꽃 같은 외양이라 눈물과 때가 얼굴에 가득한데도 예쁜 기색이 있었지요. 왜적 놈들이 큰 솥을 걸어 놓고는 불을 가져와 비춰 본 후 붙잡아 끌어내 왔습니다. 옷을 벗고 목욕할 것을 강요하고 또 불로 따뜻하게 해 주더니 적의 장수에게 바쳤지요. 장수는 강제로 위협했으나 할 수 없었습니다. 조금 지나자 휘하 장수가 가서 옷을 벗기고 맨몸으로 바위의 서리 위에 꿇어앉혀 놓더니 번쩍이는 칼날을 뽑아 소녀의 등을 건드리고 겁을 주며 반드시 죽이겠다고 하고는 갔습니다. 얼마 후 불가에서 언 몸을 조금 녹게 해 다시 장수에게 바쳤지만 또 욕보이지 못했지요. 이러기를 세 번 하면서 새벽이 되어

별이 지려 하자 적의 장수가 크게 노했습니다. 그는 소녀를 끌고 나오라 고 명령해 깎은 나무창으로 찔러 죽였는데 소녀는 얼굴빛도 변하지 않았 어요.[74]

목격자의 전언은 왜적들이 한 소녀를 강제로 끌어내 왜장에게 바치려 했던 순간을 보여 주고 있다. 때와 눈물에 젖어 있는데도 그 소녀의 외모가 뛰어남을 보고 강제로 목욕을 시켜 왜장에게 바치려 했다는 것이다. 하지만 소녀는 완강하게 수청을 거부했고 그런 소녀를 기다린 건 밤새 반복된 추위를 이용한 고문, 그리고 죽음의 위협이었다. 적들은 소녀를 서리가 내린 차디찬 바위 위에 맨몸으로 무릎을 꿇게 하고 칼로 위협하며 말을 듣지 않으면 죽이겠다고 협박했다. 그럼에도 불구하고 새벽이 되도록 뜻을 꺾지 못하자 그들은 소녀를 나무창으로 찔러 잔인하게 살해한다.

라해봉의 〈이열녀전〉은 두 가지 점에서 특이한 작품이다. 첫 번째는 여성들이 전란 때 처하게 되는 구체적인 위기 상황을 상세하게 재현하고 있다는 점이다. 그것은 한마디로 성적 수치심과 강간과 폭력과 죽음이 한데 뒤섞인 거대한 공포의 순간이었다. 그런데 그러한 순간을 이렇게 생생하게 묘사할 수 있었던 것은 이 작품이 '목격자의 시선과 목소리'를 빌려 그것이 '이야기되고 있는 현장'을 그대로 서술하고 있기 때문이다. 이것이 바로 이 작품의 두 번째 특징이다. 작품 서두에 언급한 무신년은 1608년으로 정유재란이 끝난 지 10년째 되는 때였으니, 이 작품은 당시 사람들이 삼삼오오 모여 간혹 이렇게 전쟁의 기억을 회고하는 이야기판을 만들고 있었음을 보여 주는 텍스트이기도 한 것이다.

그럼 이렇게 생생하게 전쟁의 참상을 떠올리게 하는 열녀의 이야기를 들은 사람들은 어떤 반응을 보였을까.

> 이야기를 듣고는 한 명이 "두 부인 중에 누가 더 종용하게 죽음에 나아간 사람일까요?"라고 물었다. 내가 말했다. "입장을 바꿔 보면 다 그러하지요." 아아, 세상에는 작은 행실을 하고도 혹 가문의 세력에 힘입어 아름답게 꾸미고 장식하여 졸지에 역사에 붉은 글씨로 기록되는 사람이 있지만, 이런 사람들은 그 이름이 사라져 버리니 슬프도다.[75]

〈이열녀전〉의 마지막 대목이다. 강간 위기를 피하기 위해 처참한 자결을 택하거나 잔인하게 살육당해야 했던 여성들의 이야기를 듣던 중 한 사람이 이렇게 묻는다. "두 사람 중 누구의 죽음이 더 종용하게 의를 따른 죽음입니까?" 작가는 자신이 나서서 그 질문에 이렇게 엄숙히 답했다고 말한다. "두 사람 다 그렇지요." 이야기는 이렇게 작가가 유력 가문에서 열녀를 만드는 세태를 개탄하고, 목숨을 버린 진정한 열녀들이 이름 없이 사라지는 현실을 안타까워하는 것으로 마무리된다.

이 대목은 열행을 바라보는 남성들의 시선이 '판단과 평가'에 있음을 단적으로 드러낸다. 열을 지키는 것은 이미 당연지사고, 어떤 고통을 겪었고 어떻게 죽었는지를 봐야 한다는 기준이 들어가고 있는 것이다. '어떤 죽음이 더 순종적인가?' '어떤 죽음이 더 열녀다운가?' '어떤 죽음이 더 훌륭한 죽음인가?' '어떤 죽음이 기록되고 표창할 만한가?'

라해봉의 열녀전은 여성들에게 자행된 잔혹한 폭력의 묘사를 통해 여성의 성이 유린되는 순간의 비극성을 처절하게 전달한다. 동시에 전쟁 직후 여성의 정절과 죽음을 바라보는 남성의 시각이 철저히 '평가'로 전환되고 있음을 보여 주고 있기도 하다. 바로 뒤에 이어지는 조선 후기의 열녀전 작품들에서 여성들의 신체적 훼손과 고통스러운 죽음의 과정이 점차 강조되고 있는 것은 바로 이런 17세기적 흐름 때문이다.

3장

강요된 자결의 풍경

순절 열녀 전통의 성립

I

이 장에서는 남편을 따라 죽는 열행을 대거 입전하고 있는 조선 후기 열녀전을 읽어 보기로 한다. 조선 후기 열녀전의 특징은 열녀가 되는 방식이 '죽음'이라는 최후의 방식 혹은 그에 준하는 잔혹한 신체의 훼손과 희생으로 고정되어 버렸다는 점이다. 한 남편에 대한 정절을 지키는 것만으로도 사회적 칭송의 대상이 되었던 조선 전기와 달리, 조선 후기에는 외적의 침입이나 성적인 위협 상황이 아님에도 불구하고 정절을 증명하기 위해 목숨을 버리는 극단적인 방법이 동반될 때만 열녀로 인정받을 수 있었다. 이것이 조선 후기 열녀전이 '죽음의 이데올로기'를 담고 있다고 한 이유다.

현재 개인 문집에 수록된 조선 후기 열녀전은 약 200여 편이며 열녀 정려기 등의 관련 산문들까지 포함하면 그 수를 훨씬 상회한다. 이 수치는 언뜻 보기에는 《동국신속삼강행실도》의 746건보다 훨씬 적게 보일 수도 있다. 그러나 《동국신속삼강행실도》는 조정에서 전국 각지에 장계를 올리라고 명한 다음 취합한 것이기 때문에, 누구의 강요나 권유 없이 자발적으로 쓴 작품의 숫자와 일대일로 대응해서 볼 수는 없다. 쉽게 생각해 봐도 열녀전의 원형인 유향의 《열녀전》에 등장하는 여성 104명 중 정절을 지키기 위해 자결하거나 신체를 훼손한 사례는 다섯 명에 불과하다는 것, 조선 전기 200년을 통틀어 개인 문집 속 열녀전은 세 편, 17세기 열녀전은 10여 편에 그친다는 것과 비교해 볼 때 조선 후기 열녀전은 폭발적으로 증가한 것임을 알 수 있다.

조선 후기 열녀전 서사는 대개 전형적인 패턴을 따른다. 첫째, 열녀와 남편의 가문을 짧게 설명한다. 둘째, 열녀의 유년기 일화와 시집간 후의 평판이 소개된다. 셋째, 열녀가 남편을 희생적으로 간호한 내용이 이어진다. 넷째, 남편의 장례를 주관한 후 열녀가 자결을 시도한다. 다섯째는 '찬' 부분으로 이러한 열녀에 대한 작가의 평가로 마무리가 된다. 조선 후기에 지어진 많은 열녀전들은 이렇게 정해진 이야기의 큰 구도를 거의 벗어나지 않는다. 이 시대에 '열녀'라는 여성상이 그만큼 매우 협소화되고 엄격한 방식으로만 정의되었음을 알 수 있다.

경직된 열녀 관행의 배경 중 가장 강력하게 작동했던 것은 바로 '가문 의식'이었다. 가문 의식은 조선 후기에 신분 질서가 변동하고 양반 내부의 분화가 가속화되며 강화되었다. 즉 상층 양반 안에서도 명문 벌열은 그들의 특수한 신분적 위치를 더욱 공고히 하려는 목적

의식을, 지방의 향촌 사족은 가문을 부흥시켜야 한다는 책임감을 강하게 갖게 되었던 것이다.

따라서 가문이 충효열의 유교 이념을 선양하는 구성원을 배출한다는 것은 신분 질서의 가파른 변화를 겪고 있던 조선 후기 사회에서 매우 의미 있는 사건이었다. 명망과 존경을 일시에 획득할 수 있는 길이자, 가문의 사회적 입지와 위상을 확고하게 해 주는 명예로운 방법이었기 때문이다.

사실 조선 후기에 제대로 된 양반 신분을 유지하기 위한 조건은 매우 까다로웠다. 사회적 명망과 존경을 받는 양반 가문이 되려면 혈통과 지식과 경제력과 유교 이념의 실천이라는 네 가지 조건이 적절하게 맞물려 있어야 했고 이것의 최종적인 결과는 바로 '관직'에 오르는 인물이 나오는 것이었다. 그런데 대부분의 열녀전 서두에 소개된 열녀와 남편의 가문 소개를 보면 높은 벼슬에 올랐던 먼 조상만 소개한다. 예를 들면 이런 식이다.

> 열부 유인 하씨는 창녕의 선비인 용정의 딸이고 월성 손씨 집안 손희천의 아내다. 창녕의 하씨들은 진산부원군 하륜에게서 나왔으니 유인의 본관은 진양이다. 손씨 역시 경주의 명망 있는 가문으로 판서 경절공의 후예다. 손생 역시 아름다운 선비다.[76]

위 예문을 보면 열녀인 하씨의 가문은 조선 초기 우의정을 지낸 하륜에게서 나온 계통이라고 했고 남편인 손씨 역시 판서의 후예라고 했지만 부친이나 조부 대에 대해서는 언급이 없다. 열녀 당대를 전후한 시기에 가문 내에 벼슬을 한 인물이 있었다면 이는 매우 자랑스러운 일이므로 그 사실을 쓰지 않았을 리가 없었다. 그런데도 먼 조상만을 언급하고 있다는 사실은 열녀가 배출된 그때 당시 양쪽 가문이 실질적인 양반 계급으로서의 조건에서 많이 멀어져 있었음을 짐작할 수 있게 해 준다.

열녀의 가문을 소개하는 대목에 벼슬하지 않은 선비를 가리키는 '사인士人' '학생學生'이라는 말이나 부친을 일찍 잃었다고 하는 표현이 자주 보이는 것도 같은 맥락이라고 할 수 있다. 몇 개만 예를 들어 보기로 하자.

> 유인 이씨는 덕흥대원군의 후예로 사인 정섭의 딸이다.[77]
>
> 열부 정씨는 팔계 사람으로 학생 덕휘의 딸이다.[78]
>
> 유인의 성은 손씨로 관은 월성이고 사인 필경의 딸이다.[79]
>
> 김열부 정씨는 나주 사인 태섭의 딸이다.[80]
>
> 박씨의 부친 순희는 강개한 뜻이 있었으나 불행히도 일찍 죽었다.[81]
>
> 열부가 겨우 8세 때 부친을 잃었다.[82]
>
> 13세에 부친을 여의었다.[83]
>
> 9세에 부친상을 당했는데 애통하기를 어른과 같이 했다.[84]
>
> 10세 무렵에 부모를 모두 잃었다.[85]
>
> 8세에 부모를 잃었다.[86]

조선 후기 열녀전에서 흔히 볼 수 있는 이러한 서술은 결국 열녀가 나오는 가문들의 대부분이 표면으로는 양반이지만 실제로는 매우 곤궁한 계층에 속하는 경우가 많았으리라는 점을 짐작하게 한다. 혈통은 양반이되 지식과 경제력이 취약하다면 기댈 수 있는 것은 '강상의 실천'뿐이었던 것이다. 가난한 집안에서 유교 이념의 실천자인 효자나 열녀가 나오는 것은 가문의 명예를 높이고 상물과 세금 면제라는 경제적 혜택을 받을 수 있는 기회였다.

그런데 서울 지역, 그러니까 도성인 한양 근방이나 기호 지역에서는 열녀의 배출 자체가 많지 않았고 열녀전을 짓는 관행도 그다지 흔하지 않았다. 이는 18세기 이후에 나타난 역사적 특수성 중 하나인 '경향京鄕의 분기分岐' 현상과 관련이 있다. 상공업의 발달과 함께 도시화 현상이 심화되면서 부를 축적하기 시작한 중인 및 평민 계층이 활성화되고, 서울 지역에 각종 중인 계층을 중심으로 유흥 문화가 형성되며 한양이 새로운 문화적 활력을 갖기 시작하는 것이다.

조선 후기 열녀전에는 이러한 지역적 변화의 양상과 특수성이 반영되어 있다. 열녀전에 실린 여성 인물의 출신지나 거주지가 한양이거나 그 부근인 경우가 손에 꼽을 수 있을 정도로 적다는 것은 한양을 비롯한 수도권 지역에서 남편을 따라 죽는 경우가 실제로 많지 않았을 가능성과 따라 죽는 여성들이 있었더라도 상대적으로 서울 지역의 문인 계층이 타 지역 문인들에 비해 열녀전 짓는 일에 별 관심이 없었을 가능성, 두 가지를 짐작하게 해 준다.

조선 후기, 특히 18세기 이후 서울 지역의 문인 계층은 조선의 정계와 학계를 주도하면서 '경화학계京華學界'를 형성했다고 평가된다. 서울 지역에 살면서 서화, 골동 수집, 정원 가꾸기 등의 문화적 취미를 즐기고 개인의 취향을 추구하는 문인들이 나타났고, 부를 축적한 중인이나 서얼 양반층에서도 경제력을 바탕으로 소비적인 문화를 즐기는 계층이 등장했다. 반면 이러한 한양 지역의 문화에서 유리된 지방의 유림들은 그들 나름대로 결속을 도모하고 경화학계에 대립되는 보수적인 유학을 고수했다.

지역에 따른 학문적, 문화적 차이는 열녀전에도 일정 부분 반영되었다. 경화사족에 속하는 문인들 중에 열녀전을 자기 문집에 남긴 작가들로는 홍석주洪奭周, 서유구徐有榘, 박지원朴趾源 등을 꼽을 수 있는데 이들의 열녀전은 열행에 대한 비판적 의식을 조심스럽게 담고 있거나 극단적인 찬미 발언을 자제하는 경향을 보여 준다. 반면 영남에 근거지를 둔 전통적인 도학자 성향의 문인인 임헌회任憲晦, 유인석柳麟錫, 전우田愚, 최병심崔秉心 등은 문집에 여러 편의 열녀전을 남겼으며, 이렇게 열녀전을 여러 편 지은 문인들 대부분은 지방에 근거를 두고 있으면서 열행을 편파적으로 찬미하는 보수적인 열녀전을 남겼다는 점에서 뚜렷한 차이가 있다.

실제로 조선 후기 열녀전 자료들을 살펴보면 열녀의 출신 지역이 대부분 지방이며, 특히 여성에 대해 보수적인 윤리관을 고수하던 영남 지방에서 두드러지게 배출되었음을 알 수 있다. 또는 실제로 남편을 따라 죽거나 극단적인 열행 방식을 실천한 여성들의 존재가 지방에서 '절대적'으로 많이 나타난 것은 아니라 하더라도 지역 문인들이 그런 여성들의 존재에 대해 특별한 관심을 갖고 담론의 대상으로 삼고 있었던 것만큼은 사실이었다고 볼 수 있다.

다시 계층의 문제로 돌아가 보자. 사족 내에서도 계층적인 세분화가 일어나고 있었던 조선 후기, 대부분의 양반 열녀들은 지방의 한미한 사족이나 잔반 계층에서 배출되었다. 그렇다면 사족 내에서도 최상층이라고 할 수 있는 명문 벌열에서는 열녀가 없었는가? 주목할 만한 사실은 유력한 명문 가문이나 경제적으로 넉넉한 수준을 유지했던 양반가에서는 일찍 남편을 잃은 여성들이 있더라도 남편을 따라 자결하는 선택을 하는 경우가 매우 드물었다는 사실이다.

몇 개의 사례만 들어 보기로 하자. 《윤지당유고允摯堂遺稿》를 남긴 임윤지당(任允摯堂, 1721~1793)은 녹문 임성주, 운호 임정주의 누이였으며 그 자신도 조선 후기의 독보적인 여성 유학자로 꼽히는 인물이다. 윤지당의 부친은 현감과 판관을 역임했고 모친은 이조판서의 딸이었으니 친가와 외가가 모두 당당한 명문이었으며, 오빠인 임성주와 동생 임정주는 당대 최고의 도학자로 꼽히는 인물이었으니 당시 윤지당의 가문은 성세를 이루었다고 할 수 있다. 그녀는 선비 신광유와 혼인했으나 27세에 남편을 여의고 평생 수절하며 살았다.

《자기록》을 지은 풍양 조씨(1772~1815) 또한 스무 살에 동갑인 남편을 잃었으나 남편을 따라 자결하지 않았다. 시집과 가까운 거리에 위치한 친정 가문에서 부친, 친언니와 긴밀한 관계를 맺고 자주 왕래하면서 삶을 이어 갔다. 조씨의 기록을 보면 친정 가문은 관직이 높지 않은 무반이었으나 부유한 살림을 누렸으며 친정아버지는 조씨의 시집에 경제적인 지원을 아끼지 않았다.

《규한록閨恨錄》을 지은 이씨(1804~1863)는 고산 윤선도의 8대 종손부로서 해남 윤씨라는 큰 가문을 책임져야 하는 막중한 임무를 맡고 있었다. 그녀는 17세라는 어린 나이에 남편을 잃고 과부가 되었으나 따라 죽지 않고 평생 가문의 재산과 원근의 친족들을 돌보며 살았다. 《정일헌시집貞一軒詩集》을 남긴 여성 시인 남정일헌(南貞一軒, 1840~1922)은 친정과 시집의 가까운 선조가 모두 요직의 벼슬을 역임해 가문의 배경이 튼튼했다. 정일헌 역시 20세에 남편이 일찍 죽었으나 양자를 들여 후사를 잇고 평생 수절하며 살았다.

이들은 모두 18세기에서 19세기 사이의 대표적인 여성 작가들인 동시에, 혼인한 후 얼마 되지 않아 남편을 잃고 재가하지 않은 채 살았던 수절 열녀들이다. 즉 이들 역시 남편을 따라 자결하는 여성들과 동시대인으로, 조선 후기 당대를 살아가고 있었던 '남편 잃은 여성'이었다. 다만 이들은 공통적으로 좋은 가문 배경을 갖고 있었던 명실상부한 상층 여성이었고, 이 점에서만 열녀전의 여성 인물들과 다른 삶의 조건에 있었다. 《자기록》과 《규한록》에는 이들이 남편 사후에 따라 죽기 위한 시도를 했다는 기록이 나타나기는 한다. 그러나 주변의 친정 식구 또는 친인척들이 그들의 죽음을 '진심으로' 말리며 절대 그들이 죽지 못하도록 철저하게 막았다.

이러한 사례들은 무엇을 말하는 것일까. 결국 죽음을 택하는 열녀가 대거 양산되는 조선 후기 상황에서도 실제 '죽음'에 이른 여성들은 대개 막다른 골목에 있었던 양반 여성들이었다는 사실이다. 서울 지역은 서울 지역의 문화적인 분위기로 보호받는 측면이 있었고, 윤지당이나 풍양 조씨, 이씨 부인이나 정일헌과 같은 실질적인 상층은 그 친정 가문의 힘으로 삶을 보호받을 수 있었다. 하층 여성의 경우에는 약간의 비난과 사회적 시선만 감수한다면 개가가 훨씬 일반적이었다. 결국 조선 후기 열녀가 된 여성 인물들, 남편의 뒤를 따라 죽음을 택한 사람들은 어떤 기제의 보호도 받을 수 없었던 보수적인 문화에 둘러싸인 지방의 몰락한 사족 여성들이었다는 것을 확인할 수 있다.

그러면 이제 조선 후기 열녀전을 함께 읽어 보기로 하자. 열녀전이 여성 인물들의 삶 또는 그들이 죽음을 결행하기까지의 상황을 사실 그대로 보여 주고 있는 것이 아니라는 점을 기억하면서 말이다. 남성 문인들이 여성 인물의 삶과 죽음을 어떤 방식으로 재구성하고 있는지, 여성 인물의 자결을 정당화하고 미화하기 위해 어떤 전략을 사용하고 있는지, 어떻게 죽음을 찬양하는 이데올로기를 선전하고 있는지 짚어 보면서 조선 후기 열녀전에 접근해 보기로 한다.[87]

남편 영전에서 목을 매고 '단정히' 죽다

내 나이가
어리니
마땅히
죽어야 하고,
아들이
없으니
마땅히
죽어야 하고,
시부모께
다른
아드님이
있으니
마땅히
죽어야 하니…

김간의 〈열녀송씨전烈女宋氏傳〉

죽음을 미화하는 서사적 전략

맨 처음으로 살펴볼 열녀전은 《후재집厚齋集》에 실려 있는 김간(1646~1732)의 〈열녀송씨전〉이다.

송씨가 말하기를, "내 나이가 어리니 마땅히 죽어야 하고, 아들이 없으니 마땅히 죽어야 하고, 시부모께 모실 다른 아드님이 있으니 마땅히 죽어야 하니, 내 뜻은 이미 정해졌다. 다만 내가 시집온 지 오래되지 않아 갑자기 이런 화를 당했으니 평시에 남편 섬기는 도리를 다하지 못한 탓이다." … 때때로 열녀전을 읽으며 속으로 다짐을 품었다. 가까운 이웃에 살던 과부인 고모가 편지로 한번 만나 보고 싶다고 했으나 장례 전 외출은 예에 어긋난다며 결국 가지 않았다. 장례 때 작은아버지가 와서 늙은

> 친정 모친의 뜻을 전하며 백방으로 그 마음을 풀어 주고자 했으나, 고개를 숙이고 대답하지 않으며 오직 눈물만 흘릴 뿐이었다. … 옷을 빨고 목욕한 뒤 남편의 무덤에 올라 크게 통곡을 하고 집에 돌아온 후에는 슬픈 내색을 하지 않았다. 집안사람들이 그 모습을 보고 자결을 막는 것에 해이하게 되었다. 저녁때가 되어 남편의 영전에 가서는 머리채를 단단히 해 그것으로 목을 묶고 옷으로 목 위쪽을 다 덮고는, 다시 새끼 끈으로 그 겉을 묶고 단정히 손을 모은 채 죽었다.[88]

18세기 초에 지어진 이 열녀전의 주인공은 은진 송씨로, '학생 송희인의 딸이며 현감 송지식의 손녀로 쌍청당 송유의 후손'이라고 소개되어 있다. 조부가 현감을 지냈다고 하나 부친이 벼슬하지 않은 선비인 '학생學生'이고 300년 전의 까마득히 먼 선조인 송유의 후손임을 밝히고 있는 것을 보면 열녀 당대에 이 집안의 가세가 그리 융성하지 않았으리라는 것을 짐작할 수 있다.

열녀전에 따르면 이 여성은 18세에 시집간 뒤 몇 년 후 남편이 죽자, 자신이 죽어야 할 이유를 스스로 이렇게 정리한다. "내가 젊으니 죽어야 하고 아들이 없으니 죽어야 하고 시부모를 모실 다른 자손이 있으니 죽어야 한다." 젊기 때문에 훼절의 가능성이 높고, 아들이 없으니 삼종三從 중 따를 곳이 없으며, 시부모 모시는 일도 다른 형제가 할 수 있기 때문에 자신이 살아야 할 이유가 없다는 것이다. 또 이 여성은 남편이 죽은 이유를 이렇게 말한다. "시집온 지 얼마 되지 않아 이런 화가 닥친 것은 내가 남편을 잘못 섬겨서다." 남편의 죽음이 자기 때문이라는 자책과 죄책감의 표현이다. 이러한 생각을 하게 된 학습의 단서는 송씨가 평소 즐겨 읽었디는 '열녀전'일 것이다.

이렇게 '죽어야 한다'는 자기 맹세를 반복했던 송씨는 '고모, 작은 아버지, 친정 모친'의 존재에 잠시 인간적으로 흔들리는 모습을 보인다. 과부였던 고모가 송씨를 장례 전에 굳이 만나자고 한 것은 목숨을 버리지 말라고 충고하기 위해서였을 것이다. 송씨를 찾아온 숙부 역시 자결을 막기 위해 친정 모친의 말을 전하며 '백방으로 그 마음을 풀기 위해' 애쓴다. 송씨가 그러한 친정 식구들의 노력에 대해 '고개를 숙이고 대답 없이 눈물'을 흘렸다는 진술은 이 여성이 내적인 고통과 갈등을 느끼고 있었음을 희미하게나마 암시하는 드문 표현이다.

이어 이 작품은 송씨가 친정 쪽 친지들을 만나며 증폭된 감정적인 균열을 풀어내듯 남편의 무덤 앞에 가서 '크게 호곡'했다고 전한다. 그렇게 감정을 다잡은 송씨는 슬픈 내색을 전혀 비치지 않아 식구들의 방비를 허술하게 만든 다음 철저히 준비된 죽음을 강행한다. 그것은 남편의 영전에서 자기 머리채로 목을 매는 것이었다. 목을 맨 자신의 얼굴이 보이지 않게 천으로 감싸고 풀어지지 않게 동여맨 뒤 두 손을 맞잡은 모습으로 발견된 송씨의 주검을 '단정하다'고 전하고 있는 김간의 묘사는 여성의 자결을 '열'과 '의리'로 미화하는 서사적 전략이다.

아이 젖을 떼고 '기뻐하며' 독을 마시다

몸은
아직 죽지
않았으나
마음으로
죽은 것은
이미
오래였다

유의건의 〈열부유인하씨전烈婦孺人河氏傳〉

간절히 죽기를 원하는 여성 만들기

앞에서 본 〈열녀송씨전〉에서는 인간적인 갈등과 슬픔, 두려움을 느끼는 한 여성의 내면적 고통을 한순간이나마 엿볼 수 있었다. 그러나 18세기 중반으로 접어들면서 조선 후기 열녀전의 주인공들은 자결을 결심한 순간부터 죽는 그 순간까지 '추호도' 흔들리지 않는 모습으로 그려진다. 이제 조선 후기적인 열녀전 문법이 갖춰진 것이다. 죽음의 결단을 한 여성들은 단호히 그 결심을 실천하며, 중간에 죽음을 실행할 수 없게 하는 문제 상황이 생기면 그것을 적극적으로 해결한 뒤 다시 결연히 죽음에 이른다.

이러한 특징이 드러난 작품 중 하나가 《화계집花溪集》에 실려 있는 유의건(1687~1760)의 〈열부유인하씨전〉이다.

이때 이미 임신 6개월 째였다. 시어머니 조씨가 울면서 달래기를, "네 남편의 한 점 혈육이 복중에 있는데 다행히 아들이면 네 남편이 죽지 않은 것과 같다. 그런데 네가 죽으면 뱃속 아이도 죽을 것이니 네 남편은 두 번 죽는 것이다." 유인이 그제야 억지로 밥을 조금 먹었다. … 달이 차서 아이를 낳으니 과연 아들이었다. 네다섯 달이 지나 유인이 미음을 끓여 아이를 먹였는데 잘 받아 삼키니 기뻐하며 말하기를, "아이가 젖을 먹지 않아도 죽진 않겠구나." 하였다. 남편의 탈상이 다가오자 이미 죽을 날을 정하고는 방 안에 사람이 없기를 기다려 몰래 차장 한 사발을 마시고 쓰러졌다. … 대개 유인이 죽은 것은 이미 오래라고 할 수 있다. 처음에는 남편이 죽은 날 죽으려 했으나 뱃속의 아이 때문에 죽음을 참은 것이요, 두 번째는 아이를 낳은 후 죽으려 했으나 젖을 먹여야 했기 때문에 죽음을 미룬 것이었다. 몸은 아직 죽지 않았으나 마음으로 죽은 것은 이미 오래였다.[89]

남편의 죽음 당시 하씨는 아이를 가진 상태였다. 하씨는 곧 따라 죽으려 했으나 시어머니는 뱃속의 아이가 아들이면 남편의 뒤를 이을 것이라며 만류한다. 과연 하씨는 아들을 낳았지만 죽어야겠다는 결심은 조금도 흔들리지 않았다. 아이가 젖이 아닌 미음을 잘 먹는 것을 보고 기뻐했다는 것은, 이제 '자기가 죽어도 된다'는 것을 알려주기 때문이었다. 하씨는 기다렸다는 듯 남편의 탈상 날에 맞춰 독을 마시고 자살한다. 이에 대해 유의건은 '아이를 낳고 조금 기르기 위해' 죽음을 미루었던 것일 뿐 '하씨는 원래 남편 죽던 날부터 죽은 거나 다름없었다'고 말한다.

아이의 젖을 떼고 '이제 죽을 수 있다'고 기뻐하는 하씨의 모습은 비정할 뿐 아니라 부자연스럽다. 그러나 진짜 부자연스럽고 억지스러운 것은 이렇게 여성들을 간절히 죽음을 원하는 것 같은 형상으로 만들어 낸 조선 후기 열녀전의 남성 중심적 시각, 그 자체가 아닐까.

장례를 치르고 9일 만에 따라 죽다

옷과 비녀.
허리띠를
단정히 하고
잠자리에
누운 모습이
막 잠든
사람 같았다.
잠자리 곁에
독이 든
그릇이 있고…

신광수의 〈정열부전鄭烈婦傳〉

가난한 양반 여성이 열녀가 되기까지

한편 《석북집石北集》에 실려 있는 신광수(1712~1775)의 〈정열부전〉은 지방의 몰락한 사족 여성이 열녀가 되어 가는 과정을 확인할 수 있게 해 준다.

> 시가가 가난하여 경사(서울)에서 살 수 없어 여주에 있는 정씨의 사촌 오빠에게 의지했으나 곤궁함이 더욱 심해 거친 조밥조차 잇지 못하는 때도 있었다. … 남편이 갑자기 병에 걸리자 정씨는 약 시중을 정성껏 하고 빙설로 목욕하며 새벽 저녁 이슬 속에 기도하고 옷의 띠를 풀지 않았으나 여섯 달 뒤 남편이 죽었다. … 이때부터 따라 죽을 것을 맹세하여 음식을 끊고 물만 조금 마셨다. 그 오빠가 울며 말하기를, "우리 집이 매우 가

난하여 살림 주관할 사람이 없는데 너마저 죽으면 누가 네 남편의 장례를 치르겠느냐." 하였다. 장례를 끝내고 졸곡卒哭에 제사 후 남은 음식을 이웃 사람들과 일한 사람들에게 나눠 대접했다. 식구들에게 말하는 것이 평소와 같고 침착하여 특별한 기색이 없었다. 밤이 되자 오빠와 주변 사람들에게 "여러 날 수고하셨습니다. 각자 일찍 잠자리에 들어 쉬는 것이 어떻겠습니까."라고 권하여 사람들이 그렇게 했다. … 새벽에 들어가 보니 옷과 비녀, 허리띠를 단정히 하고 잠자리에 누운 모습이 막 잠든 사람 같았다. 잠자리 곁에 독이 든 그릇이 있고 여러 오빠에게 주는 유서가 있는데 간단히 염하여 빨리 장사 치를 것을 부탁하였다. 죽었을 때 나이가 스물아홉이었고 자식은 없었다.[90]

정씨는 가난한 살림 때문에 곤궁하게 살다 남편이 병치레 끝에 죽자 곧 그를 따라 죽으려 했으나 친척 오빠가 '네가 죽으면 남편 장례를 치를 사람이 없다'고 하는 말에 자결을 미룬다. 돈이 없으면 죽는 것도 쉽지 않았다. 가난한 양반들에게는 장례를 치르는 일도 '감당하기 어려운 일'이었기 때문이다.

결국 장례 노동의 의무를 다한 후에야 정씨에게 죽음의 시간이 찾아왔다. 그는 장사를 마친 주변 사람들에게 이제 쉬라고 하면서 자신에 대한 관심을 돌려놓은 뒤 그날 밤 독을 마셨다. 정씨의 유서 내용은 '장례를 간단히 치러 달라'는 것이었다. 이는 남편을 따라 죽으면서도 자신의 장례 절차에 들어갈 비용을 걱정해야 했던 조선 후기 가난한 사족 여성의 현실을 가감 없이 보여 주는 장면이다.

동서의 감시를 피해 목을 매다

옛
부녀자들의
맑은 덕과
열행 부분에
이르면 곧
세 번씩
되풀이하여
흠모하고
무릎을 치며
탄복하기를
마지않았다

조호연의 〈열부손유인전烈婦孫孺人傳〉

남성의 복화술을 위한 장르로서의 열녀전

조선 후기 열녀전 작가들이 여성 인물을 묘사하는 가장 전형적인 방식을 보여 주는 작품 중 하나는 조호연(1736~1807)의 〈열부손유인전〉이다.[91]

> 자라면서 성품과 행실이 더욱 단정하고 조용하여 음성이 규문 밖으로 나가지 않았다. 간혹 언문으로 된 책을 보다가 옛 부녀자들의 맑은 덕과 열행 부분에 이르면 곧 세 번씩 되풀이하여 흠모하고 무릎을 치며 탄복하기를 마지않았다. … 어느 날 아들이 문득 병에 걸려 죽었는데 유인이 이를 크게 슬퍼하지 않았다. 이때 마침내 따라 죽을 뜻을 결정하고 맏동서에게 말하기를, "제가 구차하게 살아 오늘에 이른 이유는 다만 죽은 남편

의 한 점 혈육 때문이었습니다. 그런데 하늘이 이를 또 빼앗아 가니 제가 살아 무엇을 바라겠습니까. 다만 시부모님이 늙으시고 아들도 없는데 눈앞에서 불효하게 될 것이 큰 죄일 뿐입니다." … 마침내 돌아가며 한밤중까지 서로 지키니 유인이 문득 스스로 위로하며 말하기를, "내가 잘못이다. 나같이 박명한 사람도 세상에 간혹 있기 마련이니 잠시 더 살면서 후사라도 세우고 죽어야 남편에게 할 말이 있겠지."라고 하였다. 기색이 평소처럼 태연하니 지키는 것이 조금 느슨해졌다. 큰동서와 함께 잠자리에 들었는데 코를 골며 자는 체하다가 닭이 울자 동서가 잠시 잠든 틈을 엿보아 곁채로 나와서는 결국 대들보에 목을 맸다.[92]

작품에 따르면 손씨는 어려서부터 '단정하고 조용해 음성이 규문 밖을 나가지 않았'으며, '부녀의 열행과 덕'을 가르치는 책을 감탄하며 읽는 여성이었다. 이렇게 유교적인 여성 윤리를 충실하게 학습하고 내면화한 손씨는 남편이 병에 걸리자 '지극정성으로 약을 올리고' '옷의 띠를 풀지 않으며' '주야로 자기가 대신하게 해 달라고 기도'한다. 그러다 남편이 죽자 '기절하여 쓰러지며' '겨울옷을 봄까지 바꿔 입지 않고 죽은 듯 누워만 있으며 사람들을 만나지 않았다'. 얼마 뒤 아이가 죽었는데도 크게 슬퍼하지 않으며 '아이 때문에 죽음을 미루었는데 이제는 마음을 정했다'고 말한다. 동서가 자신의 죽음을 말렸을 때는 '태연하게 기색을 꾸며' 그를 속인 뒤 자결을 강행한다.

이 작품에서 병을 간호하는 과정, 남편의 죽음 뒤에 슬픔을 표출하는 방식, 자결의 시도, 자결의 방해 요소였던 자식이 죽었을 때의 반응, 다시 자결을 시도하는 모든 과정은 전형회된 표현으로 드러나고 있다. 이렇게 철저히 이념화된 인물로 그려지고 있는 열녀전의 여성 인물에게서 어떠한 내면적 동요나 갈등을 찾아볼 수 없는 것은 당연하다. 18세기 말에서 19세기로 넘어가는 시기의 열녀전은 이렇듯 남성 작가가 하고 싶은 말을 여성 인물의 입을 통해 말하는 것 같은 철저한 '복화술'의 장르가 되어 가고 있었다.

칼로 목을 세 번 찔러 죽다

놀라 일어나
불을 켜고
보니 열부가
칼을 쥐고
땅에 쓰러져
있었다.
온몸은 피로
흥건했고
턱 밑에는
구멍이 세 군데
있는데…

한경소의 〈박열부전朴烈婦傳〉

잔혹한 신체 훼손에도 고통을 느끼지 않는 열녀의 등장

이 시기 열녀전에서는 남편을 위해 여성이 손가락을 자르는 단지斷指나 허벅지 살을 잘라 내는 할고割股와 같은 신체 훼손의 행위를 예사롭게 하며, 피가 철철 흐르는데도 그 여성이 '작은 고통도 호소하지 않았다'는 표현이 자주 등장한다. 여성의 몸은 흔히 고통을 느끼지 않는 것처럼 묘사되곤 했던 것이다. 핵심은 잔혹성이었다. 《창연집蒼淵集》에 수록된 한경소(1747~1812)의 〈박열부전〉은 그중에서도 특히 신체 훼손의 묘사와 잔혹성의 정도, 그리고 여성의 고통에 대한 부정이 강하게 드러나는 작품이다.

남편 임경립의 관이 문밖으로 나가자마자 열부는 단도로 스스로를 찔러 죽으려 했지만 큰동서 이씨에게 제지당했다. 이때부터 식구들이 칼이나 끈, 밧줄을 모두 치우고 매우 엄하게 지켰다. … 이날 밤 자정 무렵 어머니가 막 깊은 잠이 들려는데 문득 창밖에서 숨을 헐떡이는 소리가 들렸다. 놀라 일어나 불을 켜고 보니 열부가 칼을 쥐고 땅에 쓰러져 있었다. 온몸은 피로 흥건했고 턱 밑에는 구멍이 세 군데 있는데 헐떡이는 소리는 바로 그 세 구멍에서 나고 있었다. 어머니가 크게 놀라 급히 "얘야, 얘야, 네가 정말 죽는 것이냐!"라고 부르짖었다. … 열부가 갑자기 일어나 어머니를 붙들고 말했다. "어머니, 놀라지 마세요. 이 딸은 이미 죽기에도 늦었습니다. 남편이 돌아가신 날 곧 따라 죽었어야 했습니다. 풀과 섶으로만 덮어 둔 관이 그대로 땅에 있는데 제가 어머니 얼굴을 한 번 더 뵙지 못해 잠시 미루었을 뿐입니다. 이제 결심했으니 살아 무엇하겠습니까. 또 슬하에 청상과부 자식은 어머니께서 차마 보기 어려운 것이니 빨리 죽는 것이 낫습니다." … 벽을 보고 누워 신음 소리조차 내지 않으니 어머니가 조금이라도 목숨을 이어 보려고 억지로 약초 달인 것을 마시게 하였다. 겨우 한 번 마시자 목구멍이 부풀어 올라 세 구멍에서 나란히 솟아나오며 연적과 벼루가 엎어진 듯 계속해 흘러내렸다. 마침내 다시는 아무것도 먹지 않고 정오가 되기 전에 죽었다. 그날은 8월 23일로 나이 스물 하나였다. … 이에 마을의 부녀자들이 모두 놀라 달려와 눈물을 흘리면서, "이는 진정한 열부다. 박씨는 딸다운 딸이 있고, 임씨는 며느리다운 며느리가 있구나." 하였다.[93]

박씨는 '선비 박순희의 딸'로 부친을 일찍 잃었다고 한다. 시집인

임씨 집안 역시 '7대조가 유명한 효자'였다고 했으니, 친정과 시가 모두 오랫동안 관직에 오른 자가 없는 가난한 양반이었음을 알 수 있다. 어느 날 박씨의 남편이 죽자 박씨는 따라 죽으려고 단도를 꺼내 들었지만 이를 본 시집 식구들은 일제히 '칼과 끈'을 치운다. 남편이 죽자마자 칼을 꺼내 드는 박씨의 행동이나 흉기들을 모두 감추는 시집 식구들의 행동은 남편이 죽었을 때 그 부인의 '자결'이라는 행위가 모든 사람들에게 '자동 연상'되는 '맥락'으로 형성되어 있음을 알 수 있게 해 준다.

박씨는 친정을 찾아와 다시 자결을 시도한다. 식구들을 안심시켜 잠들게 한 뒤 한밤중에 혼자 목을 찌른 것이다. 인용한 대목은 바로 그 직후의 장면이다. 목을 찌른 상처 세 곳에서 피가 솟구치는 소리의 묘사, 온몸이 피투성이가 된 박씨의 모습, 모친이 억지로 흘려 넣은 약이 다시 줄줄 새어 나오는 장면은 말 그대로 처참하다. 그러나 박씨의 고통은 서사에 전혀 드러나지 않는다. 그녀는 피투성이가 되어 쓰러졌다가도 '갑자기 벌떡 일어나' 어머니를 위로하고, '벽을 보고 누워 죽을 때까지 신음 소리조차 내지 않는다'.

이 열녀전은 '동네 부녀자들'이 나서서 박씨의 죽음을 더없이 훌륭한 일로 칭송했다고 마무리된다. 한 여성의 끔찍한 자해와 죽음을 풍속 교화의 모범이자 덕행으로 포장하는 것, 이것이 바로 조선 후기 열녀전의 이데올로기적 면모였다.

열흘 굶어 죽다

열부의
아버지가
사위의
죽음을 알고는
집안사람들에게
말했다. 내 딸을
불쌍히 여기지
마라. 부음이
뒤이어 올
것이다

이야순의 〈신열부이씨전 申烈婦李氏傳〉

더 단호하고, 더 특별하며, 더 의로운 죽음 찾기

예부터 남편의 죽음을 슬퍼하여 자기도 따라 죽었던 사람이 또한 얼마나 많았겠는가. 칼로 찔러 죽은 사람, 독약을 마신 사람 혹은 물에 빠져 죽은 사람도 있었으니 이 모두 과거에 있었던 의열이다. 그러나 열부는 일찍이 한 모금의 물도 대지 않기를 열흘 동안 하면서 일 처리는 더욱 종용했고 세운 뜻은 더욱 엄숙했다. 갑자기 죽음을 택하는 것과 비교하면 또한 어찌 어렵지 않겠는가. … 열부는 일찍이 옛 열녀들의 행적을 읽고 말하기를, "이는 본분의 일일 뿐이다. 어찌 꼭 절의라 칭하겠는가."라고 하였다. 열부의 평소 생각이 그러했으니, 아마도 일을 당해서 죽음을 준비한 것은 아니었을 것이다. 열부의 아버지가 사위의 죽음을 알고는 집안사람들에게 말하기를, "내 딸을 불쌍히 여기지 마라. 부음이 뒤이어 올 것이다."라고 하였으니 그 또한 딸이 죽을 것을 예상했기 때문이다. … 처음에 시아버지가 타이르고 달래서 마음을 돌이키게 하고자 하였으나 듣지 않았다. 또 딸이 태어난 지 겨우 몇 달밖에 되지 않았으나 한마디도 하지 않았다. 다만 죽어야 한다는 한 가지 생각만으로 우주를 버티고 그 밖의 것은 보지 않았으니 이는 진실로 천고에 드문 일이다. 보잘것없는 한 여자로 삼강과 오경의 무거움을 더하였으니 이는 가히 임금님의 교화라고 볼 수 있다.[94]

19세기 초에 지어진 이야순(1755~1831)의 〈신열부이씨전〉(《광뢰선생문집廣瀨先生文集》에 수록)은 남편이 죽고 난 후 부인 이씨가 열흘 동안 굶어서 따라 죽은 사적을 담고 있다. 이 작품에서 눈에 띄는 것은 작가가 이 여성의 죽음을 특별한 것으로 부각하기 위해 다른 자결 방식들을 노골적으로 비교하고 있다는 점이다.

작가는 칼로 찌르거나 독약을 마시거나 물에 빠지거나 하는 경우는 많았지만 이씨처럼 '종용하고 엄숙'한 죽음은 없었다고 한다. '종용', 즉 순종적이고 헌신적이라고 한 이유는 이씨가 자기의 염습 도구와 시부모를 위한 곡식까지 다 준비해 놓았기 때문이다. '엄숙'하다는 말을 쓴 것은 굶어 죽을 작정으로 누운 후에는 한 모금의 물도 넘기지 않았기 때문이다. 작가는 이어 이씨의 절의가 타고난 것이며 대단한 수준임을 누차 강조한다. 평소 열녀전을 볼 때 '이는 굳이 절의라고 할 것도 없다'고 했다거나, 친정 부친조차 '내 딸도 곧 죽을 것'이라고 예고했다는 일화는 이씨의 특별함을 잘 드러낸다. 시부의 만류에도, 태어난 지 얼마 안 된 딸의 존재에도 흔들리지 않는 단호한 의사 결정, 이러한 일화들을 통해 말하고자 하는 것은 이씨가 '다른 누구보다' 훌륭하다는 비교 의식이었다.

이러한 서술은 조선 후기 열녀전 서사가 여성들의 죽음의 강도, 죽음의 순수성, 죽음의 탁월함을 '비교'하고 '평가'하고 '경쟁'하는 구도로 가고 있음을 보여 준다. 뭔가 더 단호하고 더 특별하며 절의를 더 입증할 수 있는 무엇인가가 있어야만 '열녀'로 인정할 수 있겠다는 남성 중심적 시선이 후대로 갈수록 더욱 강박적인 것으로 변모하고 있음을 알려 주는 것이다.

50년 전의 열녀 발굴

지금
집안에는
백모를 뵌
사람이
없으나
동네에
한 노파가
그때의 일을
이야기한다고
했다

유인석의 〈열부양씨전 烈婦楊氏傳〉

가문의 회생을 위한 여성의 희생

〈열부양씨전〉은 한말 의병장이었던 유인석(1842~1915)이 쓴《의암집毅菴集》에 실려 있는 열녀전으로, 19세기 말에서 20세기 초에 지어진 것으로 짐작된다.[95]

> 양씨는 처음 새 며느리로 들어와 어떻게 할지를 뚜렷이 몰랐으나 몰래 틈을 타 손가락을 찢어 입에 피를 흘려 넣었다. 조금 후 남편이 살아났고 점점 차도를 보이더니 완전히 낫게 되었다. 그런데 나중에 또 갑작스런 병이 나 사경에 이르자 양씨가 다시 손가락을 잘라 흐르는 피를 입에 넣었다. 남편이 잠깐 살아났으나 며칠 후 죽고 말았다. … 양씨는 내 벗인 김순범의 백모이시다. 이 일은 50년 전의 계축년, 갑인년 때의 일인데 그

때 지아비는 13세였고 양씨의 나이는 알지 못한다. 순범이 말하기를 지금 집안에는 백모를 뵌 사람이 없으나 동네에 한 노파가 그때의 일을 이야기한다고 했다.[96]

양씨는 남편이 병에 걸리자 자신이 무엇을 할 수 있을지 고민하다 '손가락을 찢어裂指 피를 흘려 넣는다'. 그렇게 남편의 목숨을 한 번 구해 냈지만 위급한 상황은 또 닥쳐오고, 양씨는 이번에는 '손가락을 자른다斷指'. 이 작품에서 '단지'는 일종의 조건반사처럼 서술된다. 남편이 죽을 것 같으면 손가락을 찢고, 또 죽을 것 같으면 손가락을 자른다. 조선 후기 끝자락에 이른 열녀전에서는 손가락을 자르는 정도의 희생은 반복적이고 기계적인 행동처럼 그려지고 있는 것이다.

이렇게 단순하고 평면적인 서술이 나오게 된 진짜 원인은 이 행적이 50년 전에 있었던 '옛날 일'이기 때문이다. 열부 양씨는 작가의 친구의 돌아가신 큰어머니로, 그 집안에서도 양씨를 직접 본 사람은 아무도 없다. 양씨의 열행은 오직 동네의 이웃 노파 한 명이 겨우 기억하는 과거 일이었다. 즉 〈열부양씨전〉은 19세기 말 이후 열녀란 '아무리 먼 과거에서라도 찾아내고 발굴해야 하는 존재'가 되었다는 사실을 드러내는 작품이라 하겠다.

돈이 없으면 죽어도 정려를 받지 못한다

향리에서
모두
탄식하며
상을 줄 것을
청하였으나
들어주지
않았다.
예조에서
정려를
내릴 때
반드시 돈을
요구한다는데…

곽종석의 〈송열부전宋烈婦傳〉

열녀 표창 제도를 둘러싼 뇌물 관행

마지막으로, 곽종석(1846~1919)의 《면우집俛宇集》에 수록된 〈송열부전〉을 읽어 보자.

> 유인은 열 살 때 부모가 모두 돌아가셔서 외가에서 자랐다. 송의용에게 시집을 갔는데 은진 사람으로 역시 일찍 부친을 잃고 심히 가난해서 아우 기용과 하루걸러 끼니를 이을 정도였다. … 유인은 이미 자리에 똑바로 누워 세상을 뜬 상태였다. 곁에는 그릇이 놓여 있었고 그릇 바닥에는 간수의 흔적이 있었으니 이날의 결심을 위해 미리 준비해 둔 것이었다. … 향리에서 모두 탄식하며 여러 번 관찰사에게 상을 줄 것을 청하였으나 들어주지 않았다. 7년 후 임인년 단구의 최씨 부인 이씨, 곤남의 이씨

부인 조씨의 일이 있었고 이 년 후인 갑진년에는 강릉의 심씨 부인 김씨의 일이 있었는데 이들은 모두 정려를 받았으나 유인만 받지 못하였다. 이는 요즘 예조에서 정려를 내릴 때 반드시 예목비로 돈 8만 전을 요구한다는데 송씨 집안은 가난해서 이에 응하지 못할 뿐 아니라 그렇게 하고자 하지도 않았기 때문이다.[97]

작품의 주인공인 열부 송씨는 남편이 죽자 '염습 도구를 마름질하고 바느질'해서 필요한 장례 물품을 다 마련해 놓은 후 간수를 마시고 '똑바로 누워' 발견되었다. 모든 의무를 마치고 '정침' 자세로 발견되었다는 열녀전의 묘사는 이 죽음이 열녀로서의 '순종과 헌신과 올바름'의 덕을 다한 것임을 보여 주는 조선 후기 열녀전의 전통적인 문법을 따르고 있다.

이 이야기에서 눈여겨볼 점은 당시 '열녀 표창 제도를 둘러싼 뇌물 관행'이다. 작품 제목에 붙어있는 '을사乙巳'라는 간기로 보아 이 열녀전은 1905년에 지어진 것으로 짐작되는데, 이 시기 정려문의 배경에는 '돈의 힘'이 강력하게 작용하고 있었다.

작가는 향리의 모든 사람들이 송씨에 대한 포상을 청했지만 관찰사가 들어주지 않았다고 탄식한다. 더욱이 '단구의 이씨, 곤남의 조씨, 강릉의 김씨'가 모두 비슷한 시기에 순절해 정려를 받았는데 송씨만 제외되었다며 그 이유를 분노한 어조로 말한다. '그것은 예조에서 정려문을 줄 때 내라는 돈 8만 전을 내지 못해서'다. 몰락한 양반 가문에서 정려를 받는다는 것은 가문의 권위와 명예를 한 번에 회복

할 수 있는 큰 기회였음에도 불구하고 송씨의 사적은 묻히고 말았다. 가문에서 정려문을 추진하기 위해 예조에 바쳐야 할 '돈'이 없었기 때문이다. 곽종석의 〈송열부전〉은 조선 후기 열녀를 둘러싼 이러한 정려 관행의 타락상을 생생하게 보여 주는 작품이라 할 수 있다.

4장

죽음의 무도를 멈추시오

소수 지식인의 열 비판론

I

조선 후기, '열녀'를 둘러싼 담론 지형은 점점 더 단호하고 뚜렷하게 '열행을 증명'해야 하는 구도로 치달아 가고 있었다. 열녀전의 내용은 여성 인물의 더 지극한 간병, 더 고된 노동, 더 잔혹한 신체 훼상을 보여 주는 방향으로 나아갔다. 죽을 때도 그 죽음이 얼마나 결연하고 망설임 없는 죽음인지, 어떤 면에서 더 순종적이며 의리에 맞는 죽음인지, 왜 더 희생적인 죽음인지를 따지고 의론하고 평가하고 있었다.

이러한 열녀전 창작이 일반적인 분위기였던 당대에 '남편을 따라 죽는 관행'에 '문제가 있다'고 발언하는 것은 대단히 위험한 일이었다. '열'은 '충효'와 마찬가지로 유교 질서의 근간을 이루는 '삼강'의 윤리였기 때문이다. 따라서 '열'에 대한 문제 제기는 자칫하면 삼강을 비롯한 유교적인 이념의 본질에 의문을 품는 행위이자 체제에 반하는 행위로 받아들여질 수도 있었다.

그런데 18세기 이후 조선 사회에는 죽음으로 치닫는 열녀 담론에 대해 비판적 목소리를 내는 지식인들의 존재가 간간이 나타나기 시작했다. '죽음' '단지' '할고'로 획일화되었던 열녀 관행에 제동을 걸고자 했던 이들은 바로 연암 박지원, 문무자 이옥, 다산 정약용, 창강 김택영, 운양 김윤식과 같은 인물들이었다. 이들은 모두 당대 최고의 지식인이자 문인으로 명망을 떨친 유학자들이었지만 동시에 주류 학계에서 한발 비껴 난 주변인적 정체성을 갖고 있기도 했다. 각 인물들의 면면을 간단히 살펴보기로 하자.

우선 박지원과 이옥은 '옛 순정한 문체인 고문古文으로 돌아가자'는 정조의 문체반정文體反正에 연루되었던 인물이다. 박지원의《열하일기》는 정조가 꺼려 했던 명청 문인들의 문체인 소품체小品體와 소설식 글을 가리키는 패관잡기체稗官雜記體를 조선에 유행시킨 근원이라고 왕이 직접 지목한 책이었다. 정조는 박지원에게 벌을 주지는 않았지만 앞으로 '순정한 고문'을 지으라고 명했고 그 후 연암이 자신의《열하일기》를 태우려 했다는 것은 잘 알려진 일화다. 그는 평생 과거를 보지 않았고 50세에야 음직으로 현감, 군수 등 지방관 벼슬만 했다. 문장가로서 그가 누린 대단한 명성에 비해 환로는 초라했던 셈이다.

한편 이옥은 왕에게 지목될 정도의 대문장가였던 박지원과 달리 일개 성균관의 젊은 유생일 뿐이었다. 그가 성균관에 재학하던 당시 썼던 소품체의 응제문應製文에 대해 정조는 문체가 '초쇄噍殺하다'는 지적을 한 후 그에게 '충군充軍', 즉 지방으로 내려가 군대에서 병역을 해야 하는 벌을 내린다. 문체반정의 유일한, 그리고 가장 구체적인 희생자로 거론되는 이옥은 결국 다시는 세상에 나아가지 않고 김려, 강이천 등과 교류하면서 울울하게 일생을 보냈다.

다산 정약용은 소위 실학을 집대성한 조선 후기 최고의 학자로 꼽히는 인물이다. 그의 학문적 업적은 타의 추종을 불허하는 500여 권의 방대한 저술로 입증된다. 박지원이나 이옥과 달리 그는 정조에게 그 재능과 지식을 각별히 인정받았고 이상적인 왕도 정치의 꿈을 펼칠 수 있는 위치에 오르기도 했다. 그러나 1800년 정조의 죽음 이후 그는 남인이라는 정치적 입장의 한계, 천주교와 서학의 수용으로 인한 박해의 경험, 18년간의 강진 유배 생활 등 고난으로 점철된 삶을 살아야 했다.

창강 김택영과 운양 김윤식은 19세기 말에서 20세기 초에 이르는 조선 후기의 가장 마지막 시대를 살았던 유학자다. 왕정의 종말, 그리고 근대화와 일제 강점의 경험이 중첩되는 시기를 살았던 만큼 이들의 행보 역시 순탄하지 못했다. 김택영은 이건창, 황현, 강위와 함께 한말을 대표하는 사대가四大家로 꼽히는 개성 출신 문인이다. 그는 역대 고문 대가들의 작품을 선별한《여한구가문초麗韓九家文抄》를 편집해 한문학사에서 고문의 전통을 체계화하는 업적을 남겼다. 그러나 그의 생애에서 주목할 부분은 그가 지방의 소외된 지식인으로서 자기 고향 인물들을 소개한《숭양기구전崧陽耆舊傳》이라는 책을 지을 만큼 강한 변방인의 자의식을 가졌다는 점, 1905년 을사조약 당시 중국으로 이주해 평생 망명자로서 불안정한 삶을 살았다는 점이다. 김윤식 또한 1890년대 민씨 일파와의 갈등으로 인한 유배 기간에는 반일 감정이 있었고 1919년 3·1운동 당시 독립청원서를 제출하는 등 근대적인 민족주의자의 면모를 일부 보였던 인물이었다. 하지만 그는 1910년의 한일합방 정국에서는 중추원 의장을, 1920년대에는 총독부 관할 경학원 대제학을 지내며 결국 친일로 기울고 말았다. 당대 최고의 유학자이자 고위직 관료로 명예를 누렸지만, 역사의 주체를 '민족과 국민'으로 명확히 인식하지 못했고 개화와 전통, 친일과 반일 사이에서 뚜렷한 입장을 택하지 못한 결과였다.

이렇게 이들은 대개 학자나 문인으로서 큰 업적을 남긴 인물들이면서도 당대 사회의 중심 담론에서 벗어난 비주류의 면모를 가지고 있거나 삶의 부침을 극심하게 겪었다는 공통점을 갖고 있다. 이러한 면이 바로 이들로 하여금 비인간적인 죽음의 권유로 극단화되고 있던 조선 후기 열 담론에 대한 반성적인 의식을 갖도록 추동한 힘일지도 모른다.

그럼 지금부터 이들이 각자의 방식으로 '남편을 따라 죽는 열녀 풍습'이 지나치다고 지적하고 있는 열녀 비판론을 함께 읽어 보기로 하자. 극소수의 목소리였지만 이들의 발언이 매우 희귀하고 의미 있는 것이라는 점을 기억하면서 말이다.

열 비판론의 내용을 담은 글과 작가를 소개하면 다음과 같다.

박지원(1737~1805) 〈열녀함양박씨전 병서烈女咸陽朴氏傳 幷序〉

이옥(1760~1815) 〈생열녀전生烈女傳〉

정약용(1762~1836) 〈열부론烈婦論〉

김택영(1850~1927) 〈절부설節婦說〉

김윤식(1835~1922) 〈개가는 왕정에서 금한 것이 아니다改嫁非王政之所禁〉

조선 후기 200년에 걸친 문인들의 문집을 더 뒤지다 보면 열녀 관행을 비판하는 목소리를 몇 개 더 발견할 수 있을지도 모르지만, 현재까지의 연구사에서 열녀 비판론을 제시한 작가와 작품은 위 목록이 거의 전부다. 남편 따라 죽는 열행을 칭송하는 열녀전 200여 편 대 열녀 비판론 다섯 편. 이러한 자료 편수는 조선 후기 열녀와 열행 관습을 둘러싼 그 시대 사람들의 공통 감각이 어디에 더 가까웠는지를 그대로 대변하고 있다고 해도 과언이 아닐 것이다.

위 작품들을 시대적으로 일별해 보면 박지원, 이옥, 정약용의 작품은 18세기 말과 19세기 초, 김택영과 김윤식의 글은 19세기 말과 20세기 초에 걸쳐져 있음을 알 수 있다. 글쓰기의 형식적 관점에서 본다면 박지원과 이옥은 '열녀전'의 형식을 그대로 차용하며 그 속에서 비판적인 목소리를 냈는데 반해, 정약용과 김택영은 각각 '론'과 '설'이라는 정통 한문학에서의 '의론議論' 장르를 택했고, 김윤식은 자유로운 한문 산문의 형식으로 열행과 개가에 대한 자신의 생각을 전달했다.

당대의 많은 이들이 찬양 일색이었던 열행에 대해 조심스럽게나마 '이의'를 제기한 이 삐딱한 유학자들의 열행 비판론 중에서도 첫 포문을 연 것은 대문호 연암 박지원의 글이다.

과부 아들이 과부를 논한단 말이냐?

생각은
고독한 데서
생기고
슬픔은
생각에서
비롯되는
것이다.
과부란
고독한
곳에서
슬픔이
지극한
사람이지

박지원의 〈열녀함양박씨전 병서烈女咸陽朴氏傳 幷序〉

소설로 되살려 낸 수절 열녀의 존재

〈열녀함양박씨전 병서〉란 '열녀함양박씨전과 그에 붙어 있는 서문'이라는 뜻이다. 박지원의 《연암집》에 실려 있는 이 작품은 고전문학사에서 손꼽히는 명작이자 문제작으로 거론되곤 하는데, 이유는 세 가지다. 첫 번째는 형식적 파격성, 두 번째는 내용적 파격성, 세 번째는 그 모든 파격을 다시 원위치로 돌린 '모른 척' 때문이다.

형식과 내용에 있어서의 파격성은 '서문'에서 이미 드러난다. 서문이 본문보다 훨씬 긴데 내용은 열행의 죽음 풍습을 과감하게 비판하는 것이며, 소설처럼 대화 중심으로 각색까지 되어 있다. 서문의 앞부분을 먼저 읽어 보기로 하자.

옛날의 소위 열녀는 지금의 과부들이니, 농가의 젊은 부인이나 여염의 젊은 과부들까지 부모가 수절의 뜻을 핍박하는 것도 아니고 자손이 벼슬에 못 오르는 수치를 당하는 것도 아닌데, 수절만으로는 절의에 부족하다고 여긴다. 그래서 종종 스스로 대낮에 촛불처럼 사그라들며 남편 따라 죽기만을 밤마다 기도하여, 물과 불에 뛰어들거나 독약과 노끈으로 죽는 것을 즐거운 곳에 가듯 한다. 열은 열이지만 어찌 지나치지 않은가.[98]

'옛날의 열녀가 지금의 과부들'이라는 연암의 첫마디는 '수절만 해도 이미 열녀'라는 그의 생각을 단적으로 보여 준다. 그런데 당시 풍습은 '수절만으로는 뭔가 부족'하다고 보기 때문에 젊은 과부들이 '물과 불, 독약과 노끈'으로 너무 쉽게 따라 죽고 있다는 것이다. 연암은 이러한 세태를 '지나치다'고 하고는 옛이야기를 하듯 어떤 부인의 이야기로 서문을 이어 간다.

옛날에 높은 벼슬에 있는 형제가 어떤 이가 요직에 오르는 것을 막으면서 그 일을 어머니께 의논하였다. 모친이 물었다. "무슨 문제가 있어 막느냐?" 형제가 답했다. "그 사람의 조상 대에 과부가 있었는데 조정에서 의론이 제법 시끄럽습니다." 그러자 어머니가 놀라 말했다. "… 너희도 과부의 아들인데 과부 아들이 과부를 논한다는 것이냐?" 하였다. 그리고 품에서 동전 하나를 꺼내 말하기를, "이 동전에 테두리가 있느냐?" "없습니다." "이 동전에 글자가 있느냐?" "없습니다." 어머니가 눈물을 흘리며 말했다. "이것은 네 어미가 죽음을 참게 해 준 부적이다. 10년간 내 손에서 닳아진 것이지. 사람의 혈기는 음양에 뿌리를 두며 정욕은 혈기에 모이니, 생각은 고독한 데서 생기고 슬픔은 생각에서 비롯되는 것이다. 과부란 고독한 곳에서 슬픔이 지극한 사람이지. … 깊은 밤, 잠 못 드는 괴로움을 누구에게 말하겠느냐. 그럴 때 이 동전을 굴려서 방 안 여기저기를 더듬어 찾았다. 둥근 것이라 잘 굴러가다가 모서리에 부딪히면 멈추니, 그것을 찾아내 또 굴리기를 밤마다 대여섯 번 하면 하늘이 밝아 오더구나. 10년 세월이 지날수록 그 횟수도 줄어서 혹 다섯 밤에 한 번, 혹 열 밤에 한 번 굴렸지. 혈기가 쇠하고는 동전을 다시 굴리지 않았지만 10겹으로 싸 20년간 간직하며 그 공을 잊지 않은 이유는 나 자신을 경계하기 위해서란다." 모자가 서로 붙잡고 눈물을 흘렸다. 군자가 듣고 말했다. "이는 가히 열녀라 할 만하다."[99]

이야기의 핵심은 이러하다. 한 사대부가의 늙은 부인이 관직에 있는 아들들을 통해 어떤 인물의 관로가 막힌 사실을 알게 된다. 그런데 그 이유는 선대에 과부가 있었기 때문이었다. 이를 들은 부인은 아들 형제를 크게 꾸짖었다. "과부 아들이 과부 아들의 앞길을 막는다는 말이냐?" 그러고 나서 부인은 자신이 수절 과부로 살아온 시간의 고통스러움을 직접 들려주기 시작한다. 죽을 수도 없고 살 수도 없는 긴 수절의 시간을 견디게 해 준 것은 '인사부忍死符', 즉 '죽음을 참게 해 준 부적'인 동전이었다고 말이다. 동전을 굴려서 방 안 어딘가에 멈추면 그것을 찾아내면서 시간을 보내고, 다시 동전을 굴려서 어딘가에 숨은 것을 또 찾아내면서 새벽이 올 때까지 기다렸다는 것이었다.

이러한 양반가 부인의 고백은 '전복적'인 것이었다. 동전의 모서리와 글씨가 닳도록 그것을 굴리고 찾아내며 긴 밤의 고독과 죽음을 견디는 여성의 모습은 당대의 열녀전이 전하는 희생적이고 순종적이며 고통조차 발설하지 않는 열녀와는 다른, '인간'의 모습이었기 때문이다. 이러한 사대부가 모자의 체제 전복적 이야기 끝에 연암이 '이는 가히 열녀의 모습이다'라는 평을 붙인 대목은 열녀전 비판의 반체제적 시각에 정점을 찍는다. 이토록 인간적인 욕망을 고백한 여성을 서슴없이 '열녀'의 반열에 올리고 있기 때문이다.

그런데 놀라운 것은, 이렇게 과감하게 열녀의 인간적 욕망을 긍정하고 죽음의 열행 관습을 비판한 '서문' 뒤에 이어지는 '본문'에 있는 반전이다. 이 작품의 제목이기도 한 주인공 '함양 박씨'의 이야기는 이렇다.

> 내가 안의에 부임한 이듬해인 계축년 어느 날이었다. … 밖에 무슨 일이냐고 묻자 답하기를, "통인 박상효의 형의 딸이 함양으로 시집갔다가 어린 나이에 과부가 되었는데 삼년상을 마치고 약을 마셔 죽게 되었다고 합니다."라고 했다. … 늙은 아전이 강개하게 말했다. "박씨가 혼례를 치르기 몇 달 전에 누가 와서 술중의 병이 골수에 들어서 살아날 가망이 전혀 없으니 혼례를 늦추라고 말했답니다. 그 조부모가 조용히 박씨에게 권했지만 묵묵히 대답하지 않더랍니다. … 집안이 모두 그 뜻을 알고는

사위를 맞이했는데 말이 혼례지 사실 빈 옷을 지킨 것이나 다름없었다고 하더군요." … 아아, 상을 당했을 때 죽지 않은 것은 장례를 지내기 위해서였고, 장례를 치르고도 죽지 않은 것은 소상이 남아서였으며, 소상 뒤에 죽지 않은 것은 대상이 있어서였다. 대상을 치르고 상을 다 마친 뒤 죽었으니 남편과 같은 날 같은 시에 죽은 것으로, 마침내 그 처음의 뜻대로 이룬 것이니 어찌 열녀가 아니겠는가.[100]

연암은 표제에 내건 열녀 '함양 박씨'의 이야기를 본문으로 전하면서 박씨의 열행 소식을 듣던 날의 기억을 생생하게 묘사한다. 박씨는 연암이 안의현감으로 부임했던 당시 아전이었던 박상효라는 인물의 질녀였다. 늙은 아전의 입을 통해 전해지는 젊은 열녀 함양 박씨의 행적은 전형적인 조선 후기 열녀의 모습 그대로였다. 박씨는 정혼한 예비 남편이 곧 죽을 병자였지만 혼약을 바꾸지 않았고, 예상대로 그가 죽자 장례 노동과 삼년상을 정성껏 치르고 약을 마셔 자결했다.

기가 막힌 것은 마지막에 이어지는 연암의 평이다. 박씨가 '상을 당했을 때, 장례를 치렀을 때, 소상 때와 대상 때 각각 죽음을 미룬 것은 그다음 일을 하고 죽기 위한 것'이었다면서 '이 사람은 진짜 열녀'라고 감탄하고 있기 때문이다. 과연 어떤 것이 진짜 연암의 의견이란 말인가? 서문에서는 삶의 욕망도 죽음에의 유혹도 견뎌 가며 '살아내는 것이 열녀'라며 삶을 옹호하더니, 본문에서는 '죽는 것이 열녀'라며 죽음을 칭송하다니 말이다.

〈열녀함양박씨전 병서〉는 연암 특유의 교묘한 글쓰기 전략을 보여 주는 '열녀 비판 열녀전'이다. 진짜 하고 싶은 열녀 비판은 중요하지 않다는 듯 본문에 '나란히 붙인 서문(幷序)'에 집어넣고, 제목과 본문에서는 열녀에 대한 조선 후기의 일반적인 의견을 따른다는 식의 태도를 취하고 있는 것이다. 이러한 모순된 태도, 모순된 평가를 아무렇지도 않게 나란히 붙여 놓은 이 작품의 '이상한 형식'은 그 자체로 '한 여성의 죽음을 아무렇지도 않게 받아들이게 된 당대의 무감각함'에 대해 일침을 놓기 위한 하나의 전략이었을지도 모른다.

제 다리 살을 베는 것이 죽기보다 어렵다

아, 시퍼런
칼날을
찾아 자기
살을 베어
내는 일을
사람으로서
능히
해냈으니
이는 한 번
죽기보다
훨씬 어려운
일이다

이옥의 〈생열녀전生烈女傳〉

조선 후기 열행 관습에 대한 통렬한 반어법

이옥은 제목에서부터 조선 후기의 열행 판단 기준인 '죽음'에 대해 문제 제기를 하고 있다.[101] 열녀, 하면 다 '남편을 따라 순절한 여성'을 떠올리겠지만 자기는 '생열녀', 즉 '살아 있는 열녀'로 글을 쓴다는 것이다.

> 살아 있는 열녀 신씨는 … 사람 고기로 낫게 할 수 있다는 말을 듣고 몰래 칼로 자기 다리를 베어 구워 올렸는데 종기가 곧 낫고 상처도 크게 심하지 않았다. 이 일이 알려져 정려문을 받았다. … 홍안에 소복을 입은 자들은 옛날로 치면 다 열녀지만, 이제는 남편을 따라 죽어야만 정려를 내려준다. 그러므로 조선의 열녀는 모두 죽은 자들이며 살아서 문설주를 환

> 하게 한 자는 아직 없었는데 신씨에 이르러 처음 그런 일을 듣게 되었다. 아, 시퍼런 칼날을 찾아 자기 살을 베어 내는 일을 사람으로서 능히 해냈으니 이는 한 번 죽기보다 훨씬 어려운 일이다. … 들으니 열녀의 시집이 몹시 가난하고 시아버지가 술을 일삼아 한번씩 단지와 솥을 깨니 이웃이 모두 눈살을 찌푸렸다. 그러나 열녀는 부드러운 안색과 목소리로 가난이나 술을 조금도 원망하지 않고 오히려 "남의 며느리가 되어 어찌 가난하다고 노인을 소홀히 모시겠는가."라고 했다. 하루에 한 번 고기를 올리고 일 년에 한 번 새 옷을 지어 시아버지가 돌아가실 때까지 했으니 이 모두가 그 손끝에서 나온 것이었다. 내 생각에 열녀가 사는 것은 죽는 것보다 어렵다. 시부에게 효도하는 것이 제 다리 살을 베어 내는 것보다 어렵기 때문이다.[102]

생열녀 신씨는 죽지는 않았지만 남편을 낫게 하려고 자기의 다리 살을 칼로 잘라 내는 할고를 감내해서 정려를 받은 인물이었다. 이옥은 신씨의 이야기를 통해 당대의 열녀 관행을 정면으로 짚고 넘어간다. '소복을 입은 홍안의 젊은 여자들은 옛날로 치면 다 열녀인데, 이제는 따라 죽어야만 정려를 내려 주니 조선의 열녀들은 다 죽은 자들'이라는 것이다. 앞에서 연암이 '지금의 과부들이 옛날의 열녀들'이라고 한 말과 거의 일치하는 진단이면서 수위가 한 단계 더 높은 언급이다. 이옥은 계속해서 이렇게 말한다. '살아 있는 인물이 열녀 정려문을 받은 소식은 처음 듣는 일'인데, 사실 신씨가 '시퍼런 칼날을 찾아 자기 살을 잘라 낸 일'은 사람으로서 '죽기보다 하기 어려운 일'이라고 말이다.

이옥의 평가는 곧 신씨의 그다음 행적으로 옮겨 간다. 시아버지가 주정뱅이에 한번씩 살림을 깨고 부수는 난동꾼이었는데 신씨는 원망하는 기색이 한 번도 없이 시부를 공경했으며 '고기와 새 옷'이 끊기지 않게 했다는 것이다. 그는 신씨가 가난한 살림에서도 시부를 그렇게 모실 수 있었던 것은 모두 '그 손끝에서 나온 것', 즉 끊임없는 노동의 결과라고 말하면서 이렇게 결론짓는다. '시부에게 효도하는 것이 살을 베어 내는 것보다 어렵다'.

결국 이옥의 〈생열녀전〉은 신씨가 한 행적의 난이도를 이런 순으로 정리하고 있는 셈이다. '죽음 < 살 베어 내기 < 난동꾼 시부에게 효도하기'. 이옥의 이러한 평이 '죽음'을 가볍게 여겨서가 아니었음은 물론이다. 자결하는 것이나 자기 살을 베어 내는 것보다 시아버지에게 효도하는 것이 더 어렵다는 이옥의 말은, 죽음을 당연시하던 조선 후기 열녀전의 견고한 고정관념을 깨뜨리는 통렬한 반어법이었다. 이러한 그의 비판적 시각은 죽음이나 할고와 같은 극단적인 열행에만 과도하게 부여되었던 의미를 해체하고 '일상에서의 실천'이라는 근본적인 가치를 새롭게 환기하게 하는 특별한 시선이었다.

이는 열이 아니요 도량이 좁은 것이다

이와 같은
죽음이 의에
합당한가.
그렇지 않다.
내가 진실로
말하건대 제
목숨을 끊는
것은 천하의
흉한 일일
뿐이다

정약용의 〈열부론烈婦論〉, 김택영의 〈절부설節婦說〉

'따라 죽음'의 문제를 정면으로 논하다

앞서 살펴본 이옥과 박지원이 실제 열녀의 사적을 입전하면서 '열녀전'의 형식을 빌려 열행 비판을 시도했던 것에 비해, 정약용과 김택영은 본격적인 '론'과 '설'의 형식을 빌려 당대 관습을 비판하는 논조를 취한다.[103] 먼저 정약용의 〈열부론〉을 보자.

> 아버지가 병을 앓다 죽었는데 아들이 따라 죽으면 효인가. 아니다. 그러나 불행히 맹수나 도적에게 쫓겨서 아버지를 지키려다 죽었다면 효자다. 임금이 죽었는데 신하가 따라 죽으면 충인가. 아니다. 그러나 불행히 역모에서 시해를 당해 그를 지키기 위해 죽거나, 불행히 오랑캐에게 잡혀 오랑캐의 조정에서 강제로 절해야 하는데 굴하지 않고 죽는다면 충신이

다. 그러면 남편이 죽었는데 따라 죽은 아내를 열녀라고 부르며 붉은 문설주를 세우고 복호를 내려 주며 그 자손들까지도 요역을 면제해 주는 것은 왜인가. 이는 열이 아니요 도량이 좁은 것인데 다만 관리가 살피지 못해서다.[104]

정약용은 문답의 형식을 통해 효와 충, 그리고 열의 명분을 따진다. 그는 아버지나 임금을 따라 죽는 것은 효와 충이 '아니다'라고 단언한다. 이들을 위한 죽음이 효와 충의 이름으로 불릴 수 있을 때는 오직 '맹수, 도적, 역적, 오랑캐' 등에게 쫓기는 것과 같은 '갑작스런 위기' 상황에서 목숨을 바쳤을 때뿐이다. 충효와 함께 '삼강'의 한 축을 이루는 '열'에 대한 판단도 이와 같다. 정약용은 '남편을 따라 죽는 것은 열이 아니'라고 하면서 그것을 '열'로 인정해 정려문을 내리고 복호와 요역의 혜택을 준 것은 '관리가 상황을 제대로 판단하지 못했기 때문'이라고 공언한다. 이는 당대의 열행 관습에 대한 부정이었을 뿐 아니라 그 시대의 관리와 조정의 정책까지도 전면 부정하는 것과 같은 폭탄 발언이었다.

남편이 맹수나 도적에게 핍박당할 때 아내가 막으려다 죽었다면 이는 열부다. 혹 도적이나 치한이 자신을 핍박하여 강제로 욕보이려 할 때 이에 굴하지 않다가 죽었다면 이는 열부다. 혹 일찍 과부가 되었는데 부모 형제가 자신의 뜻을 꺾고 남에게 넘기려 할 때 항거해도 안 되어 죽음으로 맞섰다면 이는 열부다. 또 남편이 원통함을 품고 죽었을 때 아내가 남편을 위해 울부짖으며 사실을 밝히려다 형벌을 받아 죽었다면 이는 열부다. 그러나 지금은 이런 경우가 아니다. 남편이 편안히 천수를 누리고 아랫목에서 조용히 죽었는데도 아내가 따라 죽으니 이는 스스로 제 목숨을 끊은 것일 뿐이다. 이와 같은 죽음이 의에 합당한가. 그렇지 않다. 내가 진실로 말하건대 제 목숨을 끊는 것은 천하의 흉한 일이다. 의에 합당한 죽음일 수 없음이니, 이는 다만 천하의 흉한 일일 뿐이다.[105]

이어지는 서술에서 정약용은 따라 죽음을 인정할 수 있는 경우들을 나열하고 있다. '남편이 맹수나 도적에게 쫓길 때, 성적 폭력을 당했을 때, 강제로 개가하라고 떠밀릴 때, 남편의 원수를 갚아야 할 때'라면 절의를 지키기 위해 죽음을 택하는 것이니 '열행'이다. 그런데 당시 열녀들은 그런 피치 못할 상황이 아닌데도 스스로 목숨을 끊고 있었다. 그는 바로 이 점을 지적하면서, 단언하듯 혹은 다짐하듯 그런 죽음은 '천하의 흉한 일'일 뿐이라는 표현을 두 번이나 되풀이한다.

정약용의 발언은 열녀전에 대한 일반적인 시선과 엄청난 차이가 있는 것이었다. 당대 열녀전 작가들이 열녀의 죽음을 당연한 일로 치부하고 그 죽음이 '얼마나 더 종용한가'를 따지고 있을 때, 그는 '그런 죽음은 나쁜 것'이며 '나라에서 정려를 내린 것도 잘못'이라고 선을 긋고 있기 때문이다. 충과 효의 사례를 먼저 들고, 명분과 의리에 맞는 죽음의 예를 들었던 것도 결국은 '무조건적인 따라 죽음'이 당연시되어 가던 그 당시 사람들의 자동화된 사고 회로를 멈춰 세우기 위한 단계적 질문이었던 셈이다.

논설 양식의 정공법으로 조선 후기 열녀들의 '죽음' 문제를 비판한 또 한 명의 지식인은 김택영이었다. 다음은 그의 〈절부설〉이다.

> 고금의 책을 살펴보니 '죽지 않고 수절한 과부'와 '남편을 따라 죽은 과부'를 똑같이 '절부'라고 하는데 우리나라는 오로지 남편을 따라 죽은 자만을 절부라 칭하고 정표와 포상을 내린다. 저 억눌리고 메마른 가슴에 밤낮으로 깊은 우울함을 안고서 차디찬 냉방에서 소리 없이 죽어 가는 자들은 아예 숫자에 넣지도 않고 사라지게 하니 이것이 무슨 일인가. 남편을 따라 죽는 것은 일시의 괴로움이요, 죽지 않고 사는 것은 평생의 괴로움이다. 평생의 괴로움과 일시의 괴로움을 비교하면 어떠한가. 또 부녀의 도리란 남편을 따라 죽는 것이라 치고 재론하지 않는다 해도, 어째서 세상의 열녀들은 반드시 젊은 자들에게서 나오고 늙고 쇠약한 자들에게서는 나오지 않는 것인가. 내가 이로써 죽지 않는 것이 지극히 괴롭고 어려운 일임을 알게 되었으며, '죽음만이 어려운 것이고 죽지 않는 것은 쉬운 일'이라는 생각을 하지 않게 되었다. 하물며 저 죽지 않은 사람들은 간혹 반드시 죽고 싶은데도 의리상 죽을 수 없는 이유가 있었던 것이다.[106]

옛 책에는 개가하지 않고 수절한 여성과 남편을 따라 죽은 여성을 모두 '절부'라고 했다. 그런데 지금은 따라 죽어야만 '절부'라고 하며 포상을 내린다. 김택영이 열행 관습에 비판을 제기한 지점은 바로 이것이었다. '수절을 왜 쉽고 당연하게 여기는가?' 이 질문의 배경은

'죽음'을 너무 당연하게 여기게 되어 '수절'은 아무것도 아닌 일로 바라보게 된 조선 후기 고정관념에 대한 도전이다.

김택영은 '억눌린 우울함' 속에서 평생을 조금씩 죽어 가듯 살아야 했던 과부들에 주목했다. '죽는 것은 한순간의 괴로움'이지만 '과부가 사는 일은 평생의 괴로움'이라는 말은 그간 사회적으로 전혀 평가받지 못한 '수절하며 사는 일'의 무게를 부각하기 위해서 한 비교였다. 그는 또한 '따라 죽음'을 실천한 열녀들이 대개 '젊은 부인들'이며 '늙고 쇠약한 이들' 중에는 별로 없다는 사실도 지적한다. 젊은 과부들이 더 많이, 더 쉽게 죽음을 택하는 이유는 살아야 할 날이 길고, 그것은 곧 견뎌야 하는 고통의 세월도 길기 때문이라는 것이다.

이러한 김택영의 시선은 '죽음의 대단함'에만 쏠려 있던 당대 사회의 보편적 시각에 정면으로 문제를 제기하는 것과 같았다. '수절하는 괴로움은 죽음의 고통보다 더 크다'는 메시지를 담은 그의 〈절부설〉은 '죽음'을 당연하게 받아들이던 무감각함에 대한 반성을 촉구하고 '삶의 어려움'을 견뎌 내고 있던 과부들의 삶을 인간적으로 재조명해야 한다는 의미 있는 주장이었다.

어찌 재가의 혼례를 치르지 않는가

그 의리는
비록
아름다우나
천리를
해치고
인륜을
저버림이
이보다 심할
수가 없다.
어진 정치는
반드시
개가에서
시작한다

김윤식의 〈개가는 왕정에서 금한 것이 아니다改嫁非王政之所禁〉

외손녀를 직접 개가시킨 대유학자의 주장

〈개가는 왕정에서 금한 것이 아니다〉[107]의 내용은 제목 그대로 여성의 개가를 조정에서 금지한 적이 없으니 '개가를 허용해야 한다'는 것이다. 주장하는 바도 파격적이지만, 표현 자체도 단호하고 직접적이다.

《예기》에도 '재가한 어머니(嫁母)'와 '쫓겨난 어머니(出母)'의 복제가 있으니 만약 그 당시 왕의 제도가 아니었다면 어찌 그런 법이 들어 있겠는가. 이것만 봐도 개가는 왕정이 금한 것이 아님을 알 수 있다. 주나라만이 아니라 동서양 고금 역사를 두루 살펴봐도 이러한 폐법은 오직 우리에게만 있다. 처음 이 법을 논하여 제정한 신하는 한때의 뜻을 따라 헛되이 만들었으니 개가한 여자의 자손에게 벼슬을 허락하지 않는다는 것이었다. 이후 500년간 남편이 죽은 이들이 저마다 모두 수절을 하니 그 의리는 비록 아름다우나 사실 천리를 해치고 인륜을 저버림이 이보다 심할 수가 없다. 그 근거가 되는 것도 왕촉의 '열녀불경이부'라는 한 구절에 불과하니, 무릇 '열'이란 사람들에게 최고의 칭송이지만 여자 도리의 일반적인 가르침은 아니다. 왕촉이라는 자는 전국시대의 명예를 칭송하는 호기지인이지 책을 즐기고 이치에 밝은 선비는 아니며, 그 말도 한때의 격앙된 말에서 나온 것이지 옛 경전에서 상고할 수 있는 것이 아니다. … 지금 한두 집의 식견 있는 가문에서 잘못된 풍속을 고치려 하나 세속의 헐뜯음을 돌아보고 두려워하여 감히 드러내 말하고 실행하지를 못하니 종종 순분(鶉奔, 정식 혼례를 치르지 못하고 동거함)의 처지를 면하지 못한다. 어찌 재가하는 혼례를 행하여 사람들마다 모두 가정을 이루는 즐거움을 갖게 하지 않는가. 그러면 가히 사람된 도리의 모자람을 메꾸고 천지의 조화를 부르게 될 것이니 어찌 아름답지 않은가. 그러므로 내가 말하기를 '어진 정치는 반드시 개가에서 시작한다'는 것이다.[108]

조선 후기 여성 담론에서 열녀 관행을 비판한다는 것은 상당한 사회적 저항감을 감내해야 하는 일이었다. 그런데 김윤식의 이 글은 파격적이다 못해 도발적이기까지 하다. 남편을 따라 죽는 일이 의당 칭송받아야 할 일로 통용되고 동시대 문인들이 여전히 열녀 기록을 활발하게 창작하고 있던 1900년대에 이 글은 '열녀' 관행을 전면 뒤집는 '개가 옹호론'을 펼치고 있기 때문이다.

김윤식은 우선 고전인《예기》에서 시작한다. '재가한 어머니'와 '쫓겨난 어머니'에 대한 상복이 정해져 있다는 것은 고대부터 이미 '재가한 여성'이 존재했음을 보여 주는 증거라는 것이다. 또한 그는 조선 외의 다른 곳에서는 '자손금고법'과 같은 '나쁜 법(弊法)'은 찾아볼 수 없는데 이 법 때문에 조선의 풍습이 '하늘의 이치를 해치고 인륜을 저버릴 지경'에 이르렀다며 격앙된 어조를 숨기지 않는다. '열녀' 하면 자동으로 떠올리게 되는 '열녀불경이부'라는 말을 남긴 전국시대 왕촉에 대해서도 '명예를 중시한 호기로운 사람'일 뿐 '책 읽는 선비'는 아니라고 평가하며 그의 말에서 권위를 벗겨 낸다. 그러고는 '열'이 '모든 여성이 지켜야 하는 가르침(女道之常訓)'인 것은 아니라고 잘라 말한다.

가장 파격적인 주장은 개가 자체를 '공식적인 혼례로 치러야 한다'는 것이다. 개가를 하더라도 사람들의 이목을 피해 혼례 없이 조용히 살림을 합쳐 사는 것이 일반적이었던 당시, 과감하게도 '정식으로 예를 갖춘 재혼 혼례'를 주장하고 있는 것이다. 그는 '유지각한 몇 가문'에서 이러한 시도를 했지만 사람들의 비난 때문에 이루지 못했다면서, '어진 정치'를 하려면 '사람의 도리와 하늘의 조화'를 부르는 개가가 반드시 필요하다고 말한다.

이러한 김윤식의 주장이 눈길을 끄는 것은 그가 이 주장을 실천에 옮겼다는 점 때문이다. 실제로 그는 과부가 된 자신의 젊은 외손녀에게 새 남편을 구해 주고 정식 혼례를 치러 줬다. 스스로 나서서 상처喪妻한 관리 '시종 이교영'과 자기 외손녀인 '홍소사'의 재혼 혼사를 추진했던 것이다.

이 일은 당시 사회에 큰 파장을 불러일으켰다. 1908~1909년 사이에 발행된 〈황성신문〉〈대한매일신보〉 등의 신문을 보면 김윤식의 재혼한 손녀에 대한 기사들이 종종 실리고 있기 때문이다. 그러나 대부분의 신문 기사들은 그렇게 혼례를 치르고 재혼한 '홍소사'가 며느리로 인정받지 못하고 수모와 냉대를 당하고 있음을 조롱하는 어조로 전한다. 개화한 지식인들의 근대적 매체였던 신문에서조차도 재혼과 개가를 선뜻 긍정하지 못했던 것이 당대의 일반적인 정서였던 것이다. 그러니 이는 거꾸로 김윤식의 개가 주장과 실천이 그만큼 시대를 앞서 가는 급진성을 갖고 있었음을 보여 주는 증거가 되기도 한다.

5장

'미망인'들의 또 다른 선택

한문 야담 속 열녀와 개가 인식

I

이번에는 조선 후기 사람들이 열녀 관행과 관련해 어떤 이야기를 만들고 향유했는지 살펴보고자 한다. 여기서 말하는 '이야기'란 '야담'이라는 장르를 말한다. '정사'에 대비되는 '야사'라는 말처럼, 야담은 정통 문학이라기보다는 '사람들 사이에 전해지는 이야기', 즉 '항간에 떠도는 설화적인 이야기'를 가리키는 말이다.

그 시대 보통 사람들의 일반적인 정서와 상식선을 대표하면서도 흥미성 위주의 허구적 이야기인 야담은 입에서 입으로 전해지는 성격 때문에 근본적으로 '구비문학'적인 특징이 있다. 이야기 자체가 재미를 지향한다는 점, 구어체 표현이 많이 등장한다는 점, 그리고 일반적으로 쉽게 납득할 만한 대중적인 주제를 보여 준다는 점 등이 대표적인 특성이다. 구비문학은 이야기를 구연하는 사람의 시각과 관점이 끊임없이 덧붙여지며 쌓여 가는 '적층 문학'의 성격을 갖고 있으므로, 야담은 입에서 입으로 전해지면서 조금씩 새로운 이야기로 발전되고 허구성이 강해지는 특성을 갖는 장르라고 하겠다.

야담집의 계보는 흔히 15세기 말 성현의 《용재총화慵齋叢話》와 17세기 초 유몽인의 《어우야담於于野談》으로부터 시작된다고 본다. 하지만 이 장에서 살펴보려고 하는 야담 속 열녀 이야기는 조선 후기, 즉 19세기에 지어진 3대 야담집인 《계서야담溪西野談》《청구야담靑邱野談》《동야휘집東野彙輯》에 실린 것들이다. 조선 후기 야담집은 새롭게 창작한 이야기들이 아니라 원래 전해져 내려오던 여러 문헌에서 흥미 위주의 항담가설巷談街說들을 모아 놓은 편찬서로, 이야기의 재미를 강조하고 서사성을 풍부하게 강화해 '소설적' 경지에 이르렀다고 평가받는다. 특히 이 중에서도 가장 인기가 많고 여러 번 편찬되었던 조선 후기의 대표적인 야담집인 《청구야담》은 한글본이 따로 나올 만큼의 인기를 누렸다고도 한다.

이러한 야담집들은 주제 면에서 이중적인 성격을 갖고 있다. 사람들 사이에 돌아다니던 이야기를 바탕으로 했기 때문에 기본적으로 하층민 특유의 생동성이 반영되어 있지만, 한문으로 기록되는 과정에서 그것을 채록한 식자층의 가치관 또한 일정하게 들어가 있기 때문이다. 따라서 조선 후기 야담집에는 일반 백성들의 민중적 가치관과 기록자인 양반들의 가치관이 혼재되면서 뭔가 상충되거나 모순되는 장면들이 종종 드러나곤 한다.

이제부터 살펴보게 될 조선 후기 야담집의 열녀 이야기는 세 편이다. 첫 번째 이야기는 《계서야담》과 《청구야담》에 실려 있는 '재상이 청상과부가 된 딸을 가엾게 여겨 가난한 무관에게 부탁하다(憐孀女 宰相囑窮弁)'라는 이야기다. 두 번째는《청구야담》과《동야휘집》에 실려 있는 '기이한 인연으로 가난한 선비가 두 여인을 만나다(逢奇緣貧士得二娘)'라는 이야기이며 세 번째는《동야휘집》에 실려 있는 것으로, '편지글을 내려 노부인이 가르침을 베풀다(授簡書 老婦垂誡)'라는 제목의 이야기다.[109]

정통 한문학인 열녀전이나 산문 기록이 아닌 만큼, 야담에서의 열녀 이야기는 열녀와 개가를 바라보는 그 시대 사람들의 조금은 다른 관점, 다른 문제 해결 방식을 보여 준다. 그것은 정통 열녀 기록에서는 찾아볼 수 없었던 '억압된 여성의 관점'에 상대적으로 좀 더 근접해 있다. 이는 여성들의 억눌린 상황을 허구적인 이야기로나마 해소하고 싶어 했던 사람들의 바람과 소망이 투영된 것이었을 테다. 그래서일까. 상·하층이 같이 즐겼던 '야담'이라는 장르 속에서는 상층에서 그토록 이데올로기적으로 유포하고 강제하고자 했던 '열녀'와 '과부'라는 엄숙하고 고정된 여성 이미지가 생동감 있고 살아 움직이는 인물, 자기 목소리와 인간적인 욕망을 가진 인물로 묘사되고 있음을 볼 수 있다.

그러면 지금까지 봤던 열녀전이나 열녀에 대한 한문 산문과 사뭇 다른 시각을 가진 야담에서의 열녀 이야기를 함께 읽어 보기로 하자.

재상이 과부 딸을 무관에게 부탁하다

재상은 곡을
하며 내 딸이
자결했다고
말했다.
그리고 혼자
이불을 묶고
싸서 시신의
모양을
만들고
이불로 덮어
놓은 뒤…

상녀孀女

양반가 미망인의 헛장례와 몰래 개가

먼저 볼 작품은 '재상이 청상과부가 된 딸을 가엾게 여겨 가난한 무관에게 부탁하다'라는 한문 단편 야담이다. 이 작품의 주인공은 재상을 지내고 있는 한 고관 양반과 그의 딸이다. 앞서 조선 후기 열녀전을 다룬 장에서 언급했던 것처럼 당대에 관직에 오른 인물이 배출되어 양반으로서의 경제력과 지위를 두루 갖춘 집안에서는 남편을 잃은 딸이 있더라도 그가 자결하도록 방치하는 일이 거의 없었다. 조선 후기에 지어진 행장이나 제문에서도 젊어서 상부喪夫를 한 딸이나 누이를 시집에서 살게 하지 않고 친정인 자기 집안으로 데려와 평생토록 그의 삶을 보호하며 지내는 양반 가문의 사례를 자주 볼 수 있다.

아래 작품은 바로 그러한 상황에서 생긴 허구의 이야기를 보여 주고 있다. 한 재상의 딸이 시집을 갔으나 일 년도 못 되어 남편을 잃고 친정에 돌아와 지내고 있었다. 그러던 어느 날의 일이었다.

> 하루는 외출 후 돌아오는 길에 재상이 자기 딸을 보게 되었다. 아랫방에서 곱게 화장하고 차려입고는 거울에 비친 모습을 가만히 보더니 곧 거울을 던져 버리고는 얼굴을 가리고 우는 것이었다. 그 모습을 본 재상은 심히 측은한 마음에 밖으로 나와 몇 시간 말없이 앉아 있었다. 그때 문하에 드나드는 사람들 중에 집도 아내도 없으나 젊고 건장한 한 무관이 있었는데 그가 와서 안부를 여쭈니 재상이 사람들을 물리치고 말했다. "자네 신세가 이렇게 곤궁하니 내 사위가 되지 않겠는가? … 이 은자를 갖고 좋은 말과 가마를 빌려 오늘밤 파루를 친 후에 내 집 후문 밖에서 기다리고 있게. 절대 시간을 놓쳐서는 안 되네."[110]

재상이 우연히 마주치게 된 딸의 모습은 혼자 고적하게 지내고 있던 그간의 심경을 짐작할 만한 것이었다. 그녀는 '고운 화장에 좋은 옷'을 꺼내 차려입고 있었다. 예쁘게 치장한 딸은 거울로 자기 모습을 한동안 비춰 보다가 문득 울음을 터뜨리고 만다. 사실 이 모습은 그 자체만으로도 젊은 과부의 행실로 적합하지 않았다. 남편을 잃은 여성들에게 여성성을 드러내는 행위는 철저히 금지된 것이었기 때문이다. 과부가 된 여성들의 일반적인 처신은 '머리를 헝클고 얼굴의 때를 씻지 않으며 계절이 바뀌어도 옷을 바꿔 입지 않는' 것이 보통이었다. 남편의 죽음은 남겨진 여성들에게 곧 살아도 산 것이 아닌

'미망未亡'의 인간이 됨을 의미했다.

그런데 재상의 딸은 봐줄 사람도 없게 된 자신의 젊음과 아름다움을 포기하지 못한 채 그것을 안타까워하고 있었다. 거울에 비춰진 모습은 모든 삶의 가능성이 닫혀 버린 과부라는 현실의 비극을 다시 한 번 확인하게 만들어 줄 뿐이었다. 재상이 목격한 것은 그 장면이었다. 그것은 '남편이 죽은 후 모든 것을 종용히 받아들이는 열녀전 속의 여성'이 아니라 '고독과 절망 속에 살아야 하는 현실의 여성', 바로 자기 딸의 고통스러운 삶이었다.

이야기에서 재상의 심경은 '마음에 측은히 여겨(心甚惻然)' '한동안 말이 없었다(數食頃無語)'는 간단한 말로 표현되어 있다. 하지만 이야기는 그 짧은 시간의 고뇌가 대단히 깊었을 것이며 그 사이에 재상이 딸의 인생을 좌우하는 엄청난 결단을 했으리라는 점을 충분히 전달한다. 재상은 때마침 문안을 온 한 젊은 무관에게 다짜고짜 은 꾸러미를 쥐여 주며 '내 사위가 되라'는 명령 아닌 명령을 내린다. 그러고는 그날 밤 자신의 과부 딸을 데리고 먼 관북 지방에 가서 살 수 있도록 말과 가마를 준비해 오라고 일러둔다.

> 재상은 아랫방으로 가서 곡을 하며 "내 딸이 자결했다."라고 말했다. 집안사람들이 놀라 당황하고 모두 슬퍼하자 재상이 말했다. "내 딸은 평생 사람을 보지 않으려 했으니 내가 직접 염습할 것이다. 비록 남자 형제가 있지만 들어와 볼 필요는 없다." 그리고 혼자 이불을 묶고 싸서 시신의 모양을 만들고 이불로 덮어 놓은 뒤 시집에 전갈을 보냈다. 입관한 후

이를 보내 시집의 선산 아래에 묻었다. … 그 집의 두 아이가 방에서 책을 읽는데 용모가 맑고 수려하여 마치 자기 집안사람 같아 기이한 생각이 들었다. 날은 저물고 피곤한 터라 그 집에서 유숙하게 되었다. 그런데 밤늦게 안에서 한 여자가 나와 손을 잡고 눈물을 흘리는데 깜짝 놀라 들여다보니 죽은 누이였다. 놀라움을 이기지 못해 의아해하며 묻자 부친이 시키신 바대로 여기 살고 있으며 두 아들을 낳았다는 것이었다.[111]

이어지는 이야기에서 재상의 실행은 과감하고 치밀하다. 그의 계획은 자신의 권위와 세상의 관습을 반씩 섞어 딸의 헛장례를 밀어붙이는 것이었다. 그는 시신 대신 이불 꾸러미로 사람 모양을 만들고 '딸이 죽을 때까지 사람들을 보려 하지 않았기' 때문에 직접 염습을 했다고 둘러댄 뒤 빈 관으로 시집 선산에 장례를 지낸다.

그런데 이야기는 재상이 이렇게 완벽하게 딸의 거짓 장례와 몰래 개가를 마무리한 것으로 끝나지 않는다. 몇 년 뒤 재상의 아들이 어사가 되어 관북 지방에 가서 그 누이를 만나게 된 것이다. 그는 우연히 유숙하게 된 집에서 본 '청수한 외모'의 두 아이가 왠지 모르게 친근하다는 느낌을 받는다. 그리고 그날 밤 '죽은 줄 알았던 누이'를 만나 그녀의 개가를 추진한 '부친의 철저한 계획'을 알게 된다.

조정에 보고하고 집에 돌아와 밤에 부친인 재상을 모시고 앉았을 때 아들이 가만히 목소리를 낮춰 말했다. "이번 행차에서 괴이한 일이 있었습니다." 그러자 재상이 눈을 부릅뜨고 뚫어지게 바라보며 입을 열지 않았

다. 아들 역시 감히 말을 꺼내지 못하고 물러나고 말았다. 이 재상의 성명은 기록하지 않는다.[112]

아들은 밤늦은 시간 부친과 둘만 있는 때를 틈타 은밀하게 누이의 근황을 부친에게 전하고자 했다. 그러나 재상은 눈을 크게 부릅뜨고 아들을 노려보며 말없이 그의 입을 막는다.

이 철저한 '은폐와 침묵의 명령'에는 여러 겹의 목적이 있다. 그것은 우선적으로 시집 선산에 헛장례까지 치른 거짓말을 들통나게 할 수 없으며, 새 삶을 살고 있는 딸의 인생을 보호해야 한다는 것이었을 터다. 그러나 더 근본적으로 이 침묵의 명령은 재상이 자기 시대의 강고한 윤리적 규범인 열행을 위반했음에 대한 비밀을 지켜야 함을 뜻하며, 또한 그만큼 과부의 개가가 받아들여질 수 없는 일이었음을 뜻하는 것이 아닐까.

이야기는 '이 재상의 이름은 기록하지 않는다'는 말로 끝난다. 야담이 허구적인 이야기임을 다 알고 있는 독자들에게 굳이 '실제 있었던 일 같은 설정'을 해 놓은 대목인 셈이다. 이는 그토록 받아들여지기 힘든 과부 개가도 '재상' 정도의 권위와 힘을 가진 '강력한 가부장의 형상'에 기댈 경우에는 '있을 수도 있는 일'이라는 암시이기도 하다. 결국 이 이야기는 입 밖으로 꺼내는 일조차도 안 되는 절대 금기가 바로 열녀 관행을 깨뜨리는 일이자 과부의 개가지만, '가부장만 허락한다면 은밀하게 일어날 수도 있다'는 야담적 상상력을 보여 준다고 할 수 있을 것이다.

기이한 인연으로 가난한 선비가 두 여인을 얻다

노인은 저의
부친이신데
제가 젊은
나이에
과부가 되어
음양의
도리를
모르는 것을
가엾게 여겨
하루는
이렇게
말하셨지요

태학귀로太學歸路

가문의 힘으로 새 삶을 개척하는 청상 판타지

이러한 과부의 '몰래 개가' 이야기 한 편이 더 있다. 이 이야기의 제목은 '가난한 선비가 두 여인을 얻다'라고 되어 있어 마치 선비가 주인공인 것 같지만, 실제 주인공은 이야기 초반부터 등장하는 한 여인이다. 그녀는 등장하는 장면부터 당돌하기 짝이 없다. 한 가난한 선비가 끼니를 잇기 위해 성균관에서 밥을 얻어 소매에 넣고 돌아가는 길이었다. 그런데 그 뒤를 한 여인이 계속 따라오는 것이었다. 선비가 누구냐고 묻자 그녀는 대뜸 '선비님에게 시집을 가서 남편으로 섬기려 한다'고 말한다.

선비가 뒤돌아 말했다. "어떤 여자이기에 나를 따라오는 것이오?" 여자가 말했다. "선비님을 따라가 남편으로 받들고자 합니다." 선비가 말했다. "우리 집은 너무 가난해 부인 하나도 굶어 죽을 판인데 어찌 첩을 들이겠소? 나를 따라오면 분명 굶어 죽은 귀신이 될 것이니 그런 생각 마시오." 여자가 답했다. "생사는 명에 달려 있고 빈부도 하늘에 달려 있지요. 궁함이 극에 달하면 길함이 돌아오고 때가 되면 바람도 불어옵니다. 위수에서 낚시하던 강태공은 80에 문왕에게 등용되었고, 명재상 소진은 나 떨어진 옷을 입었다가 하루아침에 여섯 나라의 재상이 되었지요. 어찌 일시의 곤궁함으로 평생을 단정하십니까?"[113]

이 이야기의 앞부분에 따르면 이 선비는 가난이 너무 심해 굶어 죽을 지경이었다. 생각다 못해 성균관에서 공부하는 유생들에게 주는 밥을 얻어먹고 남은 것을 싸서 아내를 먹여 살리는 중이었다. 그런데 그렇게 궁한 형편에 여자가 따라오며 첩이 되겠다고 하니 '그랬다가는 금방 굶어 죽을 것'이라며 퉁명스럽게 쏘아붙였던 것이다. 재미있는 것은 이렇게 불친절한 대꾸에 대한 여자의 구김 없고 호방한 대응이다. '죽고 사는 것, 가난하고 부유한 것은 모두 하늘에 달린 것'이니 '잠시 가난하다고 기죽을 필요는 없다'는 것이다. '궁함이 극하면 운이 트이고 때가 되면 바람이 불며, 명재상 강태공과 소진도 한때는 어려웠다'는 것이 그녀의 말이었다.

이렇게 선비의 처지를 격려해 가며 스스로 첩이 되기를 자청한 이 여성은 집에 들어와 땔감과 음식을 매일 조달하더니 마침내는 새 집을 마련해 주기에 이른다. 그녀는 성안에 좋은 집을 마련하고 이사를 추진한다. 무성한 화초에 시내까지 흐르는 번듯하고 넓은 집에 옮겨 왔으니 가난한 선비의 삶은 이전과는 완전히 딴판이 되었다. 그런데 여자는 여기서 한 술 더 떠 '점잖은 양반댁 아가씨'를 두 번째 첩으로 추천하기까지 한다. 끼니를 챙겨 먹지도 못하던 궁기 어린 선비는 이제 어엿한 집에 일처 이첩을 두게 되었고, 어느 날은 '이씨 노인'이라는 사람이 와서 선비가 청하지도 않은 벼슬자리에 제수되었다는 소식을 전한다. 이야기는 마지막에 이르러서야 선비에게 큰 행운을 가져다준 이 여성의 내력을 소개한다.

> "이씨 노인은 저의 부친이신데 제가 젊은 나이에 과부가 되어 음양의 도리를 모르는 것을 가엾게 여겨 하루는 이렇게 말하셨지요. "오늘 저녁에 대문을 나가 의관을 갖춘 남자 중 처음 만난 이를 따라가 섬겨라." … 집을 사고 살림을 경영함은 모두 제 부친이 지휘하신 것입니다. 저분은 지금 모 재상의 따님이신데 역시 합궁 전에 과부가 되었지요. 저의 부친과 재상께서 매우 친하셔서 집안의 작은 일도 서로 의논하는 사이셨습니다. 양가에 모두 청상과부가 있으니 늘 서로 마음에 가련하다고 토로하셨지요. 그런데 저희 부친이 저에게 한 일을 듣고는 재상께서 한참 수심에 잠겼다가 "나 또한 그리하겠네." 하시고는 딸이 병으로 죽었다고 시댁에 부고를 전하고 산밑에 허장한 후 낭군께 보내신 것입니다. 지난번 처음 벼슬하실 때 관리 명단의 맨 앞에 추천한 분이 바로 그 재상이시지요."[114]

여성이 고백한 내용은 이러했다. 젊은 청상이 된 자신을 안타깝게 여긴 부친이 '집 밖에서 처음 만난 선비'를 따라가 첩이 되라고 했다는 것이다. 부친은 이렇게 딸을 개가시킨 후 집을 사 주고 살림을 대주며 평생 그녀의 삶을 돌봤다. 비슷한 연배의 과부 딸을 두었던 재상 역시 이씨 노인의 말을 듣고는 자기 딸의 재가를 결심했고, 사위가 된 선비에게 벼슬자리까지 얻어 줬다는 것이었다.

이 야담은 얼핏 보면 두 명의 첩과 부귀영화를 얻게 된 행운의 선비 이야기처럼 보인다. 그러나 실질적으로 모든 사건을 주도하고 있는 것은 사실 앞서와 마찬가지로 두 명의 강력한 '부친'이며, 그러한 부친과 가문의 배경에 힘입어 생기발랄하게 모든 일을 주도한 젊은 과부 여성이다. 이 여성의 부친인 '이씨 노인'은 '동지同知'라는 명예직 존칭으로 표현되고 있는데 이는 여성의 집안이 중인 계층의 가문이며, 이들 계층의 경제적 활기와 능동성이 여성 주인공에게 반영되어 있음을 보여 준다.

그렇다면 이야기의 핵심은 이렇게 자기 삶을 개척해 나가는 적극적인 여성상을 가능하게 하는 '조건'이 무엇인지를 알려 주는 것 아닐까. 과부로 하여금 주도적으로 자신의 개가를 주선하게 하는 것, 과부여도 자기 삶을 능동적으로 개척할 수 있게 하는 배경의 힘은 결국 가문의 재력과 권력이었던 셈이다. 결국 이 한문 단편 야담은 몰락한 양반가 여성들이 죽음의 상황으로 몰려갔음을 암시하는 조선 후기 열녀전의 '반대급부 판타지'라고 할 수 있을지도 모른다.

편지글을 내려 노부인이 가르침을 베풀다

혹시 불행히
젊은 나이에
과부가
된다면 잘
생각해 보고,
할 수 있으면
수절을 하되
못하겠다
싶으면
어른께
의논드리는
것도
방편이다

유훈 遺訓

여성의 욕망을 긍정하는 목소리를 봉합하는 가부장제

한문 야담 중에서 '열'과 '개가'의 문제를 다루고 있는 마지막 작품으로 소개할 이야기는 과부로 살아온 한 여성의 '특이한 유언'에 대한 것이다. 한 양반가에서 죽음을 앞둔 부인이 자손들을 모아 놓고 이런 말을 꺼낸다.

"혹시 불행히 젊은 나이에 과부가 된다면 스스로 잘 생각해 보고, 할 수 있으면 수절을 하되 못하겠다 싶으면 어른께 의논드리는 것도 하나의 큰 방편이다." 모인 자손들이 깜짝 놀라 돌아가시기 전 잘못된 유언을 남기시는 것으로 생각했다. 그러자 장씨 부인이 웃으며 말했다. "너희는 내 말이 이상하다 여기느냐? 과부의 '수절' 두 글자는 말하기 어려운 것이며, 나는 그 속에서 살아온 사람이다. 너희에게 지난 과거의 일을 말할 테니 들어 보아라." 모두들 숙연해져 귀를 기울였다.[115]

집안의 큰 어른으로서 평생 규방의 모범이 되어 온 양반가의 노부인이 임종을 위해 모인 자식들 앞에서 꺼낸 말은 뜻밖에도 '나처럼 과부로 사는 것을 억지로 할 필요는 없다'였다. 깜짝 놀란 자식들에게 장씨 부인은 이렇게 말을 이어 간다. '수절이라는 두 글자는 매우 지키기 어려운 것인데, 나는 그 속에서 살아온 사람이다'. 과부로 사는 어려움을 평생 한 번도 입 밖에 내지 않았던 부인이 죽음을 앞두고 '수절의 무게'에 대해 언급하는 순간 자식들은 저절로 숙연해졌다.

이야기는 장씨 부인이 직접 자신의 목소리로 지난 과거의 일을 자손들에게 들려주는 것으로 이어진다.

"내가 과부가 된 것이 열여덟 살 때였다. 양반가에 나서 선비에게 시집와 뱃속에 아이가 있었으니 감히 다른 생각은 품어 본 적도 없었다. 하지만 바람 부는 새벽, 비 오는 밤에 차디찬 벽과 등불 하나를 마주하면 슬픔을 참기 어려웠지. 그런데 어느 날 시어른의 처조카 모씨가 호서에서 내방하여 사랑채에 묵으시는데 내가 병풍 뒤에서 그분의 잘생긴 풍모를 보고는 가슴이 뛰어 멈출 수가 없었단다. 밤에 집안사람들이 깊이 잠들기를 기다려 그분께 가 보려고 등불을 들고 밖으로 나갔지. 하지만 고개를 숙이고 창피해하며 몸을 돌려 들어왔단다. 그러다 마음을 억제할 수 없어 또 등을 들고 나갔다가 부끄러운 마음에 긴 한숨을 쉬며 돌아오기를 몇 번 반복했어. 그러다 다시 결심을 하고 나가려는데 부엌 쪽에서 여종 몇몇이 소곤소곤 말하는 소리가 들리더구나. 그래서 숨을 죽이고 다시 방에 돌아와 책상에 등불을 올려놓고는 잠깐 지쳐서 잠이 들었지."[116]

정숙한 수절 과부로 살아왔던 장씨 부인의 이야기는 꼿꼿하게 정절을 지켜 온 열부에게도 잠시 인간적인 욕망으로 흔들렸던 갈등의 순간이 있었음을 고백하는 내용이었다. 이야기는 그녀의 한평생 중 가장 꽃다웠던 20대의 어느 날 밤에 있었던 일을 보여 준다. 부인은 열여덟 어린 나이에 남편을 잃었지만 '반벌班閥'과 '사류士類', 즉 양반가에서 태어나고 양반가에 시집온 여성이었기에 수절 이외의 삶은 생각해 본 적도 없었다고 말한다. 뱃속에 남겨진 유복자를 키우며 평생 수절하는 것은 혼자 남은 반가 여성에게 당연하고 자연스러운 삶의 방식이자 의무였던 것이다.

외로움과 고독 속에서도 정절을 지키며 사는 삶을 당연하게 받아들였던 장씨 부인의 위기는 바로 시부의 먼 친척이 방문하면서 시작되었다. 부인은 준수한 외모를 가진 젊은 남자의 존재를 본 순간 수절의 다짐이 순식간에 흔들리고 말았다고 말한다. 그리고 놀랍게도 밤늦게 그를 찾아가기 위해 자신이 등불을 들고 몇 번이나 방문을 나섰다 돌아오기를 반복했다고 고백한다. 부인은 반가 여성으로서의 자기 검열과 소곤거리는 여종들의 목소리에 결국에는 발걸음을 돌렸다고 말하고 있지만, 이야기에서 전달되는 것은 금기와 수치심에도 불구하고 한 젊은 과부 여성이 느낀 욕망의 솔직성과 강렬함이다.

"꿈에 사랑채에 들어가 책을 읽던 모씨와 등불 아래 서로를 마주보고 마음을 털어놓고는 손을 잡고 휘장 안에 들어갔어. 그런데 거기 어떤 사람이 머리를 산발하고 피 흘리는 얼굴로 베개를 내리치며 크게 곡을 하는데 그게 바로 죽은 남편이었단다. 고함을 지르며 깨어나 보니 책상 위 등불은 밝게 비춰 푸른빛인데 초루에서는 삼경을 알리는 종을 치고 아이는 이불 속에서 젖을 찾으며 울고 있더구나. 처음엔 놀랐고 그다음엔 슬퍼지더니 결국은 크게 깨닫게 되었다. … 이 일로 수절의 어려움을 알게 되었으니 억지로 행하지 말라는 것이다." 부인은 아들에게 이를 흰 종이에 써서 가법으로 전하게 한 후 웃음을 머금고 눈을 감았다. 그 후 가문이 크게 번성했고 대대로 절부가 나왔으며 100년 동안 규문이 결백하였다.[117]

윤리와 욕망 사이에서 극심한 갈등을 겪은 부인은 지친 상태에서 잠에 빠지고 말았다. 이야기는 그렇게 내적 갈등이 극에 달한 채로 잠든 부인의 꿈으로 넘어간다. 꿈에 나타난 것은 그토록 가슴 졸이며 갈망했던 젊은 남자와의 결연이 아니라, 그녀가 잠시 품은 훼절의 마음을 꾸짖는 내적인 죄의식과 죄책감의 얼굴이었다. 피투성이에 산발을 한 모습으로 나타나 자신을 나무라는 남편의 모습이 젊은 남자와의 결연을 막은 것이다. 놀라 잠에서 깬 부인은 한밤중 홀로 유복자를 키워야 하는 과부로서의 자기 현실로 돌아온다. 그리고 처절한 외로움과 슬픔 가운데서도 '큰 깨달음'을 얻는다.

그런데 특이한 지점은 수절의 어려움과 고통을 훌륭하게 극복하고 '깨달음'을 얻었다고 말하는 여성의 결론이 바로 '억지로 수절하지 말라'는 것이다. 장씨 부인이 절실하게 느꼈던 갈등으로 인한 '깨달음'의 내용은 '나처럼 살아라'가 아니라 '나처럼 살지 않아도 된다'였다. 그녀는 자손들에게 이를 써서 '가법'으로 전하게 하고는 '웃으며' 눈을 감는다. 이는 놀라운 관용의 태도였다. 자신의 욕망을 억누르고, 억압적인 열 이데올로기에 평생 순종하면서 살았던 한 여성이, 다른 여성의 욕망을 인정하고 그들의 선택을 열어 주는 결론을 내리고 있기 때문이다.

그러나 이 이야기의 진정한 결말은 마지막 한 줄에 집약적으로 담겨 있다. 장씨 부인의 유훈대로 가법이 전해졌다면 이 가문에서는 그 후 대대로 여성들이 '과부가 되었을 때는 자기 길을 찾아 개가를 했다'는 결말이 이어져야 한다. 그런데 최종 결말은 오히려 반대로 이 가문에서 '대대로 절부가 나왔고 규문이 결백했다'며 마무리되고 있다. '여성의 욕망을 인정하는 또 다른 여성의 관용적 목소리'가 야담이라는 허구적인 장르에서조차 남성 중심적인 관점에 의해 장악되고 봉합되고 마는 인상적인 한 장면을 보여 주는 대목이라 하겠다.

6장

술장사하는 열녀, 두 남편을 둔 열녀

20세기 구전설화 속
다양한 열녀상

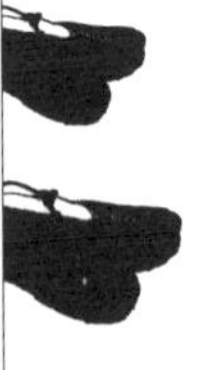

I

구전설화는 말 그대로 '입에서 입으로 전해지는 설화'로, 흔히 민요나 무가와 함께 '구비문학'으로 분류되는 대표적인 장르다. 조선 후기까지 사람들 사이에서 전승되던 이야기 중 일부가 한문으로 기록된 것이 5장에서 살펴본 한문 야담이라면, 6장에서 읽어 볼 것은 그 이후에도 꾸준히 이어져 내려온 구전설화들 가운데 20세기 후반에 채록해 수집된《한국구비문학대계》속 열녀담들이다.

《한국구비문학대계》(이하《대계》)는 우리나라에 존재하는 구비문학을 체계적으로 채집하고 기록한 총 82권의 책이다. 이 책을 만들기 위해 1978년부터 1988년까지 10년 동안 한국 문학의 전문 연구자 수백 명이 전국 군의 40%인 60개 주요 시군을 대상으로 대대적인 조사 작업을 진행했다. 그 결과《대계》에 수록된 작품 수는 무려 설화 1만 5,107편, 민요 6,187편, 무가 376편이라는 방대한 규모를 자랑한다.

이 장에서는 바로 이 《대계》에 수록된 설화들 중에서 '구전설화 열녀담'에서만 볼 수 있는 몇 가지 이야기를 소개한다. 구전설화 열녀담은 보통 사람들이 열녀의 문제를 어떤 식으로 바라보고 있는지, 열과 정절에 대한 민간의 정서가 어떠한지를 확인하게 해 주는 흥미로운 자료라는 점에서 의미가 있으며, 나아가 조선 시대부터 강력하게 작동해 온 '열' 윤리가 20세기의 한국인들 사이에서는 어떤 방식으로 계승되고 수용되고 있는지를 살펴볼 수 있게 하는 중요한 자료이기도 하기 때문이다.

《대계》에서 분류하고 있는 설화 유형 중에서 열녀가 주인공인 '열' 이야기는 약 200여 편 정도다. 이 중에서 60%에 달하는 120여 편은 전형적인 조선 후기 열녀전의 서사 패턴으로, 남편을 위해 죽거나 자기 살을 베어 내거나 개가 권유를 극력 거부하는 이야기 혹은 남편을 위해 복수를 한다거나 신이한 행적을 남긴 열녀들의 이야기를 담고 있다. 나머지 80여 편 중 16편은 한문 야담에서 살펴본 것과 같은 '젊은 과부의 개가담'으로, 부친이 청상과부가 된 딸을 위해 헛장례를 지내고 멀리 떠나게 해서 새 삶을 살도록 한다는 이야기다.

그렇다면 구전설화 열녀담에서만 볼 수 있는 새로운 이야기는 어떤 것일까.《대계》에 실린 열녀 이야기 중 구전설화 열녀담의 대표적인 유형으로 꼽을 수 있는 자료는 크게 두 종류다. 하나는 10여 개의 각편으로 구연되고 있는 '열녀 시험형 설화', 또 하나는 40여 편에 달하는 각편을 가진 '열불열烈不烈 설화'다.

'열녀 시험형 설화'는 말 그대로 주인공 여성이 진짜 정절을 지킨 열녀인지 아닌지를 시험해 보는 내용을 담고 있다. 이 유형에는 정결한 부인만이 뽑을 수 있는 '칼'이나 '철못' 또는 움직이지 않는 '철탑' 등이 등장하는데, 이것을 뽑거나 움직이게 하는 진짜 열녀가 뜻밖의 인물이었다는 줄거리를 갖고 있다. '열불열 설화'는 '열'과 '열 아닌 것'이 공존하는 이야기로, '개가 열녀' 혹은 '이부 열녀二夫烈女' 이야기라고도 한다. '열녀'인데 '개가'를 했다거나 '두 남편(二夫)'를 두었다는 모순적인 단어 조합에서 볼 수 있듯이, 이 설화에는 '열이면서도 열 아닌 행동'을 하거나 '열행과 열행 아닌 행동을 동시에 하는' 내용이 담겨 있다.

구전설화에서만 찾아볼 수 있는 이 두 유형의 열녀 이야기는 '열'을 바라보는 보통 사람들의 관점과 시각을 실제 이야기판의 생생함과 함께 보여 준다. 또한 구술 전통 고유의 특징이라 할 수 있는 '제보자', 즉 '이야기를 구연하는 사람'에 따른 변이의 양상을 흥미롭게 짚어 보게 해 주기도 한다. 특히 여성의 개가와 훼절에 대한 이중적인 태도가 드러나는 '열불열 설화' 중 구연자의 지적 수준과 성별에 따라 결말이 극적으로 달라지는 대목은 이야기에서 '누가 말하는가'의 문제, 그 이야기가 '누구의 목소리를 대변하는가' 하는 문제를 근본적으로 다시 생각해 보게 할 것이다.

꿈쩍 않는 철못을 뽑을 수 있는 진짜 정절녀는 누구인가?

아,
남자를 열을
만나면 열년
줄 알고
미련한 게
실토를 혀
버렸어

고모와 아내

'열녀 시험형 설화'의 웃음 섞인 질문

구전설화에서만 나타나는 열녀담에서 먼저 읽어 볼 이야기는 '열녀 시험형 설화'다. 이 이야기의 시작은 이렇다. 나라에 느닷없는 변고가 생긴다. 궁궐의 기둥이나 지붕에 커다란 철못 혹은 화살이 들어가 박힌 상황이다. 그런데 그 철못이나 화살을 뽑을 수 있는 사람은 '열녀'뿐이다. 못을 뽑아내는 진짜 열녀에게는 큰 상을 내린다는 방까지 붙자, 온 나라의 열녀라는 열녀는 모두 상경해 못 뽑기에 도전했지만 아직 아무도 철못을 뽑아내지는 못하고 있었다.

서울서 그 나라에 대궐에다가 철못을 벡였어. 하늘서 철못이 니려와서 철못이 배켰는디. [청중: 열녀가 뺀다, 그 말이구먼.] 열녀가 그 못을 뺀다고 한

> 게, 가만히 생각해 본게 자기 마누라가 열녀거든. "아이구, 우리 마누라 델고 와서 그것이나 빼고서 인자 뭐 한 가지나 해 볼까." 인자 오는 판에 저 고모가 술장사를 하는디, 고모보고 그 얘기를 허니께, "나하고 가자." "에서 술장사를 하면서 뭘 가자고 허냐."고. … "그러면 너희 집에 가서, 니 마누라 보고 서방님 열둘 겨나린 사람이 그 철못을 뺀다고 하자. 그래 해 봐라." … 그래서 집이를 내려왔단 말이여. 집에 와서 그런 얘기를 한께 그 마누라가 모퉁이 떡검레 꼼지락꼼지락, "열하나 반 밖이 안 되는디." [일동: (웃음)][118]

이야기는 한 남자가 문득 생각해 보니 자기 아내야말로 남편밖에 모르는 진짜 일부종사 열녀였음을 떠올리는 장면으로 이어진다. 그는 자기가 아는 한 틀림없는 열녀인 아내에게 대궐에 박힌 못을 어서 뽑으러 가자고 말하기 위해 집으로 달려간다.

그런데 여기서 새로운 인물이 한 명 더 등장한다. 그는 바로 '술장사를 하는' 남자의 '고모(또는 누이)'다. 고모는 남자의 이야기를 듣자마자 대번에 '나하고 가자'고 제안하지만, 남자는 '술장사'를 하면서 수많은 남자들을 대하는 고모는 절대 열녀일 리가 없다고 생각하고는 '뭘 가자고 허냐'며 핀잔을 주기만 했다. 그러자 고모는 남자에게 '그럼 집에 가서 네 아내에게 말을 할 때 서방님 열둘 거느린 사람이 철못을 뺀다고 얘기하라'는 엉뚱한 말을 남긴다.

집에 온 남편은 고모의 말을 그대로 아내에게 전한다. 그러자 돌아온 것은 '열하나 반밖에 안 되는데' 하는 아쉬움 가득한 아내의 대답이었다. 아내는 '열烈'의 뜻을 동음이의어인 숫자 '열十'로 알고 '열녀烈女'가 아닌 '열녀十女', 즉 남자를 10명 이상 만나 본 여자를 찾는다는 뜻으로 오해한 것이다. 손가락을 꼼지락거리며 만나 본 남자의 수를 꼽아 보고는 '열녀가 되기에는 조금 모자란다'며 아쉬워하는 아내의 모습은 이야기판의 청중들에게 큰 웃음을 준다.

한편 남자의 아내가 저질러 온 부정을 이미 알고 있으면서 남자에게 아내를 떠보게끔 유도했던 '술장사하는 고모'는 뜻밖에도 진짜 정절을 지킨 여성이었다.

> 새달(사다리)를 질게 해서 놔서 그 여자가 올라가기 좋게 나라의 지붕으로 올라가서 뺀게 쑥 올라와, 올라와 보다가 끄트머리가 간닥간닥하더니 시상없이 안 빠지거던, 그래 도로 왔어. 인저 내려와서 물 질러다가 그 집에서 맹이로 그렇게 해 놓고 하늘에 축수를 했어. 우리 손자가 오줌 싸서 사탱이를 들여다본 것백에 없습니다. [청중: (웃음)] 허허, 제 죄를 지가 알어야 혀. 그래서 올라가서 뺀게 탁 빠져 버려. 그래서 그 해남 윤씨가 고모가 열녀 되고 그 윤씨가 잘된 집안이 있어.

남자와 함께 간 고모는 '사방서 다 데려다가 뽑아도 끈떡도 안 허는' 못을 빼기 위해 사다리를 타고 '나라의 지붕'으로 올라간다. 그렇게 모든 사람들이 올려다보는 높은 곳에 올라간 고모가 철못을 잡아당긴 순간이었다. 처음에는 쑥 빠지는 것 같았던 못이 '끄트머리가 간닥간닥' 걸리더니 '시상없이 안 빠지'고 멈춰 버리고 만다. 고모는 곰곰이 생각하더니 '오줌 싸는 손자 고추를 들여다본 일이 있었다'는 고백을 하고, 다시 올라가서 나머지 못을 완전히 빼는 데 성공한다. 이야기의 결말은 '그 고모 덕에 해남 윤씨가 잘되었다'는 것으로 끝난다.

이야기에서 일단 흥미를 끄는 부분은 '아내'와 '고모'의 대비다. '열녀'인 줄 알았던 아내는 '열한 명 반'과 '음행'을 저지른 여성이었고 '음녀'인 줄 알았던 고모는 평생 정결하게 살아오면서 '열행'을 실천한 여성이었기 때문이다. 열녀로 예상된 인물과 음녀로 예상된 인물이 예상을 뒤집는 반전을 일으킨다는 점은 이 이야기의 재미와 웃음의 핵심을 이룬다.

이 설화의 유쾌함은 이야기가 구연되는 판에서 청중 일동의 웃음이 끊이지 않는다는 점에서도 잘 드러난다. 다음에 인용한 대목은 같은 이야기를 구연한 다른 제보자가 한 표현이다.

> 아, 일반 남자를 열을 만나면 열녀 줄 알고 미련한 게 실토를 혀 버렸어. [일동: (웃음)] 아, 자그 얄구건(얄궂은) 행세가 드러나 버렸거든. [청중: 아, 그 열녀烈女가 그 열녀十女인 줄 알았거든.][119]

이야기판에서 시종일관 '웃음'이 끊이지 않는 이러한 열녀 시험형 설화에서 '열'은 그렇게 심각한 주제로 다루어지지 않는 것처럼 보인다. 10명에 달하는 남성들을 만난 아내의 엄청난 성적 일탈은, 남편에게 비난받지 않고 쫓겨날 행동으로 간주되지도 않으며 이야기판의 청중들에게도 질타당하지 않는다. 오히려 영리한 인물이었다면 잘 숨기고 말하지 않았을 것을 '미련하게 그 열녀가 그 열녀인 줄 알고 실토를 해 버렸다'는 식의 재미있고 우스운 일로 받아들여질 뿐이다.

그럼에도 불구하고 이 이야기의 근본 질문은 '진짜 열녀는 어떤 인물인가'다. 우선 진짜 열녀가 누구인지 알아내기 위해서 '열을 시험한다'는 발상 자체가 여성들에게 '정절에 대한 단속'을 환기시키기 때문이다. 쑥 뽑힐 것 같던 못이 끝에서 안 빠지더라는 설정 역시, 평생 수절한 고모가 '손자가 오줌 싸는 모습'을 보는 아주 사소한 일탈을 함으로써 '남녀유별의 금기'를 어겼다는 지적으로 연결되면서 '엄격한 열의 기준'을 은연중 강조한다.

심각하지 않은 척, 비난도 안 하는 척하지만 이 설화의 마지막을 장식하는 것은 결국 열녀인 '고모'의 행적에 대한 칭송과 그에 뒤따르는 보상이다. 그녀는 '사다리'를 타고 높이 올라가 사람들이 올려다보는 바로 그곳에서 '철못을 뽑음'으로서 자신의 정절을 증명하고, 그 결과로 상을 받아 가문의 영달을 이루어 낸 인물로 칭송을 받는다. 나아가 이야기는 '고모'가 세상에서 찾기 어려운 진짜 열녀이기 때문에, 사다리를 타고 모든 사람이 우러러보는 '나라의 지붕'에까지 올라가 국가적 변고를 없앨 수 있었던 것이라는 인식을 드러낸다. 결국 이 이야기는 정절을 지키는 일이 '가문을 일으키고' '나라를 구할' 정도의 대단한 일이라고 보는 관점을 저변에 깔고 있는 것이다.

'술장사하는 고모가 진짜 열녀였다'는 '열녀 시험형 설화'의 결말은 윤리적으로 기대 수준이 낮은 인물에게서 오히려 더 높은 도덕적 실천이 나올 수 있다는 구전설화적 세계관을 보여 줌과 동시에, 여성의 열과 정절은 여전히 '가문과 나라를 구하는 훌륭한 미덕'이라는 남성 중심적 가치관을 전달하고 있다.

열은 열이지만 칭송하기는 어렵다

근께
부인이
독할라믄
그렇게,
안 독허고는
열녀가
못 되는
거여

유씨 집안 며느리, 남편 살해범과 결혼한 여자, 문둥병 걸린 남자의 아내

'열불열 설화'의 처절한 모순어법

'열불열 설화'는 말 그대로 열과 불열이 공존하는 '모순적인 상황'에 놓인 여성이 주인공으로 등장하는 이야기다. 이 유형은 '개가 열녀 이야기' 혹은 '이부 열녀 이야기'라고도 하는데, 열녀가 두 남편을 섬기고 개가를 하게 된 상황이나 이유에 따라 세 가지 유형의 이야기로 나눌 수 있다.

첫 번째 유형은 유복자를 본가로 보내기 위해 개가하는 것이다. 전남편이 유배를 당하거나 일찍 죽어 혼자 지내던 여성이 보쌈을 당한다. 그 여성은 뱃속의 유복자를 키우기 위해 후남편과 산다. 아들이 장성하면 과거를 보러 가는 길에 전남편 집안에 들르게 해서 아들이 그 가문의 핏줄임을 확인하게 하고 자신은 할 일을 다했다며 자결한다.

두 번째 유형은 남편의 복수를 위해 개가하는 이야기다. 이웃 남자가 여자에게 욕심을 품고 남편을 죽인다. 아내는 남자가 자기 남편을 죽였는지 확인하기 위해 그의 청에 응해 같이 산다. 수년 뒤 남자가 비 거품을 보고 남편을 죽였을 때도 비슷한 피거품이 나왔다고 우연히 고백하자, 여자는 그의 목을 베고 그 사이에서 낳은 자식도 죽인 뒤 자결한다.

세 번째 유형은 남편의 병을 치유하기 위해 개가하는 것이다. 걸식을 하던 부부 중 남편이 문둥병에 걸린다. 아내는 주막집 첩이 되어 살고 남편은 떠난다. 아내는 후남편과의 사이에서 생긴 아이를 낙태해 술을 담갔다가 유랑하던 전남편이 돌아오자 그것을 먹여 낫게 하고는 고향으로 가 남편을 들여보내고 자기는 들어갈 염치가 없다며 자결한다.

위에 소개한 줄거리에서 알 수 있는 바와 같이 '열불열 설화'는 '열녀 시험형 설화'와는 그 이야기의 분위기가 판이하게 다르다. '열불열 설화'는 예외 없이 여성의 자결로 마감되는 비극적이고 비장한 이야기이기 때문이다. 게다가 살인, 문둥병, 낙태 등과 같은 잔인하고 가혹하며 범죄적인 소재가 가득하다.

열불열 설화의 핵심은 여성 인물이 어쩔 수 없이 '개가를 받아들일 수밖에 없었던' 이유다. 첫 번째 유형에서는 '유복자를 키워 그 아들을 본가로 돌려보내야 하기 때문'이고, 두 번째 유형에서는 '전남편이 죽은 원인을 밝히고 복수를 해야 하기 때문'이며, 세 번째 유형에서는 '전남편의 병을 고쳐야 하기 때문'이다. 즉 이들에게 '개가'라는 '불열不烈'은 전남편에 대한 의리인 '열烈'을 더 깊고 충실하게 지키기 위한 '수단'이자 임시방편인 것이다. 그리고 '열'이라는 '목적'을 위해 '불열'한 수단을 택할 수밖에 없었던 여성들은, 개가라는 선택의 불가피성에 대한 면책을 받지 못한 채 자결하고 만다.

그러면 이 세 유형의 이야기들이 각각 어떤 사연을 담고 있는지, 구연자들의 이야기를 통해 좀 더 자세히 들어 보기로 하자. 첫 번째 유형의 이야기는 남편을 잃은 여성 인물이 유복자를 임신한 상태에서 보쌈을 당하는 것으로 시작된다.

> 그냥 보쌈을 히갖고는 업고 들고 강릉으로 도망을 허는 것여. 김참판 앞에 서고, 가서 그 집에 가서 살아. 이것 보에 싸여서 여까지 왔으니 오도 가도 못허고 그러나 허신은 안 해. … 인두이다가 불을 불을 달궈 갖고 [조사자: 아이고.] 음부를 지져 부러. [청중: 자기가?] 자기가. 근게 헐어서 거식헐 거 아녀? 그르고는 바운다(참고 배긴다) 그 말여. 그런디 … 어떻게 히갖고 때가 돌아왔든가 인자 허신을 힜어. … 어머니가 인자 "유수원의 집으 가서 어 권을 히 가지고 과거를 보고 오너라." 그러마고 올라가가지고 … 유수원 집을 찾은께 갈치 준다 그 말여. … 어머니가 조부라고 헌께 할아버지 대접을 허고 새로 인사를 했다 그 말여. 그런게 "그리야. 어딘지 수상허더라. 니가 막 와서보톰 꼭 내 자식 모습을 닮았어. 어찌 그리 같이 생긴 놈이 있는고 내 그렇게 봤다." … 근디 부임이 올라오네. [청중: 즈 어머니 죽었다고?] 즈 어머니 죽었다고. … '나 헐일은 다 했어. [조사자: 열녀요.] 유씨의 뒤를 어 잇기 위해서 너를 키우기 위해서 내가 훼절을 허고 김가

의 집이로 휘절을 히 가지고 내가 현역이 김씨 집이로 있는디 내가 부녀자의 도리로 해서 안 헐 짓을 했어. 절개를 여자는 절개가 생명인디 말여. 근디 너를 키워서 갈쳐 가지고 인자 대과에 급제했으니까 나 볼일은 다 봤어' … 그러고는 자결히 부러. 근게 인자 개가 열녀라 그 말여. 개가해 간 열녀여. … 근께 부인이 독할라믄 그렇게, 안 독허고는 열녀가 못 되는 거여.[120]

위 이야기에서 '유수원' 집안에서 살다가 '김참판'에게 보쌈을 당한 이 여성은 '강릉'이라는 먼 지역에 뚝 떨어지게 되어 '오도 가도 못 하고 살지만' 몸을 허락하지는 않는다. 이는 유복자를 안전하게 보호하고 낳기 위한 것인데, 임신 중에 성관계를 하지 않기 위해 굳이 '인두로 음부를 지진다'는 가혹한 설정을 한 것은 이 여성의 굳은 정절 의지와 전남편의 혈통 보존에 대한 강한 집착을 보여 주기 위한 것이다.

이야기는 주인공이 전남편의 아이를 낳은 후 장성한 아들에게 자기의 원래 가문인 유씨를 찾게 하는 내용으로 이어진다. 자기가 김씨 집안사람인 줄 알고 자란 아들로 하여금 과거 급제를 한 후 서울 '유수원 댁'을 찾아가도록 한 다음, 주머니를 펴 보게 해서 '유수원이 진짜 너의 조부'라는 사실을 알리는 것이다. 그렇게 조부와 손자가 서로 껴안고 친혈육의 정을 나누는 순간 부고가 도착해 여성이 자결했음을 알린다. '여자는 절개가 생명'인데 '너를 키우기 위해서 휘절(훼절)'을 했으며 '부녀자로서 안 헐 짓'을 했다는 말로 자신의 회한을 고백한 후, 이제 '나 볼일을 다 봤기 때문'에 죽는다는 말을 남기고 스스로 목숨을 끊은 것이다.

구연자는 이야기 말미에 이 여성이 훼절을 하긴 했으나 '자결'을 했기 때문에 '개가 열녀'라는 설명을 덧붙이고는, 이렇게 '독하지 않고는 열녀가 될 수 없다'는 말로 마무리한다. 전남편에 대한 의리를 지키고 가문 의식을 지켜 내며 아들을 본가로 돌려보낸 여성 인물의 열행을 칭송히면서도 그녀를 '독하다'고 표현하는 이 대목은 여성의 굳은 의지에 대한 양면적인 평가가 내려지고 있음을 알 수 있게 해 준다.

한편, 두 번째 유형의 이야기는 치정 살인의 모티프로 시작한다.

> 이부에 두 지아비를 섬기고 또 열녀가 되었다. 그런 이얘기가 있었는디 … 앞집 놈이 말이여, 그 친구 마누래를 욕심을 두었던 개비여. 제 욕심을 채릴라면은 사람을 쥑이여야겠거든. … 여자가 보니깨 남자가 허는 행동이 달브거든(다르거든). … 자기를 사귀면은 꼭 알 중절(방법)이 있을란지 알 수 없다, 이 길밖에 안 남았다 허고 그 남자허고 어쩌고어쩌고헌 개로 남자가 달라붙어 가지고 그 여자허고 살게 되었어. … "그적에 아닌게 아니라 내가 느그 남편을 내가 산에 가서 낫으로 모가지를 꾹 찔러 버린개로 말이여, 피가 저렇게 뿌굴뿌굴허니 나오더라." 그런개 여자가 허는 말이 기탄없이 "나도 그런 줄 알았어." … 인자 살며시 잠이 들었는디 여자가 비수를, 칼을 갖다가 남자 목을 턱! 비어 버렸어. … "너 이놈, 내가 이 종적을 알라고 너 더러운 놈한테 삼사 년간을 같이 그 더러운 몸뗑이를 너허고 살었다. 이 종적을 알았으니 너 나한테 죽어 마땅한 것이 아

니냐? 그러고 네가 나를 얻어 가지고 네 새끼란 것은 내 몸에서 났어. 외아들이여. 네 종자까지도 끊어 버린다." 허고서 자기가 난 새끼, 그 남편한테 난 새끼를 발목을 잡아서 그냥 신발독에다가 죽여 버려. … 그리고 그 칼로 자기가 거기서 그냥 죽어 버렸어. 목 찔러 죽어 버려. 안 죽었으면 이부 열녀가 아닌디 죽어 번졌응개 그렇지. 그런 여자는 무섭기가 한정없어.[121]

이웃 여자를 탐낸 한 남자가 그 여성의 남편을 죽인다. 여자는 남편이 영 돌아오지 않자 이웃 남자의 '행동이 뭔가 달라진 것'을 의심하며 '꼭 알아낼 중절이 있을지 모른다'는 생각으로 그의 요청을 받아들여 같이 살림을 차린다.

이야기는 살면서 아이까지 낳고 지낸 몇 년 후로 넘어간다. 우연히 비가 오는 날 빗물에 거품이 생긴 것을 보고 남자가 피식 웃으며 '느그 남편이 죽을 때도 저렇게 피가 뿌굴뿌굴 나왔다'고 실토하자 여자는 그를 안심시키기 위해 아무렇지도 않다는 듯이 '그런 줄 알았다'고 답한다. 그러고는 남자가 잠이 들기를 기다렸다가 단칼에 목을 베고, '네 종자까지도 끊어 버린다'며 남자와의 사이에서 낳은 아이를 그 앞에서 잔인하게 죽인 후 스스로도 '목을 찔러' 자결한다.

여자가 남편을 죽인 남자에게 복수하면서 하는 말은 그와 정을 통하고 살았던 것이 '전남편에 대한 의리'를 지키기 위한 어쩔 수 없는 궁여지책이었음을 보여 준다. 이 이야기에서 여성 인물은 자기가 '이 종적을 알라고 너 더러운 놈한테 삼사 년'을 억지로 산 것일 뿐이라고 말하면서, '내 몸에서 난 네 새끼란 것'도 '네 종자를 끊는 것을 네 눈앞에서 보여 주려는 것'이라며 거침없이 죽여 전남편을 위한 복수의 잔혹함과 강도를 최고조로 끌어올린다.

이 이야기의 구연자 또한 끝에 여성이 '안 죽었으면 이부 열녀가 아닌데' 죽었기 때문에 '열녀'라고 설명한다. 그리고 '그런 여자는 무섭기가 한정없다'면서 이 여성의 처절한 복수담이 결국 '열'을 위한 것이긴 하지만 현실에서 이런 여성상을 받아들이기에는 너무 버겁고 부담스럽다는 태도를 취하며 이야기를 마무리한다.

마지막 세 번째 유형의 이야기는 남편의 문둥병이 원인이 된다.

> 남자가 풍병(문둥병)이 들었어. … 그 남편은 혼차 가거로 하고 그 여자는 풍병, 나병 환자 아니니께 당신은 다른 데 가 얻어먹고 댕기는데 이 여자는 그 집 주막집 첩이 돼 가이고 살아. … 부부간에 젊은 사람이 아아 안 낳나? 아아 낳아가 일곱 달 되믄 우째도 낙태를 하는기라. 낙태를 시키는 기라, 여자가. 시킬 적에 집 뒤에다가 큰 말이지, 물로 한 칠팔 동우(동이), 여남은 드는 도가지다가 술로 누룩 한 되 쌀 한 되 첩질로(겹겹이) 해가아 살짝 옇어 가이고 구덩을 딱 내놓고 아 낙태하자 그 안에 지이어 옇고 … 한 번 돌아오지 싶어 어째도 기다리는 기라. 기다린께 십 년이 된께네 얻어묵으로 오다 그 주막에 들렀는기라. … 그래 그 남자(남편)를 보고 어짜든지 그 술을 그거로 말이지 떠다가 말이지 자꾸 주는 기라. … 그래 홀빡(완전히) 낫았어. 나아서 완전히 내중에 죽었다가 껍데기 벗어 버리고 다 벌거지 죽고 난께 완전히 새사람 된 기라. … 고향으로 가자고 그래 딱 따

라갔는데 여기서 보몬 이제 앞에 다 넘어몬 이제 저그 동네거든. 그 앞에 세워 놓고 마 뒤에 옴서 마 자살로 해 삐린 기라. 그 여자가. 내가 개가로 가 가이고 살았는데 우찌 일가 속에 그 염치를 보고 마 내가 가서 살 수가 없다 말이다. 그게 한다이 열녀라 말이다. 내가 마 넘우(남의) 여자 됐다 남편 병 고치 주무 그뿐이지 더 살 수 없다.[122]

치유하기 어려운 병에 걸린 남편은 먹고살기 위해 걸식하다 들른 주막집에 아내를 혼자 두고 떠난다. 아내는 주막집에서 첩이 되어 살면서 그 사이에서 낳은 아이를 '우째도 낙태를' 시켜 '누룩과 쌀을 첩첩이 넣고' 술을 담근다. 그리고 걸식하며 떠돌아다니는 전남편이 한 번은 다시 주막집에 오리라고 생각하며 10년이 넘도록 기다린다.

10여 년 세월이 지난 후 우연히 지나가던 전남편이 주막집에 들르게 되자 여자는 그에게 술을 권해 먹게 하고는 천형과도 같았던 문둥병을 '껍데기 벗어 버리듯' 완전히 낫게 만든다. 병이 완치되어 '새 사람'으로 거듭 태어난 남편과 아내는 함께 고향을 향해 떠나는데, 고향 마을을 눈앞에 두고 남편을 먼저 들여보낸 아내는 동네에 발도 들이지 않고 자결한다. 이유는 '남의 여자가 됐던' 자신이 '우찌 일가 속에서 염치없이 살 수 있냐'는 것이었다. 남편의 병을 고쳐 준 것에 대해서도 '병 고치 주무 그뿐이지'라는 말대로, 아무것도 바라지 않는다는 태도를 보인다.

이 이야기의 여성 인물은 첩이 되어 살면서 갖게 된 아이를 어떤 일이 있어도 낙태를 시켜 약으로 쓸 술을 담그는 데 사용하는 반인륜적인 행동을 서슴지 않는다. 그에게 중요한 것은 '병에 걸린 전남편'을 다시 만나 그의 병을 낫게 하는 일뿐이다. 이러한 설정은 '아이나 인육을 먹어야 문둥병이 낫는다'는 속설에 기반한 것이기도 하지만, 두 남편을 보고 개가해서 낳은 아이는 '낙태'를 해도 된다는 생각의 표현이기도 하다. 종국에 이 인물은 개가와 낙태라는 비도덕적 파탄 상황을 책임지려는 듯 자결을 선택한다.

구연자는 이 여성을 '한다이(번듯한) 열녀'라는 말로 압축한다. 과연 무엇이 '번듯한 열녀'인가? 염치없이 사는 선택을 하는 것이 아니라, 스스로 깨끗이 죽는 선택을 하는 것이 열녀라는 것이다. 이렇듯 열불열 설화를 구연하는 대부분의 제보자들은 여성 인물의 죽음이 그가 했던 모든 비윤리적 행위를 깨끗이 상쇄해 주는 결말인 것처럼 이야기를 끝맺곤 한다.

그런데 이러한 열불열 설화는 여성에게 모든 죄의식과 책임을 전가하는 이야기인 것은 아닌가 하는 의문을 지울 수 없다. 가문의 대를 잇기 위해, 전남편의 복수를 위해, 전남편의 불치병을 고치기 위해 자기를 희생하면서 타의에 의한 '개가'를 했지만, 그 책임을 지는 것은 오직 이들 자신뿐이며 그 방법은 죽음뿐이었다. 게다가 이들은 희생의 공로를 충분히 인정받기는커녕 '독하고 무섭다'는 최종 평가를 받았다. 열불열 설화는 결국 여성이 모든 '피'를 손에 묻히고 죄책감을 한몸에 짊어진 채 '자결'함으로써 가문과 남편을 위한 '이익'만을 남기고 사라지는 구조의 이야기, 가장 남성 중심적인 시각에서 구성된 이야기인 것이다.

여성이 말하는 열불열 설화

거게
아들도다
오라카고
거게 신랑도
오고 여게
신랑도 오고
금관지복해
가주고 그래
초상을 잘
치더랍니더

동생 병 고쳐 준 제수

남녀 구연자의 해석 차이

실제로 열불열 설화를 여성 제보자가 구연할 때는 그 이야기의 결이 완전히 달라진다는 점은 앞서의 의문에 대한 일말의 단서를 준다. 다음의 내용을 읽어 보자.

> 잎이든동 꽃이든동 뭐 뱀이든동 개구리든동 당신 첫눈에 비이는 거만 날 한 가지씩 잡어다 주소." 이카거든. 그래 백 가질 잡아가여 대안(뒤안)에다가 땅을 파고 독을 하나 묻어 놓고 누룩, 자리누룩을 빠싸(찧어) 놓고 … 술을 담었어요. 술로 담어가 석달 열흘로 나둤다가 … 다 먹고 나이께네 … 옳은 살이 나와. 마 문디이빙이 싹 낫아뿌. … 그래 가가주구 동네 근바아 드가이세네 "아이구, 아무띡(댁)이가 신랑 병 곤치가 왔단다." 카

고, 막 시숙이 … 열녀 잔치를 고마 하기 시작하는데 및 날 및일로 하고. [청중: 열녀 잔치를 해도 싸지.] 응, 그래가주고 거어서 또 한 사연 사이 또 아들이 서이 났어. 거게서. … 한 팔 년 살고 고만 마느래가 죽었부는 기라. 그래 죽으민성 이혼을 했어. "내가 죄를 져었다."꼬. "그래 아무데 아무데 가 가주고 내가 아들 서이 논 기 있고 거게 안주 남핀이 살아 있이이 내가 큰 죄를 졌이이 마 날로 사람 대우를 안 해 조도 괘안타." … 이 집에서 "그런 기 아이라 우리 동싱을 이래 낫아가 왔이이께네 거게 아들도 다 오라 카고 아들도 다." 거게 또 신랑도 오고 여게 신랑도 오고 금관지복해 가주고 그래 초상을 그래 잘 치더랍니더.[123]

위 이야기는 세 번째 유형의 변이형으로, 제보자는 74세의 '전계한'이라는 여성이다. 이 이야기에서는 내용의 방향이 후남편과의 사이에서 세 아들을 낳은 후 그에게 부탁해서 갖은 물건을 모아다가 담근 술로 전남편의 병을 고치는 것으로 대폭 수정된다. 즉 '낙태'라는 충격적인 소재가 아예 없어지고, 대신 술을 담근 재료가 '꽃, 뱀, 개구리'와 같이 '눈에 띈 첫 번째 물건 100가지를 모은 것'으로 대체되며, 그러한 정성스러운 약술 담그기도 후남편의 도움을 받아서 진행한다.

그렇게 담근 약술을 먹여 '옳은 살'이 나오게 해서 전남편의 '문디이빙을 싹 낫아뿐' 다음, 이 여성은 후남편과 세 아들에게 '잠시 고향에 다녀오겠다'며 고별을 고한 뒤 전남편과 함께 원래 살던 곳으로 돌아간다. 고향 마을에서는 '아무댁이 신랑 병 고쳐 왔다'는 칭송 섞인 소문이 이미 자자하게 퍼져 있으며, 가난하던 시숙은 그새 돈을 크게 벌어 '동생 병 고쳐 준 제수'를 위해 성대한 '열녀 잔치'를 마련하고 이들을 기다린다. 열녀 잔치가 '몇 날 며칠'을 이어졌다는 표현이나, '열녀 잔치를 하는 게 마땅하다'는 청중들의 반응은 이야기판의 참여자들이 모두 아내의 행동을 '대단한 일'이자 '보상받을 만한 일'로 인정하고 있음을 보여 준다.

이야기의 결론은 그러한 이야기판의 분위기를 더욱 훈훈하게 한다. 이 여성은 고향에서 전남편과 아들 셋을 더 낳고 약 8년을 더 산다. 여생을 충분히 산 여성은 병에 걸려 죽음을 앞둔 상태에서야 비로소 후남편과 그쪽 아들들의 존재를 언급하며 이혼을 청한다. 떠나온 후남편과 아들들에게 못할 짓을 했고 자기가 '죄를 지었다'는 것이다. 그러나 이야기에서는 아무도 이 여성의 '죄'를 따지지 않으며 오히려 이 말을 후남편과 아들들을 한자리에 불러모으는 기회로 삼는다. 그리하여 '거게 아들, 거게 신랑, 여게 신랑'이 다 모여서 임종을 하고 여성은 '금관지복', 즉 '굴건에 제복(屈巾祭服)'을 한 정성스러운 치상을 받으며 한평생을 마무리하는 것으로 이야기는 끝난다.

그렇다면 첫 번째 유형이나 두 번째 유형에서도 여성 제보자가 이야기할 경우 달라지는 부분이 있을까? 최임생이라는 73세의 여성은 첫 번째 유형의 '유복자를 본가로 보내려고 개가한 이야기'를 하면서 '음부를 지진다'는 요소를 없애고 여성이 자결하는 결말도 바꿔 버린다. 이 제보자는 여성이 두 아이를 잘 길렀으며, 전남편의 아이는 커서 장원급제를 하고 후남편의 아이는 낙방했지만 잘살게 해 줬다고 하면서 여성 또한 자기 아들과 함께 본가로 돌아가 잘 살았다고 마무리한다. 이야기를 듣던 청중도 모두 '잘되었다'고 웃으면서 이야기가 끝난다.

하봉연이라는 75세의 여성은 두 번째 유형의 '남편의 복수를 위해 개가한 이야기'를 하면서 후남편 살해, 후남편과의 사이에서 난 자식 살해, 스스로 자결하는 결말 등을 모두 없앤다. '이 도독넘이 내 남편을 죽였구나' 하고는 당장 돌아서서 떠나는 것이 전부이며, 결말도 '옛날에는 머 희한한 게 다 있어요' 하면서 이야기의 의미 자체를 전남편을 위한 '열'이나 '복수'로 끌고 가지 않고 '이상한 이야기'로 마무리할 뿐이다.

제보자에 따라 이야기가 조금씩 변하는 것은 구전설화의 성격상 당연한 것이다. 그리고 그렇게 달라지는 이야기에는 그 이야기를 전달하고 말하는 사람의 입장과 가치관이 개입되었으리라는 것 또한 당연하게 추측할 수 있다. 그런 점에서 열녀 구전설화의 구연자들 중에 남성이 압도적으로 많다는 사실은 '열녀담'이라는 이야기 장르 자체가 남성 중심적일 수밖에 없다는 것을 잘 보여 준다. '열불열 설화' 중에서도 유독 가문 의식을 강조하는 내용인 '유복자 본가 보내기' 유형의 제보자들은 남성들 중에서도 특히 그 지방의 지역 유지거나 훈장, 유교 지식층인 경우가 많다는 사실 또한 이야기에 구연자의 입장이 강하게 반영된다는 점을 드러내는 또 다른 증거다.

많지 않은 여성 제보자들의 열녀 구전설화가 보여 주는 이 특별한 '변이'는 '열'이라는 남성 중심적 윤리를 바라보는 보통 민간 여성들의 시각을 대변하는 것이 아닐까. '정절 잃는다고 꼭 제 몸을 불에 지질 것까지는 없다. 개가했다고, 두 남편 봤다고 굳이 죽을 필요 없다. 남편 복수한다고 살인까지 저지를 일 없다. 전남편, 후남편, 양쪽 자식들과 다 같이 잘 살아도 괜찮다…….'

구전설화가 전해 주는 열녀 이야기는 결국 '말하는 사람이 누구인가'에 따라 '전달하는 주제'가 달라질 수 있음을 적나라하게 드러낸다. 그렇다면 이제 진짜 열녀가 남긴 목소리, '남성 문인이 전하는 열녀전' 속의 주인공 자신이 남긴 '유서'를 통해 그들의 속내를 읽어 볼 차례다.

7장

열녀 자신의 목소리

신씨부의 한글 유서가
보여 주는
열녀전의 허구성

I

지금까지 살펴본 모든 글은 열녀 자신의 목소리가 담긴 글이 아닌, 그 주변에 있던 누군가가 '열녀에 대해 남긴' 언어이자 기록이었다. 조선 시대의 열녀전이 창작된 경위를 돌이켜보면 그 인물은 우선 열녀가 난 집안의 남성 연장자일 가능성이 높고, 그 다음에는 그 인물과 접촉할 수 있는 범위 내에서 가장 권위 있는 기록을 남길 만한 명성을 가진 남성 문인일 가능성이 많았다. 열녀가 된 여성들이 유서를 남긴 사례는 그 수가 많지 않으며 그것이 전해지는 경우는 더욱 드물다. 그래서 남성 문인들이 남긴 열녀전에 '열녀가 유서를 남겼다'는 구절이 전해지는 사례는 20여 건에 이르지만 그 열녀가 남긴 유서가 실제로 발견된 사례는 전체를 통틀어 한 손에 꼽을 수 있을 정도다.[124]

이 책에서는 그간 알려져 있지 않았던 조선 시대 여성의 유서 자료 한 편을 전면 공개하고자 한다.[125] 이 유서의 주인공은 미상이며 성씨조차 알 수 없다. 유서의 내용을 통해 알아낼 수 있는 정보는 첫째, 남편을 '신서방님'이라고 부르는 것으로 보아 이 여성의 시댁이 신씨 가문이라는 점, 둘째, 남편을 '병인년丙寅年'에 잃었다는 점, 셋째, 남편의 죽음 당시 어린아이였던 외딸을 키워 내고 작년에 성혼시킨 후 자결함을 밝히고 있다는 점, 넷째, '돌놈(석이)'을 양자로 정하고 며느리까지 얻었으나 족보에 올리지 못해 시댁과 갈등을 겪었다는 점, 다섯째, 자결을 앞둔 이 여성의 당시 나이는 조선 후기 여성의 일반적인 초혼 연령과 어린 딸을 키워 낸 후 '작년'에 성혼시켰다는 점을 종합해서 미루어 볼 때 대략 30대 후반에서 40대 초반쯤이었으리라는 점 등이다. 이것이 이 유서를 쓴 여성에 대한 객관적인 정보를 유추할 수 있게 해 주는 몇 안 되는 단서들이다.

유서 원본은 한 장으로 이어 붙인 약 1.5m 이상 길이의 종이 두루마리 형태의 한글 필사본으로, A4 용지 10~12장 정도에 나눠서 복사해야 할 정도로 제법 긴 분량이다. A4 용지 한 면에는 12~14행 내외, 각 행의 글씨는 비교적 고른 글씨체로 18~20자 정도가 빽빽하게 쓰여 있다.

이 유서는 원본의 앞부분 일부가 망실되어 글이 중간부터 시작되고는 있지만, 남아 있는 부분의 종이 두루마리 보존 상태가 상당히 좋은 편이다. 현재 남아 있는 지질과 보존 상태, 사용된 언어 표기의 관습, 그리고 '병인년'이라는 간지를 종합해 봤을 때 이 두루마리가 작성된 시기는 아마도 1600년대까지 거슬러 올라가지는 않을 것으로 보인다. 따라서 이 유서의 작성 연대는 남편이 사망한 '1700년대에서 1800년대의 병인년', 즉 1746년, 1806년, 1866년 중 하나에서부터 딸이 성혼하기까지의 15년가량이 지난 시점, 즉 1760년, 1820년 혹은 1880년 어름의 한 시기일 것으로 대략 짐작할 수 있다.

열녀에 대한 기록이 아니라 '열녀 자신이 쓴 기록'에는 어떤 이야기가 담겨 있을까. 18~19세기의 한 시기, 신씨 가문에 시집을 간 뒤 남편을 잃고 약 10여 년 뒤 순절을 결심한 조선 여성 '신씨부申氏婦'가 남긴 한글 유서를 함께 읽어 보기로 하자. 유서는 모두 네 통으로, 첫 번째는 양자에게 쓴 것, 두 번째는 딸 내외에게 쓴 것, 세 번째는 친정 오빠 내외에게 쓴 것, 네 번째는 시부모님 앞으로 쓴 것이다. 남편을 따라 죽는 여성 자신이 직접 남긴 목소리를 통해 그가 어떤 마음으로 죽음을 결심했는지, 남은 가족들에게 어떤 말을 하고 싶었는지 찬찬히 들여다보자. 그리고 이 여성이 남성 문인들이 서술한 열녀전에서처럼 '단호하고 엄숙하며 종용하게', 철저히 '자발적인 마음으로', 그리고 비인간적일 만큼 '한 치의 흔들림도 없는 모습'으로 죽음에 임하고 있었는지 살펴보자.

그저 가지가지 불상타

내 일생 혼자
지낸 설움은
귀신이
잡아가도
한 번 죽고,
살아도 한 번
죽는 것이다.
그러니
너희는
조금도
서러워 마라

양자인 '돌놈'에게

위로 속에 드리운 설움

총 네 통의 유서 중 첫 번째 유서는 남편의 뒤를 이을 후사로 들인 '돌놈'이라는 양자에게 남긴 유서다. 분량이 가장 적은 이 유서의 주요 내용은 '① 오라버니가 불쌍함, ② 양자인 돌놈의 살림 형편에 대한 이해와 위로, ③ 죽음을 앞둔 마음'으로 되어 있다.

> ① … 노릇이니, 우 되신 동생이(未詳) 그저 가지가지 불쌍하다. 오라버니가 상을 당하여 매우 서러워하시는데 나조차 마저 죽으니 몹쓸 게 여동생이다.
>
> ② 너도 늙으신 부모님과 혼자된 형수, 아내 데리고 잘 살아라. 내가 너희에게 살림을 시키지 않는다고 너희 일가들이 날 나무란다 하지만, 네

가 연로하신 어머니와 혼자 사는 형수를 놔두고 나한테 와 잠시나 있겠느냐. 그렇다고 네 아내가 여기 와서 혼자 어찌 살라는 말이냐. 내가 늙어가면서도 신가의 며느리 친정집에 와 있는 것을 좋게 여기지 않는데 또 며느리 여기에 두게 하겠느냐.

③ 내 일생 혼자 지낸 설움은 귀신이 잡아가도 한 번 죽고 살아도 한 번 죽는 것이다. 그러니 너희는 조금도 서러워 마라. 다만 너희를 다시 못 보는 것이 한이다. 달밤에 쓰느라고 글씨가 기괴하다. 낮은 너무 번잡해서 쓸 수 없어 그렇다.[126]

첫 번째 유서의 앞부분은 원본이 유실된 상태여서 그 맥락을 짐작하기가 다소 어렵다. 다만 뒤에 이어지는 유서의 단편적인 정보들을 종합할 때 이 유서의 수신자는 양자로 들어온 '돌놈'이라는 인물로 추정할 수 있다. 유서에 따르면 이 남성은 자신의 '부모, 형수, 아내'가 따로 있다. 하지만 작자인 신씨부가 이 남성에게 '살림을 시켜야' 하는 위치에 있으며, 그는 자신의 일족들로부터 신씨부의 거처로 가서 함께 살아야 한다는 기대를 받고 있었다. 부모를 비롯한 자신의 가족들이 따로 있으나 신씨부를 모셔야 한다는 의무 섞인 기대를 받고 있는 이 남성의 상황은 '양자'일 수밖에 없다. 또한 작자가 유일한 혈육인 딸을 제외하고 '너희를 다시 못 보는 것이 한'이라고 말할 만큼의 각별한 애정을 드러낼 만한 존재 역시 자신과 남편의 제사를 받들 당사자인 양자였다.

이 유서에서 신씨부는 양자인 돌놈에게 자신을 더 돌보지 못한 것을 미안해하지 말고 잘 살라고 당부하면서 자신의 죽음이 오라버니에게 줄 슬픔을 걱정하고 있다. 신씨부는 남편을 잃은 뒤 친정 가문에서 지냈던 것으로 보이며 이는 특히 친정 오빠의 적극적인 보호와 배려 속에 이루어졌던 듯하다. 신씨부의 오빠가 과부가 된 자기 집안 여성을 데려와 보호할 수 있었다는 것은 동시에 이 집안의 계층적 지위가 경제적으로나 사회적으로 가세를 유지한 양반가 쪽에 속했음을 알려 주는 것이기도 하다.

양자에게 남긴 이 첫 번째 유서는 감정 표현이 뚜렷하고 분명하다. 남편 없이 혼자 살아야 했던 설움을 '귀신이 잡아가도 모를 것'이라는 말로 내뱉기도 하고, '죽는 것도 사는 것도 한 번뿐'이라는 말로 이미 단단히 죽음을 결심했음을 드러내고 있기도 하며, '다만 너희를 다시 못 보는 것이 한'이라는 말을 통해 친밀감과 회한을 드러내기도 한다. 그러면서도 '양자'라는 관계의 거리로 인해, 슬픔과 그리움의 마음을 적당한 선에서 절제하면서 '조금도 서러워 말라'며 유서를 마무리하고 있다.

'낮에는 번잡'해서 조용히 글을 쓸 수가 없어 '달밤에 쓰느라 글씨가 좋지 않다'고 양해를 구하는 부분은 자신의 마지막 흔적이 될 유서의 필체가 단정하게 남기를 바라는 신씨부의 마음을 보여 주는 표현이다. 깊은 밤, 혼자 앉아 유서를 쓰면서 이 글을 읽을 사람들의 눈에 비칠 자신의 모습을 가지런하게 갈무리하고자 애쓰는 한 여성의 모습을 떠올리게 하는 대목이기도 하다.

봄의 네 얼골을 보니 써든 얼골리너라

그저 훔친
목숨
보존이나
하여
지내다가
칠월 제삿날
죽자 하고
기다려 오늘
죽으니
아무것도
한이 없다

딸 내외에게

홀로 남을 자식에 대한 애끓는 안타까움

두 번째 유서는 딸 내외에게 남긴 유서다. 민씨 가문으로 출가한 딸을 '민서방댁'으로, 사위를 '민서방'으로 부르고 있다. 두 번째 유서의 전체적인 내용은 '① 죽지 못한 이유와 이제 죽음을 앞두고 느끼는 한스러움, ② 사위에게 하는 당부, ③ 딸에게 하는 당부'로 이루어져 있다. 아래 내용은 딸 내외에게 주는 유서 전문이다.

① 민서방 내외 보아라. 나는 병인년 이십사일에 죽을 사람이로되 시부모, 친부모 계시고 어린 딸자식 하나 있으니 죽고 사는 것을 내 임의대로 하지 못하였다. 지금은 지난 구월에 딸을 성혼시켜 민서방 같은 남편을 얻어 주고 한쪽 부모님 계시다가 올해 이월에 상을 당했으니 내가 그때

죽고 싶었으나 한낱 동생이 되어서 노친 상사 때 나조차 죽으면 동생으로서 못할 노릇이다 싶어 못 죽고 살았다. 그저 훔친 목숨 보존이나 하여 지내다가 칠월 제삿날 죽자 하고 기다려 오늘 죽으니 아무것도 한이 없다. 그러나 돌놈이 아들 낳는 것을 못 보고 민서방댁 수태한 소문도 못 듣고 오라버니와 친척 동생 버리고 죽으니 다 이 동생이 몹쓸 것이다.

② 민서방 같은 사위를 버리고 죽으니 다 각각 부부간이 무엇이 무엇으로 생겨났는고. 나도 어서 죽어 부부간 만나 보려네. 나의 딸 불쌍히 여기소. 어느 부모가 있을까. 다만 민서방만 믿사옵니다.

③ 너도 어미 죽었다고 너무 서러워 마라. 너 위한 정으로 이때까지 목숨 보전하였다. 늙은 부모 어미 죽었다고 서러워 말고 시부모님께 봉양 극진히 하고 가장의 뜻 거스르지 말고 잘 공경하고 일찍 일어나고 세수 놓지 말고 몸 쓰기를 단정하게 가져라. 봄에 네 얼굴 보니 피곤에 찌든 얼굴이더라. 부디부디 종들에게 말 불순히 쓰지 말고 부디부디 네 오라비를 더욱 다르게 생각하게 하여라. 달밤에 썼으니 글씨 짐작하거라.[127]

딸 부부에게 주는 이 유서는 자신이 '병인년 (칠월) 이십사일에 죽었어야 하는 사람'이라고 말하는 것으로 시작하고 있어, 이날이 남편이 죽은 날임을 알 수 있게 해 준다. 유서에 따르면 남편의 죽음 당시 '자기의 뜻대로' 남편을 따라 죽지 못한 이유는 '시부모, 친부모가 살아 계셨고 어린 딸이 있었기 때문'이었으며, 이제 돌아오는 남편 기일인 '칠월 제삿날'에 죽을 수 있게 된 이유는 작년에 '딸의 혼사'와 올해 '친정 모친상'을 치르면서 자결을 미루어야 했던 이유가 일부나

마 없어졌기 때문이라고 설명하고 있다.

이 유서부터 이후에 보게 될 오라버니, 시부모에게 남긴 유서까지, '죽음을 미루었다가 이제야 죽는 이유'에 대한 설명은 반복적으로 등장한다. 남편의 죽음 당시 '당장 따라 죽지 못한 이유'를 되풀이해 설명하고 있다는 것은 이 여성들에게 자신의 삶이 '살아서는 안 될 사람이 사는 것'으로 인식되고 있으며, 따라서 삶 자체에 대한 죄의식이 깊이 내면화되어 있다는 사실을 알게 해 준다.

그렇게 죽음을 재촉받듯이 살아온 인생임에도 불구하고 막상 죽음을 앞둔 마음은 착잡하게 뒤엉킬 수밖에 없었던 듯하다. 돌아오는 '남편 기일'에 맞춰 죽음을 택한다는 '죽음의 명분'을 합당하게 마련했으니 '아무 한이 없다'고 하면서도 신씨부는 미련이 남는 점들을 자기도 모르게 나열한다. 양자로 들어온 아들이 대를 잇는 모습을 보지 못한다는 것, 막 시집간 딸이 임신하는 모습도 보지 못한다는 것, 남은 오라버니와 친척 동생도 다 버리고 죽는다는 것 등이 저절로 떠오른다고 말하면서 그는 그렇게 죽는 자신을 '몹쓸 사람'이라고 탓한다.

이 유서에서 특히 눈길이 가는 대목은 사위인 민서방에게 부부의 인연에 대해 말하는 대목이다. 신씨부는 '다 각각 부부간이 무엇이 무엇으로 생겨났는고'라고 탄식하며 '나도 어서 죽어 부부간 만나 보련다'고 말한다. 수많은 사람 중에 부부로 만났던 인연으로 인해 남편을 따라 죽으려는 자신의 모습과 바로 작년에 부부의 연을 맺은 딸 내외의 모습을 겹쳐 떠올리며, 부부의 인연에 대한 착잡한 소회와 사별한 남편에 대한 새삼스러운 마음을 '어서 죽어 부부간 만나 보련다'는 말로 고백하고 있는 것이다.

부모를 모두 잃고 혼자 남게 될 딸에 대한 특별한 애정과 애끓는 안타까움도 드러나 있다. 사위에게 '내 딸 불쌍히 여겨 달라' '부모가 다 없으니 민서방만 믿는다'며 부탁의 말을 전한 신씨부는 이어 딸에게 '어미 죽는다고 서러워 말라'며 '너를 보고 이때껏 목숨 보전했다'는 말로 애정을 표현한다. 남편이 죽은 후 그녀의 삶은 실제로 오직 이 딸을 살려 내기 위한 것이었기 때문이다. 신씨부는 그렇게 키워낸 딸의 시집 생활을 걱정하면서 시부모와 남편을 잘 공경하라는 훈계를 전하기도 하지만, 딸에 대해 신씨부가 눌러둔 진짜 감정이 다시 북받치는 듯한 대목은 '봄에 보니 찌든 얼굴이더라'며 딸의 안색이 좋지 않았음을 챙기고 걱정하는 부분이다.

이렇듯 딸 내외에게 주는 신씨부의 유서는 '아무 한이 없다'면서도 죽음을 앞두고 부부간의 인연에 대해 갖게 되는 복잡한 심경을 드러내기도 하고, 자신을 여지껏 살게 만들어 준 존재인 하나뿐인 딸에 대한 깊은 애정을 고백하기도 한다. 앞서 살펴본 양자에게 주는 유서나 뒤에 나올 오빠, 시부모에게 남긴 유서들에 비해 볼 때 마음속 깊이 숨겨 두었던 감정의 한 자락을 애틋하고 절절하게 드러내고 있는 점이 이 유서의 특징이라 하겠다.

못슬 거시 녀동싱니로소니다

다만
오라버니
같은 이는
세상에 다시
없으신데
몹쓸 동생이
저버리고
죽사오니
몹쓸 것이
여동생이오

오라버니 내외에게

죽음을 앞둔 한 인간의 다단한 상념들

신씨부는 남편 사후 친정으로 돌아와 오라버니 내외에게 의탁해서 지내고 있었다. 이 유서는 그들 내외에게 남긴 것으로, 오빠의 아내인 올케를 '형님'이라고 부르고 있으며 그 외에도 '각순 어미, 서서방댁' 등 친정 집안 쪽 인물로 추정되는 사람들을 언급하며 안부를 전해 달라 부탁하기도 한다. 전반적인 내용은 '① 죽지 못한 이유와 오라버니에 대한 미안함, ② 양자와 딸 내외 부탁, ③ 올케에 대한 고마움, 친지 간 당부'다.

① 오라버님 내외 보시오. 나는 병인년 칠월 이십사일에 죽을 사람이로되 시부모와 친부모 계시고 쓸데없는 딸자식 하나 있는 연고로 썩 명을

끊지 못하고 이때껏 근근히 명을 보존하였소. 그런데 이제는 노친들이 차차 돌아가시고 나로 말해도 양자를 정해 며느리까지 얻고 딸자식 하나 있는 것도 성혼하여 아무 데도 걸릴 것이 없으나 다만 오라버니 같은 이는 세상에 다시 없으신데 몹쓸 동생이 저버리고 죽사오니 몹쓸 것이 여동생이오. 다만 남매 의지하고 있다가 죽사오니 몹쓸 것이로되, 여자는 어려서는 친부모가 길러서 시집보내며 가장이 있으면 살 것이오, 남편이 죽고 없으면 즉시 따라 죽을 것인데 나도 어머니 상 때 죽을 것이었으나 차마 오라버니가 차마 불쌍하여 못 죽었으니 오늘 죽어야 옳습니다. 착하신 오라버님을 버리고 죽으니 몹쓸 것이 여동생이오.

② 오라버니와 민서방 둘이 상의하여 돌놈이 살게 하여 주소서. 우리 민서방집 나 죽었다 마시고 자주 가서 봐주소서. 오라버니, 형님, 새댁, 각순 어미 모두 어머니 상사 만난 후 이때까지 시부모 받들 듯 나를 공양했으나 다만 나는 어서 죽어서 신서방님, 친부모님, 시부모님 지하에 가 뵈려 하니 지금은 죽어도 아무 데도 걸릴 데가 없습니다.

③ 다 착하신 이는 우리 형님이오. 기제사 이을 아들을 같이 길러 내는 모습을 못 보고 죽으니 한이요, 아들 낳는 모습을 못 보니 한이요, 형님이 내게 대접하는 모습을 버리고 돌아가니 인정이 아닐 것이오. 서서방댁이 안 죽고 살아나니 신기하오. 저를 다시 만나 회포를 펴자 하였으나 내가 죽기 바빠 죽습니다. 나 죽었다고 말고 돌놈이네를 따로 살게 하시오. 그러나 내가 죽었다고 초하루 보름 차례 지내면 한때 있으면 귀신인들 저더러 (뭐라 하겠습니까.) 달밤에 쓰느라 글씨가 이상합니다.[128]

이 유서에서는 오라버니에 대한 남다른 애정과 미안함의 감정이 두드러진다. '세상에 오라버니 같은 이는 다시 없다'거나 '다만 남매 의지하며 살았다' '착하신 오라버니를 두고 죽으니 자신이 몹쓸 여동생이다' 등의 표현은 신씨부와 오빠가 각별한 남매애를 나누며 의지하는 관계였음을 알게 해 준다. 또한 오빠의 아내와 며느리로 짐작되는 '형님, 새댁'이 자신을 이때껏 '시부모처럼 받들었다'는 표현, '착하신 형님을 두고 죽으니 한'이라거나 '나를 대접하는 모습을 버리고 가니 인정이 아니'라는 표현 등은 이 여성이 친정 오빠의 집안에 와서 올케와 조카 며느리의 정성 어린 보살핌 속에 살았음을 보여 주는 부분이다.

이 유서는 그렇게 자신에게 큰 울타리가 되어 준 오라버니에게 고마움과 죄책감을 전하는 내용이 주를 이루기는 하지만, 동시에 오라버니와 자기 주변에 있었던 여러 인물들을 언급하며 뒷일을 부탁하고 있는 내용도 포함한다. 죽음을 앞둔 신씨부의 마음에 가장 큰 걱정으로 남은 존재는 아마도 양자인 '돌놈'이었던 것 같다. '돌놈'은 혼인을 한 장성한 아들이었지만 본가인 자기 집안에서 지내고 있었기 때문에 본가와 양가 사이에서 갈등적 상황에 자주 노출되었던 것으로 보인다. 딸에게 준 유서에서 '네 오라비를 더욱 달리 생각하게 하라'고 한 말이나 친정 오라버니에게 '민서방과 의논하여 돌놈이 살게 해 달라' '돌놈이네를 분가시켜 달라'고 부탁하는 대목은 모두 이 양자로 인해 어려운 문제들이 있었음을 추측하게 해 준다.

하지만 신씨부의 마음에 양자의 문제만 걸렸던 것은 아니었다.

그는 '서서방댁'의 병이 나았음에 안도하며 '회포를 풀자고 하였으나 나 죽기 바빠 죽으니 전해 달라'고 하기도 하고 자신의 딸에 대해서는 오라버니에게 '나 죽었다 말고 자주 가 봐 달라'고 부탁하기도 한다.

오라버니 내외에게 쓴 신씨부의 유서는 한 인간이 죽음을 앞두고 떠올리게 되는 자기 주변의 많은 사람들에 대한 기억과 걱정, 다단한 상념들의 흔적을 잘 보여 준다. 눈길을 끄는 것은 이렇게 많은 상념 속에서도 신씨부가 자신의 죽음에 대해서는 '아무 데도 걸릴 것이 없다'고 두 번이나 말하고 있다는 것이다. 노모의 상을 치르고 오라비의 마음이 진정되기를 기다렸으며 딸의 성혼까지 보고 남편 기일에 죽는 것이니, 도리를 다하고 명분을 갖춘 죽음이라 한스럽게 죽는 것이 아니라는 말이다. 그러나 이 또한 살아 있는 이들을 생각한 배려의 말이다. 친정 식구들이 죽은 자신을 발견하고 받게 될 충격을 위로하고, 자신의 죽음을 미리 말리지 못했다는 죄책감을 먼저 덜어 주는 말인 것이다.

쥭은 ᄌᆞ식니라고 저바리지 마ᄋᆞᆸ시고

만만 가지로
불효로소이다.
아무리
생각해도
죽어야
설움이 없을
것이요
원통한 것을
면할 것이니
제가 세상을
버리옵니다

시부모님께

친정에 남긴 유서와 시집에 남긴 유서의 온도 차

시부모님께 남긴 이 마지막 유서는 앞의 유서들과는 매우 다른 어조를 보여 준다. 신씨부는 이 유서에서 '죽지 못한 이유'와 함께, '양자를 족보에 올리는 일인 입후立後, 유품과 땅 등에 대한 처리'를 부탁하면서 시어른들에게 복잡한 갈등으로 인해 누적된 원망의 감정을 길게 토로하고 있다. 이 유서의 전체적인 내용은 '① 자탄, ② 죽지 못한 이유, ③ 양자의 입후 부탁, ④ 시댁에 대한 설움과 속상함, ⑤ 유산, 제위답, 옷가지 등 부탁'으로 이루어져 있다.

① 저 같은 자부子婦는 만만 가지로 불효로소이다. 아무리 생각해도 죽어야 설움이 없을 것이요 원통한 것을 면할 것이니 제가 세상을 버리옵니

다. 우리들은 전생에 무슨 죄를 짓고 세상에 나서 일찍 죽어 부모의 가슴에 불을 묻습니까.

② 자부는 이제 죽사오니 남이 다 웃을 것입니다만 남편의 초상 때 죽으려 힘썼으나 헛태기가 있어서 혹 태기가 적실할까 그 망극 중에도 혹 태기가 정녕하면 아무리 망극 망극 서러운 중에도 혹 세상에 났던 자취가 있을런가 하여 아니 죽고 살았습니다. 그러나 점점 험한 거동만 보게 되고 헛태만 되오니 헛태임을 알았을 때는 거기 깊은 물이 있으면 빠져 죽고 싶고 불이 있으면 불에도 달려들고 싶고 목이라고 자르고 싶고 칼로 목을 찌르고 싶은 마음이 목구멍을 넘었습니다. 그러나 그 중에도 또 생각하는 도리는 아버님 어머님 두 분께서 몇 달 내에 자제분 작은 아들 죽은 참척을 연하여 거푸 보시고 미리 명을 재촉하실까 싶고 또 우선 죽은 망인을 갈망하여 묻을 길도 없어 뵈고 또 아버님 이하 애도 타오시니 차마 못 죽었사옵니다. 또 한 일은 은순이가 그제야 갓난애가 되어서 차마 그것의 앞날을 생각하오니 저 어린 것이 이제 아비 어미를 하루아침에 다 여의고 또 젖줄 놓지 않고 그저 먹는데 내가 곧 죽으면 저 어린 것이 젖도 못 얻어먹고 긴 목숨 그저 재우쳐 죽어 버리면 아무리 못쓸 딸자식이라도 생명을 끊으면 내 죽은 귀신인들 눈을 감고 돌아갈 길이 없었습니다. 또 어느 자식도 있지 않으니 상주가 나 하나뿐이오니 나 하나 죽어지면 상주가 없을 것이요 삼 년 초상이나 지낸 후 죽으면 은순이 네다섯 살 되오니 제 손으로 능히 숟가락 잡아 밥 먹을 것이니 삼 년을 곧 지낼 것이다 하였습니다. 그런데 삼 년 돌아가지 못해 또 큰아주버님 상사를 당하니 육아지통을 또 당하오니 차마 망극한 설움을 비길 곳이 없어 초

종 장례에 죽어 모르고 싶어도 서방님 초종 때도 죽지 못하였는데 어찌 죽으랴 하였습니다. 그래도 서방님 대기 때는 아무리 하여도 죽으려 했으나 또 아주버님 초종 범백도 주선 못하여 애쓰시기에 차마 차마 아버님 어머님 하도 애쓰시고 하도 걱정들 하시기에 못 죽고는 친정으로 가게 되었으니 심회가 망극하고 서러웠습니다. 올해 제사는 내 손으로 마지막 겸 처음 겸 내 손으로 다시 차려 지내자 하였으나 친정 모친의 병환이 극하셔서 만만 가지 일에 경황이 없고 대흉년이 되고 하기에 만만 가지로 노잣돈이 없어서 (시댁에 가지 못해) 내 손으로 제사 한 번도 못 지내보고 죽으니 더 서럽사옵니다.

③ 죽은 자식이라고 저버리지 마옵시고 우리 내외 자손 입후를 하여 주옵소서. 아버님 어머님 내외분 계실 때 부디부디 입후를 하옵소서. 나 죽었다 마옵시고 입후하여 주옵소서. 남들도 혼자 사는 이 많으나 나로 향해서는 남보다 더한 설움을 삼사 년을 지내오니 실로 속 썩은 것을 생각하오니 목이 막혀 성하게 남지 못하고 속이 타 흉악하옵니다.

④ 이리 서러운 중에도 잠깐 생각하면 어머님 처지도 생각하고 은순의 처지도 생각하오니 어찌 한때나 살아 볼까 하다가도 그 마음은 잠깐이로소이다. 어머님 한때도 못 모시고 죽으니 죽은 귀신이라도 죄가 많습니다만 죽지 않고 살면 점점 험한 꼴만 볼 것이라 죽습니다. 죽으나 사나 시댁에 가 죽어야 옳은 일이나 칠월 제사에 맞춰 길을 차려 달라 했으나 아니하여 주시오니 할 수 없사옵니다. 우리 내외는 죽으나 사나 다 각각 있으니 차마 서럽습니다.

⑤ 거기 있는 돈 몇 냥은 아버님 어머님 생전에 잡사올 것 있사오면 해 드

시고 남거든 우리 내외 제위답祭位畓으로 정해 주시고 입후하거든 주게 하옵소서. 그저 은순의 처지가 불쌍하니 어떻게 생긴 것이기에 아비 어미 하루아침에 잃어버리는고. 차마 불쌍불쌍 잔잉잔잉 안타까운 말씀이야 어찌 다 형언하오리까. 어머님 못 입으시는 옷가지는 빨아 은순이 입으라고 보내 주십시오. 봄에 보내신 무명은 봄부터 친정 모친 병환에 골몰해 지내기로 이제까지 써 버렸습니다.[129]

시부모에게 남긴 신씨부의 유서는 첫마디부터 원망 섞인 서러움과 섭섭함을 고백하는 것으로 시작한다. '나 같은 며느리는 불효가 만만 가지'라는 말은 액면 그대로의 뜻이라기보다는 자신을 불효한 며느리로 바라볼 것이 분명한 시부모의 시선을 미리 짐작하고 꺼낸 말로 보이기 때문이다. 뒤이어 친정 쪽 유서에서는 전혀 언급한 적 없었던 '원통함'이라는 단어를 꺼낸 점, '자부는 이제야 죽사오니 남이 다 웃을 것이다'라는 말에 담긴 자조 섞인 감정, '아니 죽고 살아서 점점 험한 거동만 본다'는 탄식 등은 그러한 추측을 뒷받침해 준다.

신씨부는 이 유서에서 '남편 초상 때 곧 따라 죽지 못한 이유'를 길고 장황하게 서술하고 있다. 그 이유로 제시된 것은 아래의 네 가지다.

첫 번째는 '헛태기'다. 남편의 초상 때 임신 중이었던 신씨부는 '혹 태기가 적실할까' '세상에 났던 자취가 있을런가' 하면서 아들을 바라고 출산까지 죽음을 미루었다고 말한다. 이후 딸을 낳았는지 혹은 사산을 했는지 적시하고 있지는 않으나 신씨부는 이 임신이 '헛태'임을 알게 되었고, 그 후 '물이나 불이 있으면 달려들고 싶고 목을 자르거나 칼로 찌르고 싶었다'면서 과격한 슬픔과 원통함의 감정을 드러낸다.

두 번째 이유는 '시부모 걱정과 장례 집전'이다. 아들에 이어 며느리의 참척慘慽까지 연달아 보게 하면 시부모 명을 재촉할 것 같았다는 걱정도 있었고, '잘 감당하여 묻을 길도 없었다'는 말처럼 실제 장례를 집행할 사람이 없었기 때문에 자신이 그 주관자 역할을 해야 했다는 것이다.

세 번째 이유는 '어린아이 은순'의 존재다. 이제 시집을 가서 '민서방댁'이 된 딸의 이름이 처음으로 언급되는 이 대목에서 신씨부는 그 당시 '아비 어미를 하루아침에 다 여읜 어린 것'이 젖도 못 얻어먹고 죽을 것을 생각하니 '죽은 귀신인들 눈을 감고 돌아갈 수 없었다'고 말한다.

네 번째 이유는 남편의 삼년상 즈음 닥친 '시아주버님 상'이다. '아주버님 초종 범백도 주선 못하여 애쓰셨다'는 표현을 보면 이때 역시 장례 물품을 마련하는 경제적 문제가 컸음을 짐작할 수 있다. 신씨부는 '서방님 초종 때 죽지 못했기에 대기(사람이 죽은 지 두 돌 만에 지내는 제사) 때는 아무리 하여도 죽으려' 했으나 결국 시아주버님 상 때문에 다시 또 때를 놓쳐야 했다고 적는다.

죽지 못한 이유를 쓰는 대목에서 눈에 띄는 것은 남편의 죽음 당시 아들을 낳지 못한 일을 '헛태기'라고 표현하고, 쓸모없는 임신이 '헛일'이었다는 말을 몇 번이나 쓰면서 당시의 마음을 격한 감정적

언사로 드러내고 있다는 점이다. 앞뒤의 맥락에서도 '남 못 죽게 헛태기가 났다'거나 그로 인해 '안 죽고 살아서 점점 험한 거동만 보게 되었다'고 하는 표현들을 보면, 아들을 낳지 못한 신씨부를 바라보던 시댁 어른들의 시선이 차가웠으며 그 후에도 이들이 내내 원만한 관계로 지내지 못했음을 짐작할 수 있다.

시댁 어른들과 신씨부는 '입후'를 둘러싸고도 갈등했던 것 같다. 친정 쪽 유서들에서 여러 번 양자인 '돌놈'을 마음잡게 해 달라고 부탁했던 정황을 볼 때, 시댁에서 이 인물을 마땅치 않아 했던 것으로 추측되기 때문이다. 유서의 다음 대목에서 신씨부는 애간장이 타는 어조로 '입후해 줄 것'을 시부모에게 세 번이나 반복해 부탁한다. '죽은 자식이라고 저버리지 말고' '아버님 어머님 계실 적에' '나 죽었다 말고' 입후를 해 달라고 세 번을 연달아 똑같이 '입후해 주옵소서'라며 빌고 있는 것이다. 신씨부가 '속 썩은 일을 생각하면 목이 막혀 성치 못하며' '속이 타 흉악하다'고까지 말하고 있는 이 양자 입후 건은 한 가문의 후사를 정하는 문제를 두고 시부모와 며느리 간에 있었던 오랜 세월 묵은 갈등의 정황을 엿보게 해 준다.

유서에서 신씨부는 시부모에게 가진 원망의 마음을 누그러뜨리기 위해 애를 쓰지만 그럼에도 불구하고 차오르는 섭섭함을 숨기지 못한다. 그는 '어머님 처지도 생각하고' '한때도 못 모시고 죽으니 죄가 많다'면서 어른들에 대한 예의를 차리려 하다가도 못내 섭섭한 일들이 떠오르는 것은 어쩌지 못했다.

그 정점에 있었던 일이 신씨부가 죽기 전 시댁에 '길을 차려 달라'

고 부탁했었던 일이다. 남편 제사 준비를 위해 시댁에 가게 해 달라는 허락을 구함과 동시에 친정에서 시댁까지 갈 때 필요한 채비와 노자를 요청한 것이었다. 그러나 시부모는 이 부탁을 끝내 외면했다. 마지막 부탁조차 들어주지 않은 시부모에게 신씨부는 '아니하여 주시오니 할 수 없다'고 한탄하며, 그렇게 죽어서도 시댁으로 가지 못하는 자기 신세를 두고 '우리 내외는 죽으나 사나 각각 있사오니 차마 섭섭하다'며 탄식하기도 한다.

유서는 유산과 딸에 관한 부탁으로 마무리된다. 신씨부는 시부모에게 돈을 남기면서 그것으로 '잡사올 것' 드시고 남은 것으로는 자기 내외의 제사 비용으로 쓰기 위한 땅인 '제위답'을 사서 입후한 양자에게 전해 달라고 유언한다. 그리고 마지막으로 딸에 대한 애틋함을 '차마 불쌍불쌍 잔잉잔잉'하다고 표현하면서 '어머니가 못 입는 옷가지'라도 보내 달라고 당부한다.

신씨부의 유서는 친정 쪽에 남긴 것과 시부모에게 남긴 것이 판이하게 다르다. 앞서 세 통의 유서에서 신씨부는 죽음 직전의 마지막 순간까지도 자신의 슬픔이나 서러움을 말하기보다는 자신의 죽음으로 놀라고 상처받을 식구들을 걱정하고 위로한다. 자기가 죽어도 '아무 한이 없다' '아무 데도 걸릴 것이 없다'고 여러 번 말한 것은 자결을 말리지 못했다는 친정 식구들의 죄책감을 덜어 주기 위한 말인 것이다. 그녀는 친정 식구들에게 그리움과 고마움, 애정이 담긴 따뜻한 이별의 말을 절실하게 전하기도 한다. 양자에게 준 유서에서는 '죽는 건 무섭지 않으나 너희를 다시 못 보는 게 한'이라 하고, 사위에게는

'내 딸 불쌍히 여겨 달라'고 당부하며, 딸에게는 '너 위해 목숨 붙이고 살았다'며 꾹꾹 눌러둔 애정을 드러낸다. 오라버니 내외에게도 '세상에 다시 없을 착하신 분들'이라며 그런 오라버니 내외를 저버리고 떠나는 자신이 '몹쓸 사람'이라고 말한다.

하지만 시부모에게 남긴 마지막 유서에서 신씨부는 친정 쪽 유서에서는 전혀 드러낸 적 없었던 '섭섭함'과 '원통함'의 감정을 호소한다. '갈수록 험한 꼴만 보기에 죽는다'는 표현을 두 번이나 쓰는가 하면, '만만 가지' '부디부디' '차마 차마' '불쌍불쌍' '잔잉잔잉'과 같이 반복어를 동원한 강한 감정적 언사를 사용하고 자신의 '속이 썩고 타서 흉악하다'고까지 한다. 남편이 죽었을 때 빨리 따라 죽지 못한 이유를 친정 쪽 유서에서와 달리 몇 배나 길게 서술하고 있는 점 또한 이유를 자세하게 밝혀 자기 상황을 변론해야 했던 신씨부의 상황을 보여 준다.

신씨부는 특히 시아버지와의 관계에서 갈등을 빚었던 것 같다. 유서에서 두드러진 갈등으로 드러난 '입후' 문제는 집안의 후계를 결정하는 것이므로 절대적인 권한이 시아버지에게 있었을 터였다. 시아버지에 대한 불편한 감정을 의식한 듯, 유서에서 신씨부는 '존구(시아버지를 높여 이르는 말)' '아버님' 등의 호칭을 단 한 번도 따로 거명하지 않는다. 이는 신씨부가 '어머님'의 존재를 호명하면서 '한때도 못 모셔 죄송하다'거나 '어머님과 은순이 생각에 한때나 살아 볼까' 했다거나 '딸의 옷가지를 부탁한다'는 말을 따로 남기고 있는 것과 확연한 대조를 이룬다.

신씨부가 친정에서 지내게 된 것도 시부의 결정이었을 가능성이 있다. 돌놈에게 자신의 처지를 냉소하듯 '신가의 며느리 친정집에 와 있는 것을 스스로 좋게 여기지 않는다'고 말했던 것을 보면 신씨부가 자신의 친정살이를 떳떳하게 여기지 않았음을 알 수 있기 때문이다. 시부모에게 남긴 '죽으나 사나 시댁에서 죽어야 옳다'는 말을 봐도 그가 자발적으로 친정에 가지는 않았던 것 같다. 결국 아들도 낳지 못하고 곧장 따라 죽지도 않은 신씨부는 시댁에서 '내침'을 당하듯 친정으로 가게 되었던 것 아닐까. 그러한 일들의 앙금이 유서에 '원망'으로 표현되면서 친정 쪽 유서와 다른 감정적 온도 차를 만들어 냈던 것으로 보인다.

남편을 따라 죽은 여자인 '열녀'. 열녀를 그리고 있는 대부분의 '열녀전'은 이들이 죽음의 순간까지 오직 '정절과 의리'만을 말하는 것으로 묘사한다. 열녀전에 따르면 이들은 다른 상황에 대한 고려를 전혀 하지 않으며, 어떤 갈등도 흔들림도 없이 단호하게 죽음을 결행한다.

그러나 남편을 따라 죽기 위한 자결을 앞둔 여성이 남긴 유서는 그런 '열녀'와는 매우 다른 모습을 보여 준다. 그는 남은 이들의 삶을 걱정하고 염려하며, 시댁과의 현실적 갈등으로 인해 겪었던 괴로움을 호소한다. '죽어도 한이 없다' '죽어야 마땅하다'고 말하면서도 동시에 부모 없이 살게 될 남은 자식과 집안의 이런저런 사정들을 생각하면서 '어찌 한때나 살아 볼까' 하는 미련을 갖기도 한다.

그러한 슬픔과 착잡함이 특히 잘 드러나 있는 부분은 신씨부의 유서 원본 두루마리에 있는 '누흔淚痕'이 아닐까. 시부모에게 남긴 유서를 보면 '은순'이라는 딸 이름이 언급되는 대목마다 앞뒤로 글씨가 번져 있는 것이 눈에 띈다. 죽는 것이 속 시원하고 후련하다는 듯 몇 번이고 '아무 데도 걸릴 게 없다' 했던 신씨부의 눈물은 무엇을 말하는 것일까. '누구나 한 번 죽는 것이니 서러워 말라'며 남은 이들을 다독이기까지 하면서 망설임과 두려움을 혼자 삼켰던 신씨부도 딸의 이름 두 글자를 쓰는 그 순간에는 무너지고 말았던 것이다. 유서 원본에 눈물 자국과 함께 번져 있는 글씨의 흔적은 바로 그러한 슬픔과 고통을 고스란히 드러낸다.

이렇듯 열녀의 유서는 스스로 삶을 버리는 한 인간의 선택이 잔인하리만큼 고통스럽다는 것, 그의 내면은 한없이 복잡한 상념으로 가득하다는 것, 죽음에 대한 두려움과 이별의 슬픔으로 먹먹하게 흔들린다는 것을 보여 준다. 그리고 '단호하고 엄숙하며 미련 없이 생을 버리는' 열녀전의 묘사가 '거짓'에 불과하다는 것을 알려 준다. 열녀전은 남성 작가들이 그들의 입장에서 남긴 기록일 뿐이기 때문이다. 모든 열녀전을 전복하는 한 장의 유서, 이것이야말로 여성의 입장에서 여성이 남긴 말의 중요성을 보여 주는 소중하고 가치 있는 자료다.

주

1

1. 순임금의 두 부인有虞二妃

아황과 여영이 순임금의 효행을 돕고 왕위에 오르게 했다.

2. 기의 어머니 강원棄母姜嫄

강원은 거인의 발자국을 밟고 임신하여 주나라의 시조인 기를 낳아서 가르치고 길렀다.

3. 설의 어머니 간적契母簡狄

간적은 제비 알을 삼키고 잉태하여 상나라 탕임금의 조상인 설을 낳아 가르치고 길렀다.

4. 계의 어머니 도산啓母塗山

도산은 하나라의 치수治水를 관장했던 우임금의 아들을 낳아 가르치고 길렀다.

5. 탕임금의 비 유신湯妃有㜪

유신은 탕임금의 두 아들을 낳아 교육에 힘쓰고 후궁을 질서 있게 다스렸다.

6. 주나라 왕실의 세 어머니周室三母

주나라의 3대 시조의 부인인 태강, 태임, 태사가 왕계, 문왕, 무왕을 낳아 가르치고 길렀다.

7. 위나라의 시어머니 정강衛姑定姜

정강은 아들이 죽은 뒤 며느리를 자애롭게 떠나보내고 뛰어난 식견으로 주변을 통솔했다.

8. 제나라 제후의 딸의 부모齊女傅母

제나라의 보모가 품행이 단정치 못한 제후의 딸을 바르게 가르쳤다.

9. 맹자의 어머니鄒孟軻母

맹자의 어머니가 자식을 교육할 때 지혜로운 가르침을 전했다.

10. 노나라 계손씨 가문의 경강魯季敬姜

경강은 아들의 오만과 사치를 일깨우고 예에 어긋나지 않도록 가르치고 경계했다.

11. 초나라 자발의 어머니楚子發母

장수 자발의 어머니가 아들을 엄하게 훈계하여 덕 있는 장수가 되게 했다.

12. 노나라의 스승과 같은 어머니魯之母師

9명의 아들을 둔 노나라의 어머니가 자식들을 배려하여 동구 밖에 머물다가 귀가했다.

13. 위나라의 망씨 가문의 자애로운 어머니衛芒慈母

위나라의 망씨 가문의 어머니가 전처의 자식들을 자애로 대하여 그들을 교화했다.

14. 제나라 전직자의 어머니齊田稷母

재상 전직자가 뇌물받은 것을 어머니가 꾸짖어 가르쳤다.

2 四嶽薦之於堯, 堯乃妻以二女, 以觀厥內. 二女承事舜於畎畝之中, 不以天子之女, 故而驕盈怠嫚, 猶謙謙恭儉, 思盡婦道.

3 瞽叟與象, 謀殺舜, 使塗廩. 舜歸告二女曰, 父母使我塗廩, 我其往. 二女曰, 往哉. … 象復與父母謀 使舜浚井. 舜乃告二女, 二女曰, 兪, 往哉. … 瞽叟又速舜飮酒, 醉將殺之. 舜告二女, 二女乃與舜藥浴汪. 遂往, 舜終日飮酒不醉. … 父母欲殺舜 舜猶不怨.

4 堯試之百方, 每事常謀于二女. 舜旣嗣位, 升爲天子, 娥皇爲后, 女英爲妃. 舜陟方死于蒼梧, 號曰重華. 二妃死于江湘之間, 俗謂之湘君.

5 太康者, 王季之母, 有台氏之女. 太王娶以爲妃, 生太伯仲雍王季. 貞順率道, 靡有過失. 太王謀事遷徙, 必與太姜. 君子曰, 太姜廣于德敎 … 蓋太姜淵智非常, 雖太王之賢聖, 亦與之謀. 其知太王仁恕, 必可以比國人而景附矣.

6 太任者, 文王之母, 摯任氏仲女也, 王季娶爲妃. 太任之性, 端一誠莊, 惟德之行. 及其有娠, 目不視惡色, 耳不聽淫聲, 口不出敖言, 能以胎敎. 溲于豕牢而生文王, 文王生而明聖, 太任敎之以一而識百.

7 太姒者, 武王之母, 禹后有㜪姒氏之女. 仁而明道, 文王嘉之, 親迎于渭造舟爲梁. 及入, 太姒思媚太姜太任, 旦夕勤勞, 以進婦道. 太姒號曰文母, 文王理陽道而治外, 文母理陰道而治內.

8 自孟子之少也, 旣學而歸. 孟母方績, 問曰學何所知矣. 孟子曰, 自若也. 孟母以刀斷其織, 孟子懼而問其故. 孟母曰, 子之廢學, 若吾斷斯織也. 夫君子, 學以立名, 問則廣知. 是以, 居則安寧, 動則遠害. 今而廢之, 是不免於廝役, 而無以離於禍患也.

9 婦辭孟母而求去. 曰, 妾聞, 夫婦之道, 私室不與焉. 今者, 妾竊墮在室, 而夫子見妾, 勃然不悅, 是客妾也. 婦人之義, 皆不客宿, 請歸父母. 於是孟母召孟子, 而謂之曰, … 今子不察於禮, 而責禮於人, 不亦遠乎.

10 孟母曰, 夫婦人之禮, 精五飯, 羃酒醬, 養舅姑, 縫衣裳而已矣. 故有閨內之修, 而無境外之志. … 婦人無擅制之義, 而有三從之道也. 故年少則從乎父母, 出嫁則從乎夫, 父死則從乎子, 禮也. 今子成人也, 而我老矣. 子行乎子義, 吾行乎吾禮.

11 1. 주나라 선왕의 비 강후周宣姜后

강후는 남편이 나태하여 게으른 것을 바로잡았다.

2. 진나라 문공 부인 제강晋文齊姜

제강은 남편이 쫓겨났던 고국으로 돌아가서 왕위에 오를 수 있도록 지략을 발휘하였다.

3. 초나라 장왕 부인 번희楚莊樊姬

번희는 남편에게 인재를 분별할 것을 충고하여 장왕의 천하 제패를 도왔다.

4. 진나라 목공 부인 목희秦穆公姬

목희는 친정 동생이 포로가 되자 남편에게 간곡히 설득하여 목숨을 살렸다.

5. 제나라 환공 부인 위희齊桓衛姬

위희는 친정인 위나라를 치려는 남편의 마음을 미리 예측하여 정벌을 막았다.

6. 주남 땅 대부의 처周南之妻

주남 땅의 치수 공사를 맡은 남편이 해이한 태도를 보이자 그 아내가 남편을 바로잡았다.

7. 송나라 포소의 처 여종宋鮑女宗

포소가 위나라에서 벼슬하며 첩을 들였으나 아내가 떠나가지 않고 시부모를 잘 모셨다.

8. 진나라 조쇠의 처晋趙衰妻

재상 조쇠의 처는 남편이 오랑캐 땅에서 들인 첩과 자식을 데려와서 화목하게 지냈다.

9. 도 땅 대부 답자의 처陶荅子妻

대부 답자의 아내가 남편의 비리를 직언하여 쫓겨났으나 훗날 돌아와 시모를 봉양했다.

10. 유하혜의 처柳下惠妻

현자 유하혜의 아내가 남편의 생애를 깊이 이해하고 추모하는 조문을 지었다.

11. 노나라 검루의 처魯黔婁妻

현자 검루의 아내가 장례식에서 남편의 뜻을 이어받아서 장례를 치르고 시호를 지었다.

12. 제나라 마부의 처齊相御妻

명재상 안영의 마부는 매우 거만했는데 그 아내가 남편을 깨우치고 가르쳤다.

13. 초나라 접여의 처楚接輿妻

현자 접여가 왕이 자신을 초빙하려 하자 아내의 반대 의견에 따라 함께 종적을 감췄다.

14. 초나라 노래의 처楚老來妻

현자 노래가 왕의 부름에 응했으나 아내가 반대하자 그 뜻을 따라서 은둔하여 살았다.

15. 초나라 오릉의 처楚於陵妻

현자 오릉자종이 왕의 부름을 받았으나 아내와 의논하여 벼슬을 사양하였다.

12 柳下既死, 門人將誄之. 妻曰, 將誄夫子之德耶. 則二三子不如妾知之也. 乃誄曰, 夫子之不伐兮, 夫子之不竭兮, 夫子之信誠, 而與人無害兮, 屈柔從俗, 不强察兮, 蒙恥救民, 德彌彌大兮, 雖遇三黜, 終不蔽兮, 愷悌君子, 永能厲兮, 嗟呼惜哉, 乃下世兮, 庶幾遐年, 今遂逝兮, 嗚呼哀哉, 魂神泄兮, 夫子之諡, 宜爲惠兮. 門人從之以爲誄, 莫能竄一字.

13 曾子弔之, 上堂見先生之尸, 在牖下, 枕墼席稿, 縕袍不表. 覆以布被, 手足不盡斂, 覆頭則足見, 覆足則頭見. 曾子曰, 斜引其被則斂矣. 妻曰, 斜而有餘, 不如正而不足也. 先生以不斜之故, 能至于此. 生時不邪, 死而邪之, 非先生意也. … 昔先生, 君嘗欲授之政, 以爲國相, 辭而不爲, 是有餘貴也. 君嘗賜之, 粟三十鍾, 先生辭而不受, 是有餘富也. 彼先生者, 甘天下之淡味, 安天下之卑位, 不戚戚于貧賤, 不忻忻于富貴. 求仁而得仁, 求義而得義, 其諡爲康, 不亦宜乎. 曾子曰, 唯斯人也而有斯婦.

14 王嘗聽朝, 罷晏. 姬下殿迎曰, 何罷晏也, 得無飢倦乎. 王曰, 與賢者俱不知飢倦也. 姬曰, 王之所謂賢者, 何也. 曰, 虞丘子也. 姬掩口而笑. 王曰, 姬之所笑何也. 曰, 虞丘子, 賢則賢矣, 未忠也. 王曰, 何謂也. 對曰, 妾執巾櫛十一年. 遣人之鄭衛, 求賢人, 進于王. 今賢于妾者二人, 同列者七人. 妾豈不欲擅王之愛寵乎. 妾聞, 堂上兼女, 所以觀人能也. 妾不能以私蔽公, 欲王多見知人能也. 妾聞, 虞丘子相楚十餘年, 所薦非子弟則族昆弟. 未聞進賢退不肖, 是蔽君而塞賢路. 知賢不進, 是不忠. 不知其賢, 是不智也. 妾之所笑, 不亦可乎. 王悅. 明日王以姬言告虞丘子. 丘子避席不知所對, 於是避舍, 使人迎孫叔敖而進之. 王以爲令尹, 治楚三年而莊王以霸.

15 晏子將出, 命婦窺其夫爲相, 御擁大蓋策駟馬, 意氣洋洋, 甚自得也. 旣歸, 其妻曰, 宜矣子之卑且賤也. 夫曰, 何也. 妻曰, 晏子長不滿六尺, 身相齊國, 名顯諸侯, 今者吾從門間觀其志氣, 恂恂自下, 思念深矣. 今子身長八尺, 乃爲之僕御耳. 然子之意洋洋若自足者. 妾是以去也. 其夫謝曰, 請自改, 何如. 妻曰, 是懷晏子之智, 而加以八尺之長也, 夫躬仁義, 事明主, 其名必揚矣. 且吾聞寧榮于義而賤, 不虛驕以貴. 於是其夫乃深自責, 學道謙遜, 常若不足. 晏子怪而問其故, 具以實對. 於是晏子賢其能納善自改, 升諸景公, 以爲大夫, 顯其妻以爲命婦.

16 楚王使使者, 持金百鎰車二駟, 往聘迎之. … 妻從市來曰, 先生以而爲義. 豈將老而遺之哉. 門外車跡, 何其深也. … 接輿曰, 夫富貴者人之所欲也. 子何惡我許之矣. 妻曰, 義士非禮不動, 不爲貧而易操, 不爲賤而改行, 妾事先生, 躬耕以爲食, 親績以爲衣, 食飽衣暖, 據義而動, 其樂亦自足矣. 若受人重祿, 乘人堅良, 食人肥鮮, 而將何以待之. 接輿曰, 吾不許也. 妻曰, 君使不從, 非忠也, 從之又違, 非義也, 不如去之. 夫負釜甑, 妻戴紝器, 變名易姓而遠徙, 莫知所之.

17 天下有道, 聖人成焉, 天下無道, 聖人生焉, 方今之時, 僅免刑焉.

18 楚王聞於陵子終賢, 欲以爲相, 使使者持金百鎰, 往聘迎之. 於陵子終曰, 僕有箕帚之妾, 請入與計之. 卽入謂其妻曰, 楚王欲以我爲相, 遣使者持金來, 今日爲相, 明日結駟連騎, 食方丈于前, 可乎. 妻曰, 夫子織履以爲食, 非與物無治也,左琴右書, 樂亦在其中矣. 夫結駟連騎, 所安不過容膝, 食方丈于前, 所甘不過一肉. 今以容膝之安, 一肉之味, 而懷楚國之憂, 其可樂乎.

19 老萊子曰, 楚王欲使吾守國之政. 妻曰, 許之乎. 曰然. 妻曰, 妾聞之, 可食以酒肉者, 可隨以鞭捶, 可授以官祿, 可隨以鈇鉞. 今先生食人酒肉, 受人官祿, 爲人所制也, 能免於患乎. 妾不能爲人所制. 投其畚萊而去. 老萊子曰, 子還, 吾爲子更慮. 遂行不顧, 至江南而止曰, 鳥獸之解毛, 可績而衣之, 据其遺粒, 足以食也. 老萊子乃隨其妻而居之. 民從而家者, 一年成落, 三年成聚.

20 1. 밀나라 강공의 어머니密康公母

강공의 어머니가 약소국의 왕이 여러 첩을 두면 천자에게 미움을 살 것이라 충고했다.

2. 초나라 무왕의 부인 등만楚武鄧曼

무왕의 부인이 아들을 장수로 보낸 왕의 결정에 대한 대부 투백비의 말뜻을 설명했다.

3. 허나라 목공의 부인許穆夫人

부인은 부친에게 약소국 친정의 앞날을 생각해 자기 혼처를 강대국으로 할 것을 충고했다.

4. 조나라 희씨의 처曹僖氏妻

대부 희씨 처가 망명한 공자 중이의 관상이 비범함을 보고 미리 대접해 훗날 화를 피했다.

5. 손숙오의 어머니孫叔敖母

명재상 손숙오가 어렸을 때 남들을 위해 흉물을 죽이자 어머니가 인仁함을 칭찬하고 초나라에서 이름을 날릴 것임을 예언했다.

6. 진나라 백종의 처晋伯宗妻

대부 백종의 처가 직언하는 남편의 앞일을 내다보고 미리 대비해 아들이 입을 화를 피하게 했다.

7. 위나라 영공의 부인衛靈夫人

위 영공 부인은 수레바퀴 소리만 듣고도 충신을 알아보고 나라에 충신이 있음을 기뻐했다.

8. 제나라 영공의 부인 중자齊靈仲子

제 영공 부인은 왕이 자신을 위해 원래 태자를 폐하고 자기 아들을 세우자 이를 반대했다.

9. 노나라 장손의 어머니魯臧孫母

대부 장문중 어머니가 포로로 잡힌 아들의 암호를 해석해 적의 침입을 막고 아들을 구했다.

10. 진나라 양설자의 처 숙희晋羊叔姬

대부 양설자의 아내가 남편에게 훔친 것을 먹지 말라 충고해 화를 피하고 아들들의 앞날을 예견했다.

11. 진나라 범씨의 어머니晋范氏母

진나라 범씨의 어머니가 막내아들의 자기 자랑과 부족한 덕을 보고 앞날의 화를 예견했다.

12. 노나라 공승의 누이魯公乘姒

재상 공승의 누이가 동생이 말을 지키지 않음을 보고 재상 자리를 사양하라고 충고했다.

13. 노나라 칠실읍의 여자魯漆室女

칠실에 사는 한 여인이 임금이 늙고 태자가 어림을 걱정하며 나라의 혼란을 예견했다.

14. 위나라 곡옥 땅의 노모魏曲沃負

왕이 태자비를 자기 첩으로 삼자 대부 여이의 어머니가 왕의 잘못을 충간하여 바로잡았다.

15. 조나라 장수 괄의 어머니趙將括母

장수 조괄의 어머니가 아들의 부덕함을 보고 왕에게 그를 등용하지 말아 달라고 간청했다.

21 括母上書言于王, 曰括不可使將. 王曰何也. 曰始妾事其父, 父時爲將. 身所奉飯者以十數, 所友者以百數. 大王及宗室所賜幣者, 盡以與軍吏士大夫, 受命之日, 不問家事. 今括一旦爲將, 東向而朝軍吏, 吏無敢仰視之者. 王所賜金帛, 歸盡藏之, 乃日日視便利田宅可買者. 王以爲若其父乎. 父子不同, 執心各各, 願勿遣. 王曰, 母置之. 吾計已決矣. 括母曰, 王終遣之, 卽有不稱, 妾得無隨乎. 王曰不也.

22 伯宗賢而好以直辨凌人. 每朝其妻常戒之曰, 盜憎主人, 民惡其上. 必有愛好人者, 必有憎妬人者. 夫子好直言, 枉者惡之, 禍必及身矣, 伯宗不聽. 朝而以喜色歸. 其妻曰, 子貌有喜色, 何也. 伯宗曰, 吾言于朝, 諸大夫皆謂我之似陽子. 妻曰, 實穀不華, 至言不飾, 今陽子華而不實, 言而無謀, 是以禍及其身. 子何喜焉. 伯宗曰, 吾欲飮諸大夫酒, 而與之謀, 爾試聽之. 其妻曰, 諾. 於是爲大會, 與諸大夫飮, 旣飮而問妻曰, 何若. 對曰, 諸大夫莫子若也. 然而民之不能戴其上久矣. 難必及子. 子之性, 固不可易也. 且國家多貳, 其危可立待也. 子何不預結賢大夫, 以託州犁焉.

23 靈公與夫人夜坐, 聞車聲轔轔, 至闕而止, 過闕復有聲. 公問夫人曰, 知此謂誰. 夫人曰, 此蘧伯玉也. 公曰, 何以知之. 夫人曰, 妾聞, 禮下公門式路馬, 所以廣敬也. 夫忠與孝子, 不爲昭昭變節, 不爲冥冥惰行. 蘧伯玉, 衛之賢大夫也. 仁而有智, 敬而事上, 此其人必不以暗昧廢禮, 是以知之. 公使視之, 果伯玉也. 公反之以戱夫人曰, 非也, 夫人酌觴, 再拜賀公. 公曰, 子何以賀寡人. 夫人曰, 始妾獨以衛爲有蘧伯玉爾. 今衛服有與之齊者, 是君有二臣也. 國多賢臣, 國之福也, 妾是以賀.

24 漆室女倚柱而嘯, 傍人聞之, 莫不爲之慘者. 其隣人婦從之遊, 謂曰, 何嘯之悲也, 子欲嫁耶, 吾爲子求偶. 漆室女曰, 嗟乎, 始吾以子爲有知, 今無識也. 吾豈爲不嫁不樂而悲哉. 吾憂魯君老太子幼. 隣婦笑曰, 此乃魯大夫之憂, 婦人何與焉. 漆室女曰, 不然, 非子所知也. 昔晉客舍吾家, 繫馬園中, 馬佚馳走, 踐吾葵, 使我終歲不食葵. 隣人女奔隨人亡, 其家請吾兄行追之, 逢霖水出溺流而死, 令吾終身無兄. 吾聞河潤九里, 漸洳三百步. 今魯君老悖, 太子少愚. 愚僞日日起, 夫魯國有患者, 君臣父子, 皆被其辱, 禍及衆庶, 婦人獨安所避乎. 吾甚憂之.

25 1. 소남 땅 신씨의 딸召南申女

신씨녀는 시집갈 때 신랑 집에서 예법 한 개를 빠뜨렸다는 이유로 혼인을 거부하였다.

2. 송나라 공공의 부인 백희宋恭伯姬

백희는 시종하는 보모 없이 혼자 집 밖에 나갈 수 없다며 불이 나도 피하지 않고 죽었다.

3. 위나라 왕의 부인衛寡夫人

부인은 혼인을 약속한 위나라 왕이 죽은 뒤 왕위를 이은 그 아우의 혼인 제안을 거절했다.

4. 채나라 사람의 처蔡人之妻

채나라 사람의 처는 남편이 병에 걸린 후 모친이 개가를 권했으나 이를 거절했다.

5. 여나라 장공의 부인黎莊夫人

부인이 남편에게 받아들여지지 않자 보모가 친정에 돌아갈 것을 권했으나 절개를 지켰다.

6. 제나라 효공의 부인 맹희齊孝孟姬

맹희는 부서진 수레를 급히 바꾸느라 예를 제대로 갖추지 못하자 목숨을 끊으려 했다.

7. 식나라 임금의 부인息君夫人

초나라에 정벌당한 식나라 임금의 부인이 절개를 지키기 위해 목숨을 끊었다.

8. 제나라 기량의 처齊杞梁妻

기량의 처는 전장에서 남편이 죽자 열흘간 성이 무너지도록 곡을 한 뒤 자결했다.

9. 초나라 평왕의 부인 백영楚平伯嬴

나라가 정벌당해 겁탈의 위기가 다가왔으나 백영은 오왕 합려를 꾸짖어 물러가게 했다.

10. 초나라 소왕의 부인 정강楚昭貞姜

정강은 남편의 신표를 갖고 오지 않은 사신을 따라가지 않고 홍수로 불어난 물에 죽었다.

11. 초나라 백공의 처 정희楚白貞姬

정희는 남편이 죽은 뒤 오나라 왕이 많은 재물을 주며 시집올 것을 청했으나 거절했다.

12. 위나라 종실의 두 여성衛宗二順

위 영왕이 죽은 후 부인이 첩에게 따로 편히 살라고 했으나 첩은 끝까지 부인을 모셨다.

13. 노나라 과부 도영魯寡陶嬰

도영은 직접 길쌈해 생계를 유지하는 가난한 처지였으나 청혼을 물리치고 개가하지 않았다.

14. 양나라 과부 고행梁寡高行

고행은 미모가 출중해 양나라의 왕이 청혼하였으나 코를 베어 개가하지 않을 뜻을 밝혔다.

15. 진나라의 과부 효부陳寡孝婦

16세 과부가 주변에서 개가하라는 권유를 물리치고 28년간 시부모를 봉양해 상을 받았다.

26 蔡人之妻者, 宋人之女也. 旣嫁于蔡而夫有惡疾, 其母將改嫁之, 女曰, 夫之不幸, 乃妾之不幸也, 乃何去之. 適人之道, 一與之醮, 終身不改. 不幸遇惡疾, 不改其意.

27 旣往而不同欲, 所務者異, 未嘗得見, 甚不得意. 其傅母閔夫人賢, 公反不納, 憐其失意, 又恐其已見遣而不以時去, 謂夫人曰, 夫婦之道, 有義則合, 無義則去, 今不得意, 胡不去乎. 夫人曰, 婦人之道, 一而已矣. 彼雖不吾以, 吾何可以離于婦道乎.

28 吳勝楚, 遂入之郢. 昭王亡, 吳王闔閭, 盡妻其後宮, 此至伯嬴, 伯嬴持刀曰, 妾聞, 天子者, 天下之表也, 公侯者, 一國之儀也. 天子失制, 則天下亂, 諸侯失節, 則其國危. 夫婦之道, 固人倫之始, 王敎之端. … 今君王棄儀表之行, 從亂亡之欲, 犯誅絶之事, 何以行令訓民.

29 楚伐息破之虜其君, 使守門, 將妻其夫人, 而納之于宮. 楚王出遊, 夫人遂出見息君, 謂之曰, 人生要一死而已, 何至自苦. 妾無須臾而忘君也. 終不以身更貳醮. 生離于地上, 豈如死歸于地下哉.

30 妾聞, 婦人之義, 一往而不改, 以全貞信之節. 念忘死而趨生, 是不信也, 見貴而忘賤, 是不貞也. 棄義而從利, 無以爲人. 乃援鏡持刀, 以割其鼻曰, 妾已刑矣. 所以不死者, 不忍幼弱之重孤也. 王之求妾者, 以其色也, 今刑餘之人, 殆可釋矣.

31 召南申女者, 申人之女也, 旣許嫁于酆, 夫家禮不備, 而欲迎之. 女與其人言. 以爲夫婦者, 人倫之始也, 不可不正. … 故嫁娶者, 所以傳重承業, 繼續先祖, 爲宗廟主也. 夫家輕禮違制, 不可以行, 遂不肯往. 夫家訟之宇理, 致之于獄, 女終以一物不具, 一禮不備, 守節持義, 必死不往.

32 孝公遊于琅邪, 華孟姬從, 車奔姬墮車碎. 孝公使駟馬立車, 戴姬以歸, 姬使侍御者舒帷, 以自障蔽, 而使傅母應使者曰, 妾聞, 后妃踰閾必乘安車輜軿, 下堂必從傅母保阿. 進退則鳴玉環佩, 內飾則結紐綢繆, 野處則帷裳擁蔽. 所以正心一意, 自斂制也. 今立車無軿, 非所敢受命也. 野處無衛, 非所敢久居也. 三者失禮多矣, 夫無禮而生, 不若早死. 使者馳以告公, 更取安車, 比其反也, 則自經矣. 傅母求之不絶.

33 伯姬嘗遇夜失火, 左右曰, 夫人少避火. 伯姬曰, 婦人之義, 保傅不俱, 夜不下堂. 待保傅來也. 保姆至矣, 傅母未至也. 左右又曰, 夫人少避火. 伯姬曰, 婦人之義, 傅母不至, 夜不可下堂. 越義而生, 不如守義而死. 遂逮于火而死.

34 1. 노나라 효공의 의로운 보모魯孝義保

노나라 효공이 살해될 뻔했으나 보모가 자기 아들에게 그의 옷을 입혀 대신 죽게 하였다.

2. 초나라 성공의 부인 자무楚成鄭瞀

자무는 후궁들 중 비를 간택하던 성공의 부름에 유일하게 돌아보지 않고 의롭게 처신했다.

3. 진나라 태자 어圉의 태자비 회영晉圉懷嬴

어가 진秦에 인질로 있을 때 부인에게 도망치자 하자 나라도 남편도 버릴 수 없다고 했다.

4. 초나라 소왕의 부인 월희楚昭越姬

월희는 연회에서는 대신 죽을 수 없다고 했으나 전쟁터의 신의를 위해서는 죽겠다고 했다.

5. 갑나라의 장수의 아내蓋將之妻

갑나라가 정벌당하자 장수의 아내가 의리를 지켜야 한다며 남편과 함께 자결했다.

6. 노나라의 의리 있는 이모魯義姑姉

피난길의 한 부인이 위기가 닥치자 자기 아이를 놓고 언니 아이만 살려 의리를 지켰다.

7. 대나라의 조씨 부인代趙夫人

동생인 조양자가 남편인 대나라 왕을 죽이자 부인은 어느 편도 들 수 없다며 자결했다.

8. 제나라의 의로운 계모齊義繼母

한 계모가 죽은 남편과의 신의를 위해 자기 자식을 죽이고 전처 소생을 살려 달라고 하자 왕이 의롭게 여겼다.

9. 노나라 추씨의 정결한 부인魯秋潔婦

혼인 오 년 만에 돌아온 남편 추호자가 부인을 못 알아보고 희롱하자 그 부인이 자결했다.

10. 주나라 대부의 충직한 시녀周主忠妾

대부의 처가 남편에게 독주를 주자 시녀가 그 잔을 엎질러 태형을 맞고 의와 충을 지켰다.

11. 위나라의 절의 있는 유모魏節乳母

망한 위나라의 공자를 유모가 껴안고 지키다 화살 수십 개를 맞으며 공자와 함께 죽었다.

12. 양나라의 절의를 지킨 고모梁節姑姉

화재 속에서 오빠의 아들을 구하지 못한 부인이 자신이 의롭지 못하다며 불에 들어가 죽었다.

13. 주애 마을의 의로운 두 여자珠崖二義

전처의 딸과 계모가 서로 벌을 받겠다고 하자 관리가 의롭게 여겨 사면했다.

14. 합양 땅의 우애 있는 여동생郃陽友娣

다툼 끝에 남편이 오빠를 죽이자 그 처가 남편에게 오빠의 원수와 살 수 없다며 자결했다.

15. 장안에 사는 절의 있는 여인京師節女

남편의 원수가 아버지를 협박하자 그 여성이 남편과 아버지를 대신하여 죽었다.

35 成王登臺臨後宮, 宮人皆傾觀, 子瞀直行不顧, 徐步不變. 王曰, 行者顧, 子瞀不顧. 王曰, 顧, 吾以女爲夫人, 子瞀復不顧. 王曰, 顧, 吾又與女千金, 而封若父兄. 子瞀遂不顧. … 子瞀曰, 妾聞, 婦人以端正花顔爲容, 今者大王在臺上, 而妾顧則是失義節也, 不顧. 告以夫人之尊, 示以封爵之重, 而後顧則, 是妾貪貴樂利, 以忘義理也. 苟忘義理, 何以事王.

36 顧謂二姬曰, 樂乎, 蔡姬對曰, 樂. 王曰, 吾願與子生若此, 死又若此. 蔡姬曰, … 固願生俱樂死同時. … 乃復謂越姬, 越姬對曰, … 昔吾先君莊王, 淫樂三年, 不聽政事, 終而能改, 卒覇天下. 妾以君王, 爲能法吾先君, 將改斯樂, 而勤於政也. 今則不然, 而要婢子以死, 其可得乎.

37 史曰, 是害王身, 然可以移於將相, 將相聞之, 將請以身禱于身. 王曰, 將相之於孤, 猶股肱也, 今移禍焉, 庸爲去是身乎, 不聽. 越姬曰, 大哉, 君王之德. 以是妾願從王矣. 昔日之遊, 宴樂也, 是以不敢許. 及君王復於禮, 國人皆將爲君王死, 而況於妾乎, 請願先驅狐狸於地下. … 昔者, 妾雖口不言, 心旣許之矣. 妾聞, 信者不負其心, 義者不虛設其事. 妾死王之義, 不死王之好也. 遂自殺.

38 懷嬴者, 秦穆之女, 晉惠公太子圉之妃也. 圉質于秦, 秦穆以嬴妻之. 六年圉將逃歸, 謂嬴氏曰, … 子其與我行乎? 嬴氏對曰, 子晉太子也. 辱於秦, 子之欲去, 不亦宜乎. 雖然寡君使婢子侍執巾櫛, 以固子也. 今吾不足以結子, 是吾不肖也. 從子而歸, 是棄君也, 言子之謀, 是負妻之義也, 三者無一可行. 雖吾不從子也, 子行矣. 吾不敢泄言, 亦不敢從也.

39 汝知其事, 何以不言而反幾死乎. 媵婢曰, 殺主以自生, 又有辱主之名, 吾死則死耳, 豈言之哉. 主父高其義, 貴其意, 將納以爲妻. 媵婢辭曰, 主辱而死而妾獨生, 是無禮也, 代主之處, 是逆禮也. 無禮逆禮, 有一猶愈, 今盡有之, 難以生矣, 欲自殺. 主聞之, 乃厚幣而嫁之, 四隣爭娶之.

40 義保聞伯御將殺稱, 乃衣其子以稱之衣, 臥于稱之處. 伯御殺之, 義保遂抱稱以出, 遇稱舅魯大夫于外. 舅問, 稱死乎, 義保曰, 不死在此, 舅曰, 何以得免, 義保曰, 以吾子代之. 義保遂以逃十一年, 魯大夫皆知稱之在保, 於是請周天子, 殺伯御立稱, 是爲孝公, 魯人高之.

41 其母泣而對曰, 殺其少者. … 少者妾之子也, 長者前妻之子也. 其父疾且死之時, 囑之于妾曰, 善養視之, 妾曰諾. 今旣受人之託, 許人以諾, 豈可以亡人之託, 而不信其諾耶. 且殺兄活弟, 是以私愛, 廢公義也, 背言忘信, 是欺死者也. 夫言不約束, 已諾不分, 何以居於世哉. 子雖痛乎, 獨謂行何.

42 齊將問所抱者誰也, 所棄者誰也. 對曰, 所抱者, 妾兄之子也, 所棄者, 妾之子也. … 己之子私愛也, 兄之子公義也. 夫背公義而嚮私愛, 亡兄子而存妾子, 幸而得幸, 則魯君不吾畜, 大夫不吾養, 庶民國人不吾與也. 夫如是則脅肩無所容, 而累足無所履也, 子雖痛乎, 獨謂義何.

43 1. 제나라 재상 관중의 첩 정齊管妾婧

관중의 첩 정이 현인 영척의 수수께끼 같은 말의 뜻을 해석해서 그를 등용하게 하였다.

2. 초나라 대부 강을의 어머니楚江乙母

강을의 어머니가 억울하게 좌천된 아들의 상황을 비유로 말하여 왕이 잘못을 깨달았다.

3. 활 만드는 진나라 장인의 처晉弓工妻

궁공의 처가 활 탓을 하는 왕에게 간언하여 쏘는 법을 몰랐던 왕 자신의 잘못을 깨닫게 했다.

4. 나무를 상하게 한 제나라 사람의 딸齊傷槐女

나무를 꺾어 벌을 받게 된 자의 딸이 백성보다 나무를 귀하게 여긴 왕의 잘못을 깨닫게 했다.

5. 초나라의 말 잘하는 여자楚野辯女

수레가 부딪혀 대부가 화를 내며 탓을 하자 상대편 여자가 잘못을 지적해 깨닫게 했다.

6. 아곡에서 빨래하는 처녀阿谷處女

공자가 아곡이라는 시골에서 만난 처녀의 예법을 시험하자 지혜롭게 답했다.

7. 조나라 뱃사공의 딸趙津女娟

뱃사공의 딸이 죄지은 아비를 변호하고 대신 노를 저으며 노래를 불러 조간자의 아내가 되었다.

8. 조나라 대부 필힐의 어머니趙佛肹母

필힐의 모친이 아들의 모반으로 연좌 사형을 당하게 되자 왕을 설득해 위기에서 벗어났다.

9. 제나라 위왕의 우희齊威虞姬

우희는 간신의 폭정을 직언해 모함을 당했으나 왕을 직접 만나 설득하여 위기에서 벗어났다.

10. 제나라의 추녀 종리춘齊鍾離春

종리춘은 기이한 능력과 뛰어난 언변을 보여 제나라 선왕의 왕후가 되었다.

11. 제나라의 추녀 혹부리 여자齊宿瘤女

혹부리 여자는 예의를 지키는 바른 언행으로 왕과 왕비들을 깨우치고 왕후가 되었다.

12. 제나라의 추녀 쫓겨난 여자齊孤逐女

추한 외모로 고을에서 쫓겨난 여자가 왕을 찾아와 정치를 논변하고 재상의 아내가 되었다.

13. 초나라의 처녀 장질齊處莊姪

처녀 장질이 반란 세력에게 속은 왕을 깨닫게 하여 나라의 위기를 막고 왕후가 되었다.

14. 제나라의 서오齊女徐吾

가난한 부인 서오가 초를 가져오지 못해 이웃 부인들에게 힐난당하자 지혜롭게 대응했다.

15. 제나라 태창령의 딸齊太倉女

태창령이 형벌을 받게 되었는데 그 딸이 왕을 찾아가 형법의 폐단을 지적해 아비를 구했다.

44 昔者, 公劉之行乎, 羊牛踐葭葦, 惻然爲民痛之, 恩及草木, 豈欲殺不辜者乎. 秦穆公, 有盜食其駿馬之肉, 反飮之以酒, 楚莊王, 臣援其夫人之衣, 而絶纓與飮大樂. … 今妾之夫治造此弓, 其爲之亦勞. 其幹生於泰山之阿, 一日三覩陰三覩陽, 傅以燕牛之角, 纏以荊麋之筋, 糊以阿魚之膠. 此四者, 皆天下之妙選也. 而君不能以穿一札, 是君不能射也. 而反欲殺妾之夫, 不亦謬乎. 妾聞, '射之道, 左手如拒石, 右手如附枝, 右手發之, 左手不知', 此蓋射之道也.

45 乃造於相晏子之門曰, 賤妾不勝其欲, 願得備數於下. 晏子聞之笑曰, 嬰有淫色乎. 何爲老而見奔. 殆有說, 內之至哉. … 妾聞, 明君之涖國也, 不損祿而加刑, 又不以私恚害公法, 不爲六畜傷民人, 不爲野草傷禾苗. … 今吾君樹槐, 令犯者死, 欲槐之故殺婧之父, 孤妾之身. 妾恐傷執政之法, 而害明君之義也. 隣國聞之, 皆謂君愛樹而賊人. 其可乎.

46 臼頭深目, 長指大節, 仰鼻結喉, 肥項少髮. 折腰出胸, 皮膚若漆.

47 諸夫人皆怪之, 盛服而衛遲, 其至也宿瘤. 駭宮中諸夫人皆掩口而笑, 左右失貌, 不能自止.

48 初逐女孤無父母, 狀甚醜, 三逐于鄉, 五逐于里, 過時無所容.

49 於是乃拂拭短褐, 自詣宣王, 謂謁者曰, 妾齊之不售女也. 聞君王之聖德, 願借後宮之掃除, 頓首司馬門外. 唯王幸許之. … 王曰 雖然何喜. 良久曰, 竊嘗喜隱. 宣王曰, 隱固寡人之所願也, 試一行之. 言未卒, 忽然不見. 宣王大驚. … 曰, 殆哉殆哉, 如此者四. 宣王曰, 願遂聞命. 鍾離春對曰, 今大王之君國也, 西有衡秦之患, 南有强楚之讐. 外有二國之難, 內聚姦臣, 衆人不附. 春秋四十, 壯男不立, 不務衆子, 而務衆婦, … 此一殆也.

50 堯舜自飾以仁義, 雖爲天子, 安于節儉, 茅茨不翦, 采椽不斲, 後宮衣不重采, 食不重味, 至今數千歲, 天下歸善焉. 傑紂不自飾以仁義, 習爲苛文, 造爲高臺深池, 後宮蹈綺縠弄珠玉, 意非有饜時也, 身死國亡, 爲天下笑. 由是觀之, 飾與不飾, 相去千萬, 尙不足焉. 於是諸夫人皆大慚, 閔王大感, 立瘤女以爲后.

51 明王之用人也, 推一而用之. 故楚用虞丘子, 而得孫叔敖, 燕用郭隗, 而得樂毅. 大王誠能厲之, 則此可用矣. … 遂尊相, 敬而事之, 以逐女妻之. 齊國以治.

52 1. 하나라 걸왕의 말희夏桀末喜

말희는 가무, 음주, 유희를 즐겼고 충신 용봉을 죽게 했다.

2. 상나라 주왕의 달기殷紂妲己

달기는 주지육림을 만들고 포락의 형을 만들었으며 충신 비간을 죽게 만들었다.

3. 주나라 유왕의 포사周幽褒姒

포사는 가짜 봉화를 올렸을 때 모인 제후들을 봤을 때만 웃었다.

4. 위나라 선공의 부인 선강衛宣公姜

선강은 큰아들을 태자로 앉히려고 원래 태자를 죽이려 했으나 태자와 아들이 함께 죽었다.

5. 노나라 환공의 부인 문강魯桓文姜

문강은 원래 사통했던 오빠와의 관계가 드러나자 남편을 죽였다.

6. 노나라 장공의 부인 애강魯莊哀姜

애강은 시동생들과 사통했으며 그중 한 명을 군주로 앉히려다 실패했다.

7. 진나라 헌공의 부인 여희晉獻驪姬

여희는 전처소생인 태자를 모함해 죽이고 두 공자를 쫓아낸 뒤 자기 아들을 태자로 세웠다.

8. 노나라 선공의 부인 목강魯宣繆姜

목강은 사통한 대부와 함께 나라의 실권을 잡고자 했으나 실패해 감옥에 갇혔다.

9. 진나라 여인 하희陳女夏姬

하희를 좋아했던 군주와 대부들이 쫓겨나거나 죽거나 가족을 잃는 보복을 당했다.

10. 제나라 영공 부인 성희齊靈聲姬

성희는 자신이 사통한 사실을 안 대부를 참소해 죽였다.

11. 제나라의 동곽강齊東郭姜

동곽강은 남편 장례에 온 조문객과 재혼하고 구애한 왕을 죽게 했으며 전처소생의 아들과 분쟁에 휩싸였다.

12. 위나라의 두 난잡한 여자衛二亂女

영공 처 남자南子는 사통을 들키자 전처소생인 태자를 모함해 쫓아냈고 영공의 딸 백희는 하인 혼양부와 사통했다.

13. 조나라 무령왕의 오씨 여자 맹요趙靈吳女

맹요는 무령왕의 전처소생 태자를 폐하고 자기 아들을 왕으로 세웠다.

14. 초나라 고열왕의 이씨 왕후楚考李后

재상의 첩이었던 이씨는 임신을 하자 왕에게 자신을 바치라고 해서 왕을 속이고 재상의 아들을 태자로 만들었다.

15. 조나라 도양왕의 창후趙悼倡后

창후는 전처소생인 태자를 모함해 자기 아들을 태자로 세우고 신하와 사통하며 충신을 죽였다.

53 末喜者, 夏桀之妃也. … 置末喜于膝上, 聽用其言, 昏亂失道, 驕奢自恣, 爲酒池可以運舟. 一鼓而飮者三千人, 鞧其頭而飮之于酒池, 醉而溺死者, 末喜笑之以爲樂. 龍逢進諫曰, 君無道必亡矣, 以爲妖言而殺之. … 於是湯受命而伐之, 戰于鳴條, 桀師不戰.

54 妲己者, 殷紂之妃也. … 好酒淫樂, 不離妲己, 妲己之所譽貴之, 妲己之所憎誅之. … 流酒爲池, 懸肉爲林, 使人裸形相逐其間, 爲長夜之飮, 妲己好之. … 紂乃爲炮烙之法, 膏銅柱加之炭, 令有罪者行其上, 輒墮炭中, 妲己乃笑. 比干諫曰, … 紂怒以爲妖言. 妲己曰, 吾聞聖人之心有七竅. 於是剖心而觀之. … 武王遂受命, 興師伐紂, 戰于牧野, 紂師倒戈.

55 褒姒者, 童妾之女, 周幽王之后也. 初, 夏之衰也, 褒人之神, 化爲二龍. … 藏漦櫝中, 乃置之郊, 至周莫敢之發也. 及周厲王之末, 發而觀之, 漦流于庭, 不可除也, 王使婦人裸而譟之. 化爲玄蚖, 入後宮, 後宮童妾, 未毁而遭之, 既笄而孕. 當宣王之時産, 無夫而乳, 懼而棄之.

56 褒人姁有獄, 獻之以贖, 幽王受而嬖之, 遂釋褒姁, 故號曰褒姒. 旣生子伯服, 幽王乃廢后申侯之女, 而立褒姒爲后, 廢太子宜臼, 而立伯服爲太子. … 褒姒不笑, 幽王爲烽燧大鼓, 有寇至則擧, 諸侯悉至而無寇, 褒姒乃大笑, 幽王欲悅之, 數數爲擧烽火.

57 以適褒姒之意, 飮酒沈湎, 倡優在前, 以夜繼晝, 褒姒不笑. 幽王爲烽燧大鼓, 有寇至則擧, 諸侯悉至而無寇, 褒姒乃大笑.

58 末喜者, 美于色, 薄于德, 亂孼無道. 女子行丈夫心, 佩劍帶冠.

59 吾聞申生爲人, 甚好仁而强, 甚寬惠而慈于民. 今謂君惑于我, 必亂國, 無乃以國民之故, 行强于君, 君未終命而歿, 君其乃何, 胡不殺我, 無以一妾亂百姓. … 夫弑君利民, 民孰不戴. 苟交利而得寵, 除亂而衆說, 孰不欲焉. 雖其愛君, 欲不勝也. 若紂有良子, 而先殺紂, 毋彰其惡. … 君何不老而授之政. 彼得政而治之.

60 夏姬其狀美好無匹, 內挾技術, 蓋老而復壯者. 三爲王后, 七爲夫人, 公侯爭之, 莫不迷惑失意. … 公孫寧, 儀行父, 與陳靈公, 皆通于夏姬, 或衣其衣, 以戲于朝. … 公戲二子曰, 徵舒似汝, 二子亦曰, 不若其似公也. 徵舒疾此言, 靈公罷酒出, 徵舒伏弩廐門, 射殺靈公. … 莊公見夏姬美好, 將納之, 申公巫臣諫曰, 不可, 王討罪也, 而納夏姬, 是貪色也. … 將軍子反, 見美又欲取之, 巫臣諫曰, 是不詳人也. 殺御叔, 弑靈公, 戮夏男, 出公儀, 喪陳國. … 巫臣見夏姬謂曰, 子歸, 我將聘汝.

61 분화된 양반 계층에 대해 거칠게 설명하자면, 첫째로 경화사족京華士族, 즉 서울 지역의 번성한 양반이 있다. 이들은 전란 피해의 복구 이후 상공업이 발전하면서 도시화가 급격히 진행된 서울 지역을 중심으로 문벌과 경제력과 관직을 모두 가진 세도가 명문을 의미한다. 둘째로는 향반鄕班 또는 잔반殘班(몰락한 양반)이라고 불리는 시골 지역의 양반이 있다. 지방에 있는 양반들이 모두 잔반이었던 것은 물론 아니었다. 지방에 오랜 세월 세거하면서 중앙으로의 관직 진출을 계속했던 가문들은 그 권위를 유지했다. 그러나 경제적 기반이 약하면서 과거 급제자를 오랫동안 내지 못한 지방의 중소 양반들은 곧잘 이름만 남은 양반, 평민보다 생계가 어려운 계층으로 전락하고 말았다.

62 우암 송시열의 부친 수옹 송갑조에 얽힌 일화는 송시열이 어떤 인물이었는지 알려준다. 송갑조는 과거에 합격했으나 평생 관직에 나가지 않고 고향에서 후학들을

가르치면서 살았다. 그가 과거에 합격하자마자 서궁에 유폐되어 있던 인목대비를 찾아가 문안을 드린 일로 유생들의 명부인 유적儒籍에서 이름이 삭제되었기 때문이다. 살아 있는 임금인 광해군의 권위를 부정하고 역적으로 몰려 폐위된 영창대군의 생모를 배알한 송갑조의 꼬장꼬장한 행동은 '적장자 중심'의 정통성을 중시하는 원칙론적 입장을 잘 보여 주는 사건이었다.

송갑조가 광해군을 애초에 왕으로 인정하지 않았던 것과 마찬가지로, 송시열 역시 광해군이 펼친 청에 대한 우호적 정책이나 실리적인 외교 태도를 전면 반대했다. 그는 처음부터 만주족인 청나라의 존재를 무시하고 인정하지 않았으며 병자호란으로 더욱 극도의 증오심을 가졌다. 사실상 당시 청나리의 실체는 중원 전체를 장악했음은 물론 서방과 교역을 할 정도의 세계적인 대제국이었지만 송시열은 그런 현실에는 아랑곳하지 않았다. 오직 춘추의 의리에 입각한 사대주의와 충효와 같은 유교 이념의 원칙과 명분이 중요했던 그는 완벽하게 복고적인 원리주의자였다.

청나라를 쳐들어가자는 송시열의 '북벌론'은 그러한 원칙론과 명분론의 결정판이었다. 북벌론의 두 주역이 누구인가. 바로 병자호란 이후 인질로 청에 끌려갔다 돌아와 임금이 된 효종, 그리고 그가 봉림대군이었던 시절의 사부였던 송시열이었다. 효종이 즉위하자마자 올린 그의 북벌론은 주자가 올렸던 상소문인 '봉사封事'의 형식을 빌려 쓴 '기축봉사己丑封事'라는 글에 표명되어 있다. 그는 이 글에서 '삼강오륜을 실천하여 군부君父의 원수를 갚아야 한다'고 주장했다. 이러한 그의 주장이 부친인 인조의 치욕을 곁에서 직접 봤을 뿐 아니라 그 자신이 포로로 잡혀가는 수모를 당했던 효종에게 얼마나 강력한 설득력을 지녔을지는 굳이 더 말할 필요가 없을 정도였다.

63 우암 송시열의 선조 할머니 류씨 부인의 '열녀 만들기 프로젝트'에 대해서는 다음의 논문을 참고했다. 김경미, 〈17세기 가부장제의 기획-"류씨 부인" 프로젝트〉, 《한국고전여성문학연구》8집, 한국고전여성문학회, 2004.

64 年二十二喪夫, 八十二卒, 性如丈夫之志, 終身守節云者. 〈諸子孫以先祖妣柳氏貞烈呈地主文〉,《동춘당집》 권16,《한국문집총간》107, p.113

65 臣等謹按續六典內, 士大夫之妻, 更適三夫者, 錄于恣女案, 以戒後來, 無有掌司, 尙未擧行, 遂使令典, 徒爲虛文, 故自今本府成案錄名, 以勵風俗. 〈세종실록〉 세종 18년 6월 18일

66 歲辛丑, 李爲平安道觀察使兼尹平壤, 夫人偕往. 李到任未久, 遽發背卒. 夫人哀毁幾滅性, 與子公麟扶喪返, 葬於麻田郡某地. 自定墓制, 離其中爲兩室, 以示同穴之意. 結廬其側, 躬朝夕之奠, 雖祈寒暑雨不廢. 以公無肉不飽, 祭必設肉, 使不乏. 時復號痛, 觀者皆爲酸鼻. 강희맹, 〈洪節婦傳〉

67 服闋仍其廬安木主, 常坐臥其下, 如平生. 甲午冬家失火, 人皆失措, 婦人收主置懷中, 焚蕩資産, 無所顧. 或曰, 盍姑置主於床而收燼餘. 婦人曰, 吾尙驚懼, 神豈無悸. 若置之, 恐神之無依也. … 及公麟醮子于京, 請夫人往視婚事. 夫人曰, 安敢頃刻離墳墓與神主, 吾雖比隣, 未敢往來, 爲神之孤寂也, 況京師乎. 終不肯焉. 강희맹, 〈洪節婦傳〉

68 守年高多病, 自念娥美少, 或有厭倦意, 試娥曰, 我且死, 汝能守節乎, 抑有他耶. 娥慘然曰, 未可豫言也, 屢問對輒如是. 守沉綿病席, 侍子俱困, 娥獨左右奉護, 帶不解, 藥必嘗, 小心敬謹. 久而愈謹, 雖至夜分, 跪伏其側, 一呼卽唯. … 娥哭踴頓絶, 截雙鬟, 斷二指以殉葬. 守制三年, 梳不上頭, 菜不入口, 設衣枕服, 用于舊榻上, 日侍其下, 夜晝不離. 奠祭盡禮, 喪畢不輟, 逾毁逾戚, 每四時換節, 必制新服, 哭而焚, 修窓戶掃堂階, 如平生時. … 菜根麥飯, 有時而絶. 所親相勸曰, 盍賣守所與, 以自潤乎. 娥曰, 賤貧傭丐之裔, 纔糲其分, 安忍手進賜筆跡, 向人斥賣, 以求美衣食乎. 송익필, 〈銀娥傳〉

69 坡山成浩原, 接境交河, 頗聞娥行, 對弼說不離口, 草娥傳, 囑弼改作. 弼之龜峯舍, 益近交河南村, 與秀城守往來交遊之, 言又與浩原聞同. 又秀城孫女爲弼兄妻族婦, 逾聞其詳. 憑浩原傳, 謹改草, 浩原傳外只數行.

70 閔氏, 驪興望族也. … 移天于吾家第二子, 甚有婦道, 生二雛也. 壬辰之變, 與其夫避兵于坡州山中, 倭賊猝至, 閔氏知不免, 卽抽佩刀, 自刭而死, 賊怒斷其頭而去. … 其夫亦被亂斫, 身無完膚, 絶而復甦, 歲癸巳, 收拾閔氏骸骨, 瘞于其先壟, 後二年亦死焉. 當亂之初, 余追乘輿, 向松京時, 宿坡山村庄, 與訣曰, 時事至此, 難克一死, 幸無汚我家門乎云. 及到松京不數日, 聞閔氏伏節而死. 嗚呼孰謂年少婦人, 乃能勇決如是哉. 이정암, 〈三節婦傳〉

71 李氏乃吾季妹也, 嫁爲士人韓訶妻. … 丁酉之變, 入保黃石山城, 倭寇不意至城下, 主將金海府使白士霖率其家屬, 乘夜遁去. 李氏與其一女韓氏, 自刭而死. 奴婢同死者十餘人. 韓氏乃士人金揵妻也, 時年二十六. … 所未可知者, 婦人從

人者也. 其夫訶, 旣不守城, 則李氏胡爲獨留山中乎. 金郎與妻同入, 而獨免其禍, 抑何故也. 이정암, 〈三節婦傳〉

72 士之生世, 讀古人書, 慕古人節, 平居嘐嘐然曰, 以義死, 不願苟生. 及夫國家危難, 干戈搶攘之日, 捨生取義者, 百無一二, 而婦人女子, 反或能焉. 余於吾門三節婦見之矣. 이정암, 〈三節婦傳〉

73 往在戊申年中, 余於普光寺讀書, 暇語及丁酉倭亂時烈女事. 有武出身林逈云, 吾爲海南倭所虜, 擔任隨行, 凡四五日, 適縣北白蓮洞. 賊探山得一丈夫, 年可三十, 追逐上山, 其疾如飛. 是時其妻伏匿其旁, 度其夫不得脫, 卽起而曳賊足, 投諸絶壁, 賊乃殞. … 賊縛其夫令跪之, 仍脫女衣裳, 四賊各持女手足, 令一賊欲汚, 女卽聳身飜蹴賊, 俱擺落身墜十丈餘崖下. 骨折面碎而死, 賊乃相顧驚愕, 斫殺其夫而去. 라해봉, 〈二烈女傳〉

74 翌日賊又大掠人妻子士女, 囚諸大空舍. 其中一少女, 玄髮春局, 雖涕泣塵垢滿面, 有窈窕色, 賊乃懸釜滄湯, 然後仍持火來照, 牽挐而出, 脅脫衣淨浴, 又薰以火, 納于賊帥, 帥欲脅不能. 良久招麾下將去, 卽脫衣赤身, 跪諸巖霜之下, 拔白刃以劍, 脅擊其背, 使怵以必殺, 俄而將去, 又以火煖體解凍, 然後納之, 又不辱, 如是者三. 是夜已曉, 明星有爛, 賊帥大怒, 乃令賊曳出, 以削木貫殺, 略不動容云. 라해봉, 〈二烈女傳〉

75 或曰二婦人之中, 孰是從容就死者. 我曰, 易地則皆然. 噫, 世之有細行, 而或以門勢, 至有粉飾張大, 卒光史丹, 而若此類, 名煙滅, 悲夫. 라해봉, 〈二烈女傳〉

76 烈婦孺人河氏, 昌寧士人龍徵女, 月城孫生喜天妻也. 昌寧之河系, 出晉山府院君崙, 故孺人貫晉陽, 孫亦慶之望族, 卽判書景節公後, 而孫生亦佳士. 유의건, 〈烈婦孺人河氏傳〉

77 孺人李氏, 德興大院君之後, 士人廷燮之女. 윤광소, 〈烈女李孺人傳〉

78 烈婦鄭氏, 八溪人, 學生德輝女. 신광수, 〈鄭烈婦傳〉

79 孺人姓孫氏, 貫月城商山士人必慶之女也. 조호연, 〈烈婦孫孺人傳〉

80 金烈婦鄭氏, 籍羅州士人泰燮之女也. 김명희, 〈金烈婦鄭氏傳附鄭氏傳〉

81 朴氏之父順禧, 耿介有志行, 不幸早歿. 조유선, 〈烈女朴氏傳〉

82 烈婦甫八歲喪父. 한경소, 〈朴烈婦傳〉

83 十三遭父憂. 황용한, 〈烈婦咸陽朴氏傳〉

84 九歲祖父喪, 哀痛如成人. 박치복, 〈烈婦李孺人傳〉

85 生十餘歲, 父母俱亡. 곽종석, 〈宋烈婦傳〉

86 八歲父歿. 윤희구, 〈全烈婦傳〉

87 이 책에 실린 열녀전 자료들은 조선 시대 개인 문인들의 문집에 실린 열녀전 자료를 총괄해서 발간한 자료집을 참고했다. 이혜순·김경미, 《한국의 열녀전》, 월인, 2002.

88 宋氏曰, 年少宜死, 無子宜死, 舅姑有他侍子宜死, 吾志決矣. 但念吾歸夫家未久, 奄罹此禍, 凡平日事夫之道, 未盡其職. … 時看列女傳, 以寓其懷. 有姑母寡居比隣, 以書要與一見而訣, 辭以葬前禮不當出入, 終不往. 葬時仲父來見, 以老母意慰解百端, 低頭不答, 惟流涕而已. … 澣衣浴身, 上塚哭盡哀, 歸而無慽容. 家人信之, 懈其防禁. 乘昏至夫靈筵, 以髮緊結其頸, 覆以衣領, 又以絞帶縊其外, 端拱而立死焉. 김간, 〈烈女宋氏傳〉

89 時懷娠已六朔, 姑曺氏泣且諭, 曰若夫一點血, 在若腹中, 幸而男, 若夫爲不亡, 今若死, 腹中兒亦死, 若夫死而死矣. 孺人乃强進溢米. … 及月滿而兒生, 果得男擧. 至四五朔, 孺人作糜飮而飼之, 兒能嚥呑之, 孺人喜曰, 兒不乳不死. 及夫將葬, 已筮日矣, 孺人俟房中無人, 潛入吸醯漿一椀而仆. … 盖孺人之死 久矣. 始死於夫喪之日, 而以遺腹忍其死, 再死於兒生之後, 而以兒乳遲其事. 身未死而心則死, 已久矣. 유의건, 〈烈婦孺人河氏傳〉

90 夫家貧不能在京, 依其娚兄昌龜於驪, 顧新寓凉益甚, 饘粥或不繼. … 夫忽感疾, 病日甚. 鄭氏醫藥靡不極至, 沐浴氷雪中, 晨夕露禱不解衣, 凡六月而夫死. … 自是日矢從死, 絶不飮食, 日進水數吸. 其兄泣語, 吾家甚貧, 內無主饋, 汝若死, 誰當主而夫葬祭者. 旣葬卒哭, 鄭氏執祭, 餘分饋隣人勞事者. 與家人語與平日, 從容無幾微色. 夜乃勸其諸兄與在旁者, 曰勞亦多日矣. 盍各早就寢, 求自息爲. 諸人如其言. … 天明入視, 整衣簪斂牀席, 奄然若新寐者. 枕旁有毒器, 遺諸兄書, 屬薄斂潟葬. 死時年二十九, 無子. 신광수, 〈鄭烈婦傳〉

91 《구당선생문집 舊堂先生文集》에 수록되어 있다.

92 稍長, 性行益端潔幽閒, 聲音不出閨門. 或看諺書, 至古婦女淑德烈行處, 則輒三復欽慕, 擊節歎尙不已. … 一日遺孤忽得疾見化, 孺人不甚慽. 於是遂決下從意, 語伯姒曰, 吾所以隱忍苟活, 以至今日者, 只爲此亡夫一血塊. 天且奪之, 我

生何待. 但尊舅姑老無子, 不孝於目前, 大罪也. … 遂迭相守夜半, 孺人忽自慰, 曰吾誤矣. 如吾薄命, 世或有之, 姑留於世, 可立嗣以歸, 有辭於亡父. 氣色卽自若, 守者小解. 與伯姒共枕臥 鼻息故睡, 鷄鳴伺傍人乍寢, 潛出夾廊, 遂自引於梁下. 조호연, 〈烈婦孫孺人傳〉

93 景立之柩纔出門, 烈婦取短刀欲自裁, 爲伯姒李氏所求止. 自是家人屛去刀鑿繩徽, 而守之甚嚴. … 是夜向三更, 母睡方熟, 忽聞窓外有吼喘聲. 驚起燃燭以視之, 烈婦握刀仆地. 渾身血淋漓, 頷下有三竅, 吼聲自三竅出. 母大驚急呼曰, 兒乎兒乎, 汝果死乎. … 烈婦蹶起扶之曰, 慈氏勿驚 女死已晩矣. 夫歿之日, 卽當從殉, 而念草柴之欑, 位在淺土, 又不得一見慈顔, 故苟延須臾間. 今則決矣, 何以生爲. 且膝下靑孀, 實使慈氏不忍見, 不若速死之爲愈. … 遂面壁臥, 略無呼痛聲, 母冀其少延, 强持饘飮以勸之. 纔一啗, 喉嚨澎湃, 三竅齊迸, 如硯蟾之覆, 注滴不已. 遂不復飮啖, 日未午而絶. 卽八月二十三日, 而時年二十一也. … 於是閭里婦幼, 皆聳動奔走, 淚汪汪下, 曰此眞烈婦. 朴氏爲有女, 林氏爲有婦矣. 한경소, 〈朴烈婦傳〉

94 從古, 哭夫而以身殉之者, 亦何限. 有剚刃者, 有飮毒者, 又或有投水者, 向之爲義烈. 然而曾不一勺之潤, 延至十日之久, 區處益從容, 樹立益嚴確. 較之於猝霎間辦命者, 又豈不難乎哉. … 烈婦嘗讀古烈女之蹟, 而曰是其本分事爾. 何必以節義稱. 是其平日見得, 已自如此, 抑非臨時就辦者矣. 其父聞其堉絶, 謂其家人, 曰勿傷吾女也. 訃當踵之, 其亦有以料之也. … 初舅寛諭欲回, 而無聞. 且有嬌生纔數月, 亦絶無一言念及. 惟一箇舍生之念, 撑互宇宙, 不見其他, 眞千古罕聞也. 以藐然一女子, 而增夫三綱五典之重, 斯可見聖朝之化矣. 이야순, 〈申烈婦李氏傳〉

95 《의암집毅菴集》에 실려 있다.

96 楊氏初入新婦, 莫可顯然如何, 乘隙暗自裂指, 灌血于口. 少頃回甦, 漸漸得差, 至于完蘇. 後又得暴疾, 至死境, 楊氏卽斷指, 流血入口, 猝然得蘇, 過數日竟不起. … 楊氏吾友金淳範之伯母也. 事在五十年前癸丑甲寅, 而夫年纔十三, 楊氏未記年. 淳範言今家無及見者, 獨里有一老嫗, 尙說其時事. 유인석, 〈烈婦楊氏傳〉

97 孺人生十餘歲, 父母俱亡, 鞠於外氏, 及笄歸于同顯宋義用, 義用恩津人, 亦早

孤, 家甚貧, 與弟箕用, 併日而食. … 孺人已中席, 正臥而逝矣. 旁有器, 器底之瀝, 盖塩也, 盖豫備爲是日決也. … 鄉里咸咨歎, 屢請褒于方伯, 方伯不以聞. 其後七年壬寅, 丹丘有崔氏婦李氏, 昆南有李氏婦趙氏之事, 又其後二年甲辰, 江陽有沈氏婦金氏之事, 並旌其閭, 獨孺人闕焉. 盖近日禮院, 凡有褒典, 必需索禮目例費八萬錢, 宋家貧無以應, 且不欲也. 곽종석, 〈宋烈婦傳〉

98 古之所稱烈女, 今之所在寡婦也. 至若田舍少婦委衖青孀, 非有父母不諒之逼, 非有子孫勿叙之恥, 而守寡不足以爲節. 則往往自滅晝燭, 祈殉夜臺, 水火鴆繯, 如蹈樂地. 烈則烈矣, 豈非過歟.

99 昔有昆弟名宦, 將枳人清路, 議于母前. 母問, 奚累而枳. 對曰其先有寡婦, 外議頗喧. 母愕然曰, … 若乃寡婦之子. 寡婦子尙能論寡婦也. 出懷中銅錢一枚曰, 此有輪廓乎. 曰無矣. 此有文字乎. 曰無矣. 母垂淚曰, 此汝母忍死符也. 十年手摸磨之盡矣. 大抵人之血氣, 根於陰陽, 情欲鍾於血氣, 思想生於幽獨, 傷悲因於思想. 寡婦者幽獨之處, 而傷悲之至也. … 耿耿不寐, 訴誰苦衷. 吾出此錢而轉之, 遍模室中. 圓者善走, 遇域則止, 吾索而復轉, 夜常五六轉, 天亦曙矣. 十年之間, 歲減其數, 十年以後, 則或五夜一轉, 或十夜一轉. 血氣既衰, 而吾不復轉此錢矣, 然吾猶十襲而藏之者, 二十年, 所以不忘其功, 而時有所自警也. 遂子母相持而泣. 君子聞之曰, 是可謂烈女矣.

100 余視事安義之越明年, 癸丑月日. … 外有何事, 對曰, 通引朴相孝之兄之子之嫁咸陽, 而早寡者, 畢其三年之喪, 飮藥將殊. … 老吏感慨曰, 女未嫁時, 隔數月, 有言述曾病入髓, 萬無仁道之望, 盍退期. 其大父母密諷其女, 女默不應. … 家知其志, 遂如期迎婿. 雖名合巹, 其實竟守空衣云. … 噫, 成服而忍死者, 爲有窀穸也. 既葬而忍死者, 爲有小祥也, 小祥而忍死者, 爲有大祥也. 既大祥則喪期盡, 而同日同時之殉, 竟遂其初志, 其非烈也.

101 이옥의 〈생열녀전〉은 그의 친구였던 담정 김려의 문집인《담정총서藫庭叢書》중 〈매화외사梅花外史〉에 실려 있다.

102 生烈女申氏, … 聞人肉可以讐, 潛以刃刲其股, 燒進之, 瘡卽已, 股亦不甚創. 事聞旌其閭. … 紅顏而衣素者, 皆古烈女, 於是擇死於夫者, 而後乃旌之. 故朝鮮之烈女, 皆死未有生而煥棹楔者. 吾於申氏乃今獨聞之矣. 噫, 探白刃而自肉, 人而能之, 難於一死遠矣. … 嘗聞諸人, 鄭之家窶甚, 舅業使酒, 每一發剖罌罍鼎, 隣人盡蹙頞. 而烈女愉顔色婉聲而事之, 不以貧且酒, 少有怨懟語, 嘗曰爲人媳, 豈可以家貧, 薄養老耶. 食日一肉, 衣歲一紬, 以終舅年, 而皆從手指出云. 余謂烈女之生難於死. 其所以孝於舅, 又難於割股也.

103 정약용의 〈열부론〉은《여유당전서與猶堂全書》에, 김택영의 〈절부설〉은《창강집滄江集》에 각각 실려 있다.

104 厥考病且死, 子從而死之孝乎. 曰匪孝也. 唯厥考 不幸爲虎狼盜賊所逼迫 厥子從而衛之死焉 則孝子也. 君薨臣從而死之, 忠乎. 曰匪忠也. 唯厥君不幸爲亂逆所簒弑, 臣從而衛之死, 或己不幸而被虜, 至虜庭强之拜, 不屈而死, 則忠臣也. 曰然則夫卒妻從而死, 謂之烈, 爲之綽其楔丹, 其榜復其戶, 蠲其子若孫繇役者, 何也. 曰匪烈也, 隘也. 是有司者不察耳.

105 夫爲虎狼盜賊所逼迫, 妻從而衛之死焉, 烈婦也. 或己爲賊人, 淫人所逼, 迫強之汚, 不屈而死, 則烈婦也. 或蚤寡, 其父母兄弟, 欲奪己之志以予人, 拒之弗能敵以死, 則烈婦也. 其夫抱冤而死, 妻爲之鳴號, 暴其狀不白, 竝陷刑以死, 則烈婦也. 今也不然. 夫安然以天年, 終于正寢之中, 而妻從而死之, 是殺其身而已. 謂之殺其身, 當於義則未也. 吾固曰殺其身, 天下之凶也. 旣不能殺其身當於義, 則是徒爲天下之凶而已.

106 觀於古今載籍, 寡婦不死而守節者, 與殉於夫者, 均之爲節婦矣. 吾邦則不然, 惟於殉者, 始稱爲節婦而旌褒之. 而彼纍然枯槁抱孤, 明齎幽鬱, 以潛消於凄房冷室之中者, 槩不在指數而湮沒之, 何也. 夫殉者, 一時之苦也, 不死者, 終身之苦也. 終身之苦, 與一時之苦, 何如. 且使婦女之道, 必以殉夫爲歸, 而無可更議, 則何世之烈女, 必出於少壯, 而絶不出於衰老乎. 吾以是尤以知不死者之至苦且難, 而不敢重彼而輕此也. 又況彼不死者, 或志在必死, 而義有所不可死者乎.

107 《운양집雲養集》에 실려 있다.

108 且禮有嫁母出母之服, 若非時王之制, 安得著之禮經乎. 以是知改嫁, 非王政之所禁也. 非獨周制爲然遍考, 東西洋古今歷史, 無此弊法, 獨我東有之國. 初議制之臣, 因一時之嫌, 率意妄作, 爲改嫁子孫, 勿許淸宦之法. 自是五百年之間, 夫死者, 人人守節, 名義雖美, 其實戕害天理, 滅絶人紀, 莫此爲甚. 其所以爲據者, 不過王蠋之烈女不更二夫, 一句語也, 夫烈者, 過於人一等之稱, 非女道之常訓也. 王蠋者戰國時殉名好氣之人, 非讀書明理之士也, 其言出於一時激昻之辭, 而無稽於古典. … 今一二有識之家, 欲矯謬習, 猶顧畏俗訾, 不敢昌言斷行, 而往往不免有鶉賁之氣. 曷若明行再醮之禮, 使人人有室家之樂. 可以稱人道之缺, 而召天地之和, 豈不美哉. 余故曰, 仁政必自改嫁始.

109 이 책에서는 조선 후기 야담집의 한문 야담을 총괄한 자료집(이우성, 임형택,《이조 한문단편집 1》, 창비, 2018)을 참고했다.

110 一日宰相自外而入來, 見其女在於下房, 而凝粧盛飾, 對鏡自照, 已而擲鏡而掩面大哭. 宰相見其狀, 心甚惻然, 出外而坐, 數食頃無語. 適有親知武弁之出入門下者, 無家無妻之人, 而年少壯健者也, 來拜問候. 宰相屛人言之曰, 子之身世, 如是其窮困, 君爲吾之女婿否. … 銀子給之曰, 持此而往, 貰健馬及轎子, 待今夜罷漏後, 來待于吾後門之外, 切不可失期.

111 宰相入內, 至下房而哭曰, 吾女自決矣, 家人驚惶而皆擧哀. 宰相仍言曰, 吾女平生不欲見人, 吾可襲斂, 雖渠之男兄, 不必入見矣. 仍獨自斂衾而裹之, 作屍體樣, 而覆以衾, 始通于其舅家, 入棺後, 送葬于舅家先山之下矣. … 有兩兒, 在房讀書, 狀貌淸秀, 頗類自家之顔面, 心窃怪之. 日勢已晩又憊困, 仍留宿矣. 至夜深, 自內忽有一女子出來, 把手而泣, 驚而熟視, 則其已死之妹. 不勝騷驚訝而問之, 則以爲因親敎而居于此, 已生二子.

112 復命還家, 夜侍其大人宰相而坐, 適從容低聲而言曰, 今番之行, 有可怪訝之事矣. 宰相張目熟視而不言, 其子不敢發說而退. 其宰相之姓名, 不記之.

113 生顧謂曰, 何許女者, 隨我而來乎. 女曰欲與君偕往, 以奉箕箒. 生曰, 吾家寠甚, 一妻尙患啼飢, 況可畜妾乎. 娘若從我, 必作翳桑之鬼, 愼勿生意. 女曰死生有命, 貧富在天, 否極則泰來, 時至則風送. 釣渭呂叟, 八旬載西伯之後車, 弊貂蘇季, 一朝佩六國之相印, 豈可以一時窮困, 自斷其平生乎.

114 女戱欷曰, 李同知卽妾父也. 妾靑年早寡, 不識陰陽之理, 父母憐之, 一日謂妾曰, 今夕汝須出門, 隨往衣冠男子之初逢者而事之. … 家舍之買置, 産業之經紀, 皆妾父之指揮也. 彼女卽今某宰之女, 而亦合宮前寡婦也. 妾父與某宰親切, 雖家間細瑣皆議之. 兩家俱有靑孀, 心常怜惻, 討論情懷, 一日妾父以妾區處之由告之, 某宰愀然良久曰, 吾亦有此意. 遂以其女病歿, 傳訃舅家, 虛葬山下, 送適郎君. 向者初仕, 首擬之銓官, 亦某也. 生聞罷, 始嘆其奇遇矣.

115 倘不幸靑年寡居, 自量可守則守之, 否則上告尊長, 亦是大方便事. 衆愕然以爲昏耄之亂命. 張笑曰, 爾等以我言爲非耶. 守寡兩字, 難言之矣. 我是此中過來人. 請爲爾等述往事. 衆肅然共聽.

116 我居寡時, 年甫十八, 因生在班閥, 嫁於士類, 而又一塊肉累腹中, 不敢復萌他想. 然晨風夜雨, 冷壁孤燈, 頗難禁愁. 翁有表甥某, 自湖西來訪, 下榻外室, 吾於屛後, 觀其貌美, 不覺心動. 夜伺家人熟睡, 欲往奔之, 移燈出戶. 俯首自慚, 廻身復入, 而心猿難制, 又移燈而出, 終以此事可恥, 長歎而回, 如是者數次後, 決然竟去, 聞廚下婢喃喃私語. 屛氣回房, 置燈卓上, 倦而假寐.

117 夢入外館, 某正讀書, 燈下相見, 各道衷曲, 已而携手入幃. 一人趺坐帳中, 首蓬面血, 拍枕大哭, 視之亡夫也. 大喊而醒, 時卓上燈熒熒作靑碧色, 譙樓正交三鼓, 兒索乳啼絮被中. 始而駭, 中而悲, 繼而大晦. … 因此知守寡之難, 勿勉强而行之也. 命其子書於白管, 垂爲家法, 含笑而逝. 後宗族繁然, 代有節婦, 百餘年來, 閨門淸白云.

118 《대계》 6-8권 407~409면. 전라남도 장성군 편. [황룡면 설화 19] 월평리, 1982. 1. 13. 최내옥, 김균태, 남궁선 조사, 제보자: 이삼옥, 남, 70.

119 《대계》 5-3권 329-334면. 전라북도 부안군 편. [줄포면 설화 28] 줄포리 노인회관, 1981. 7. 30. 최내옥, 김미영, 권선옥, 박종수 조사, 제보자: 최경호, 남, 65.

120 《대계》 6-4권 455~462면. 전라남도 승주군 편. [주암면 설화 25] 어왕리 문촌회관, 1984. 3. 26. 박순호 조사, 제보자: 조동윤, 남, 71.

121 《대계》 5-3권 89~93면. 전라북도 부안군 편. [부안읍 설화 24] 동중리 부풍율각, 1981. 8. 10. 최내옥, 김형주 조사, 제보자: 김판술, 남, 74.

122 《대계》 8-1권 327~329면. 경상남도 거제군 편. [하청면 설화 17] 어은리 장곶, 1979. 7. 30. 정상박, 최미호 조사, 제보자: 임봉진, 남, 61.

123 《대계》 7-13권 354~360면. 경상북도 대구시 편. [대구시 설화 89] 서구 중리동, 1983. 9. 2. 최정여, 천혜숙, 임갑랑 조사, 제보자: 전계한, 여, 74.

124 열녀의 유서에 대한 연구는 다음을 참고할 수 있다. 이수봉, 〈규방문학에서 본 이조여인상〉, 《여성문제연구》 1, 대구효성가톨릭대학교 사회과학연구소, 1971. ; 임치균, 〈유씨부인 유서〉, 《문헌과해석》 통권 6호, 1999. ; 임치균, 〈서녕 유씨 부인 유서 연구〉, 《고문서연구》 15, 한국고문서학회, 1999. ; 김정경, 〈조선 후기 열녀의 순절의 의미화 방식 연구 - 재녕 이씨, 남원 윤씨, 서녕 유씨, 서흥 김씨 유서를 중심

으로〉,《국제어문》53, 국제어문학회, 2011. ; 이홍식, 〈조선 후기 사대부 여성의 유서 창작 양상 연구〉,《한국고전여성문학연구》29, 한국고전여성문학회, 2014. 이 중에서 현재까지 열녀가 직접 남긴 유서 전문을 확인할 수 있는 사례는 김정경의 논문에서 다룬 네 명, 즉 재녕 이씨, 남원 윤씨, 서녕 유씨, 서흥 김씨의 유서 4편이며, 그중에서도 남원 윤씨 유서는 한역(漢譯) 상태의 텍스트만 남아 있으므로 여성의 한글 유서는 세 편에 불과하다.

125 신씨부 유서에 대한 연구는 다음과 같다. 홍인숙, 〈조선후기 여성 유서 연구 – 순절 열녀 신씨부의 한글 유서를 중심으로〉,《온지논총》56, 온지학회, 2018. ; 홍인숙, 〈조선후기 순절 여성 신씨부 한글 유서 재론 – 유서 정보의 재구성 및 글쓰기의 의도와 목적을 중심으로〉,《고문서연구》54, 한국고문서학회, 2019. ; 신씨부 유서는 선문대학교 김규선 교수님이 제공해 주셨다. 교수님의 기꺼운 자료 공개에 대해 마음 깊이 감사의 마음을 전한다.

126 ① 노로신이 우友/憂되신 동ᄉᆡᆼ니 그저 가지가지 불샹타 친상親喪 만나 가장 셜워 ᄒᆞ시ᄂᆞᆫᄃᆡ 나조차 마ᄌᆞ 쥭은니 몹쓸게 녀동ᄉᆡᆼ니다 ② 너도 늘그신 부모님과 혼ᄌᆞ된 형슈 안ᄒᆡ 다리고 잘 ᄉᆞᄅᆞ라 ᄂᆡ가 되고 너의 살님을 안니 시긴다고 너의 일가一家 덜리 날 ᄂᆞ무란다 ᄒᆞ되 네가 님년ᄒᆞ신 어마님을 바리고 혼자 ᄉᆞᄂᆞᆫ 형슈 바리고 나 ᄒᆞᆫᄐᆡ와 잠시ᄂᆞ 닛게너냐 네 ᄃᆡᆨ니라도 예와 혼자 엇지 ᄉᆞ잔 마리니 ᄂᆡ가 늘거가면 셔도 신가의 며ᄂᆞ리 친정 구억의 와닛ᄂᆞᆫ 거슬 조니 안 역기거든 ᄯᅩ 며ᄂᆞ리 녜다 두 게ᄂᆞ ᄒᆞ고 ③ ᄂᆡ 일ᄉᆡᆼ의 혼ᄌᆞ 니 셜움을 귀신니 잡바가도 ᄒᆞᆫ번 쥭고 살ᄒᆞ야도 ᄒᆞᆫ번 쥭ᄂᆞᆫ 거신니 너의ᄂᆞᆫ 조곰도 셜어 마라 다만 너의를 다시 못 보니 한恨일다 달밤의 쓰노ᄅᆞ 긔고奇怪ᄒᆞ다 나즌 ᄒᆞ 벌ᄂᆞ煩亂하기로 못쓰니

127 ① 민서방 ᄂᆡ외 보ᄋᆞᆸ 나ᄂᆞᆫ 병닌년(1806/1866) 념ᄉᆞ일念四日의 쥭을 사ᄅᆞᆷ니로ᄃᆡ ᄉᆡ 부모님 ᄂᆡ 친부모 계시고 어린 ᄯᆞᆯᄌᆞ식 ᄒᆞᆫ나 두고 ᄉᆡᆼ사生死 관ᄃᆡ를 님으任意로 못 ᄒᆞ야써니 지금은 지ᄂᆞᆫ 구월九月의 ᄌᆞ식 아ᄒᆡ 성혼ᄒᆞ야 민서방갓탄 외정外丁을 어더쥬고 외짝 부모님 계시다가 올 니월의 샹ᄉᆞ喪事 나시고 ᄂᆡ가 그ᄯᆡ 쥭고져 시부되 ᄒᆞᆫ낫 동ᄉᆡᆼ니 노친 샹ᄉᆞ을 만나가지고 ᄒᆞ시ᄂᆞᆫᄃᆡ 나조차 쥭으면 동ᄉᆡᆼ의 못ᄒᆞᆯ노로 시로다 시버 못쥭고 사되 그저 도명徒命 보존니나 ᄒᆞ야가지고 지ᄂᆡ다가 칠월 졔ᄉᆞ 날 쥭쟈 ᄒᆞ고 기다려 오날 쥭은니 아모것도 하恨니 업스ᄃᆡ 돌놈니 아달 나ᄂᆞᆫ 양樣 을 못보고 민서방ᄃᆡᆨ 슈ᄐᆡ受胎ᄒᆞᆫ 소문도 못듯고 오라바님 갓트신 동ᄉᆡᆼ을 바리고 쥭

ᄂᆞᆫ 동싱니 몹쓸 거시고 ② 민서방가탄 사회를 바리고 죽은니 다 각〃 부〃夫婦 간니 무어시 무어스로 십겨난고 나도 어서 죽어 부〃간 만나 보랴ᄂᆡ ᄂᆡ의 ᄯᆞᆯ 불샹니 녁기쇼 어ᄂᆡ 부모가 니슬가 맛치 민서방만 믿ᄉᆞ옵ᄂᆞ니다 ③ 너도 어미 죽다 말고 넘머 설워 마라 너 위정爲情ᄒᆞ야 잇ᄯᆡ가 목숨보젼 ᄒᆞ야다 늘근 부모 어미 죽어다 셜어말고 싀부모님게 봉양 극진니 ᄒᆞ고 가장의 ᄯᅳᆺ 거ᄉᆞ리지 말고 잘 공경ᄒᆞ고 닐적 니려나고 셰슈 노치 말고 몸 쓰기를 단정ᄒᆞ게 가저라 봄의 네 얼골을 보니 써든 얼골리너라 부다〃 아히들게도 말 불슌니 쓰지말고 부다〃 네 오라비를 더옥 달니 싱각ᄒᆞ게 ᄒᆞ야라 달밤의 쓰노ᄅᆞ고 짐작골노

128 ① 오라바님 ᄂᆡ외 보시옵 나ᄂᆞᆫ 병닌년 칠월 스무 ᄉᆞ흔날 죽을 ᄉᆞ롬니로ᄃᆡ 싀부모와 친부모 계시고 쓸ᄯᆡ업ᄂᆞᆫ ᄯᆞᆯᄌᆞ식 ᄒᆞ나 잇ᄂᆞᆫ 년고로 ᄡᅧ 명을 ᄭᆞᆫ틀 못ᄒᆞ고 잇ᄯᆡᄭᆞᆺ 근〃 명을 보존ᄒᆞ옵던니 이졔ᄂᆞᆫ 노친ᄂᆡ들리 ᄎᆞ차 샹ᄉᆞ喪事들리 나오시고 날노 당ᄒᆞ와도 양ᄌᆞ養子 정ᄒᆞ야 며ᄂᆞ리가지 엇고 ᄯᆞᆯᄌᆞ식 ᄒᆞ나 잇다가 성혼ᄒᆞ고 지금은 죽어도 아모ᄃᆡ 걸일 듸가 업ᄉᆞ오나 다만 오라바님 갓타신 니ᄂᆞᆫ 셰상의 다시 업ᄉᆞ온ᄃᆡ 몹실 동싱은 져바리고 죽ᄉᆞ온니 못슬 거슨 녀동싱니로소니다 다만 남ᄆᆡ 의지ᄒᆞ고 잇다가 죽ᄉᆞ온니 못슬 거시로ᄃᆡ 녀ᄌᆞᄂᆞᆫ 어려셔ᄂᆞᆫ 친부모가 길너셔 싀집 보ᄂᆡ며 가장니 이스면 살거시요 남편니 죽고 업스면 즉시 ᄯᆞ라 죽을 거시요 ᄂᆡ가 어마님 샹ᄉᆞ ᄯᆡ예 죽을 거시로ᄃᆡ 차마 오라바님니 차마 불샹ᄒᆞ야 못 죽어ᄉᆞᆸ던니다 오날 죽ᄉᆞ와야 올ᄉᆞ와니다 착ᄒᆞ오신 오라바님을 바리고 죽ᄉᆞ온니 못슬 거시 녀동싱니로소니다 ② 오라바님 민서방 두리 샹의相議ᄒᆞ야 돌놈니 살게 ᄒᆞ야 쥬시옵소셔 우리 민서방집 나 죽어다 마옵고 자로 가 보옵소셔 오라바님니고 형님니고 시ᄃᆡᆨ니고 각슌어미고 어마님 샹ᄉᆞ 맛난 후 ᄂᆡᆺᄯᆡ갓 싀부모님게 밧드덧 공양供養ᄒᆞ오나 다만 나ᄂᆞᆫ 어서 죽어서 신서방과 친친부모님과 싀부모님 지ᄒᆞ의 가뵈오랴나니다 지금은 죽어도 아모ᄃᆡ도 걸닐 듸가 업나니 다 착ᄒᆞ신 니가 우리 형님니오 그증 니을 아들 갓치 길너 ᄂᆡ야 되난 양樣을 못보고 죽으니 ᄒᆞᆫ恨니요 아달 낫ᄂᆞᆫ 양을 못보니 ᄒᆞᆫ恨니다 형님 ᄂᆡ게 ᄃᆡ접ᄒᆞᄂᆞᆫ 양을 바리고 도라가니 인정人情니 안일다 서서방ᄃᆡᆨ니 안니 죽고 ᄉᆞ라나이 신긔神奇ᄒᆞ다 저을 다시 맛나 인회人懷를 펴자 ᄒᆡ야던니 ᄂᆡ 죽기가 밧바 죽ᄂᆞᆫ다 나 죽어다 말고 ○○니ᄃᆡᆨ 졔금술이게 ᄒᆞ야랴 그려나 ᄂᆡ가 죽어다고 초하로 보롬 차려 지ᄂᆡ면 ᄒᆞᆫᄶᅥ 니시면 귀신인들 갓다 더더려 달밤의 쓰노라 괴약

129 ① ᄉᆡ부모님 날가탄 ᄌᆞ부子婦ᄂᆞᆫ 만〃萬萬 가지로 불효로소니다 아모리 ᄉᆡᆼ각ᄒᆞ와도 죽어야 설움니 업슬 거시요 원통ᄒᆞ온 거슬 면ᄒᆞᆯ 거시요 니졔 셰샹을 바리ᄋᆞᆸᄂᆞᆫ니ᄃᆞ 우리 갓ᄐᆞᆫ ᄌᆞ식들은 전정前程의 무ᄉᆞᆫ 죄를 짓고 셰상의 나셔 닐즉 죽어 부모의 가슴의 불을 뭇ᄉᆞᆸᄂᆞᆫ고 ② ᄌᆞ부ᄂᆞᆫ 인졔 죽ᄉᆞ온니 남이 다 웃ᄊᆞ오리다마ᄂᆞᆫ 초샹시네 죽기을 힘쓰더니 남 못 죽게로 헛 ᄐᆡ긔胎氣가 니셔서 혹 ᄐᆡ긔가 젹실適實ᄒᆞᆯ가 그 망극 즁의도 혹 ᄐᆡ긔가 정영ᄒᆞ면 아모리 망극 〃 셥ᄉᆞ온 즁의도 혹 셰상의 낫던 자최가 니실넌가 ᄒᆞ야 안니 죽고 ᄉᆞ라셔 졈졈 험ᄒᆞ온 거동만 보ᄋᆞᆸ고 헛ᄐᆡ만 되오니 헛ᄐᆡ 되올 적의ᄂᆞᆫ 거긔 깁픈 물리 잇ᄉᆞ오면 ᄲᆡ저 죽고져 시부고 부리 잇ᄉᆞ오면 불의도 달녀들고도 시부고 목이라도 잘르고 시부고 칼노 목을 즐으고 시분 마ᄋᆞᆷ니 목즁의 넘ᄌᆞ오나 그즁의도 ᄯᅩ ᄉᆡᆼ각ᄂᆞᆫ 도리가 잇사와 아바님 어마님 두 분계ᄋᆞᆸ서 슈월지ᄂᆡ數月之內네 ᄌᆞ졔분 소ᄌᆞ 죽ᄉᆞ온 참쳑을 년ᄒᆞ녀 거포 보시고 미리 촉슈促壽를 ᄒᆞ실 닷 시부고 ᄯᅩ 우선두 죽은 망인넌들 갈망ᄒᆞ야 무들 길도 업셔 뵈고 ᄯᅩ 아바님 니하以下 ᄋᆡ도 타오신이 ᄎᆞ마 못 죽고 ᄯᅩ ᄒᆞᆫ 일은 은슌니가 그졔야 가르ᄉᆞᆯ니 되녓ᄉᆞᆸ기로 ᄎᆞ마 그것의 경ᄉᆡᆼ을 ᄉᆡᆼ각ᄒᆞ오니 져 어린 거시 니졔 아비어미을 일조一朝의 다 녀희고 ᄯᅩ 젓줄 노치 아니코 그저 먹ᄂᆞᆫᄃᆡ 나 곳 죽으면 저 어린 거시 젓도 못 어더먹고 긴 목슘 그저 ᄌᆞ초와 죽어바리면 아모리 못슬 ᄯᆞᆯᄌᆞ식니라고 ᄉᆡᆼ명을 잣초오면 ᄂᆡ 죽은 귀신인들 눈을 감고 도라갈 길니 업고 어ᄂᆡ ᄌᆞ식니 잇더라가 샹ᄌᆞ喪主가 나 ᄒᆞᆫ나 ᄉᆡᆫ니오니 나 ᄒᆞᆫ나 죽어지오면 샹ᄌᆞ가 업ᄉᆞᆸ기로 삼년 초토나 지ᄂᆡᆫ 후나 죽으면 은슌니 네닷살니 되오니 졔 손으로 능히 술 잡고 밥 먹고 ᄒᆞᆯ 거신이 삼년을 얼마 지ᄂᆡ리요 ᄒᆡ녀ᄉᆞᆸ더니 ᄉᆞᆷ년 도라가지 못ᄒᆞ야 ᄯᅩ 큰아자바님 샹ᄉᆞ를 당ᄒᆞ오니 엄아지통(엄아之痛)을 ᄯᅩ 당ᄒᆞ오니 ᄎᆞ마 망극ᄒᆞ온 셜움니 비길 고지 업ᄉᆞ와 초종시 죽어 모로고 시버도 서방님 초종 씌예도 죽지 못ᄒᆡ녀거든 엇지 죽으랴 ᄒᆞ야도 서방님 ᄃᆡ긔大朞 씌ᄂᆞᆫ 아모리 ᄒᆞ야도 죽으랴 ᄒᆞ야던니 ᄯᅩ 아자바님 초종 범ᄇᆡᆨ도 쥬선 모ᄒᆞ야 ᄋᆡ쓰시기로 ᄎᆞ마 〃 아바님 어마님 하 ᄋᆡ쓰시고 ᄒᆞ 걱정들 ᄒᆞ오시기로 못 죽고 본집으로 가지 향ᄒᆞ온니 심회 망극 극히 셥ᄉᆞᆸ더니다 올 졔ᄉᆞᄂᆞᆫ ᄂᆡ 손으로 망종 겸 처ᄋᆞᆷ 겸 ᄂᆡ 손으로 다시 ᄎᆞ려 지ᄂᆡ자 ᄒᆞ야ᄉᆞᆸ던니 친환親患이 공극孔劇ᄒᆞ오시기로 만〃사의 경황니 업고 ᄃᆡ살년大殺年이 되고 ᄒᆞ기예 만〃가지 로경路經니 업기로 ᄂᆡ손으로 졔 ᄒᆞᆫ 번도 못 보고 죽으니 더 셥ᄉᆞ와니다 ③ 죽은 ᄌᆞ식니라고 저바리지 마ᄋᆞᆸ시고 우리 ᄂᆡ외 닙후立後를 ᄒᆞ야쥬ᄋᆞᆸ소려 아바님 어

마님 ᄂᆡ외분 계실 적의 부ᄃᆡ〃 닙후을 ᄒᆞ옵소셔 나 쥭어다 마옵시고 닙후ᄒᆞ야 주압소셔 남ᄃᆡ도 혼ᄌᆞ ᄉᆞᄂᆞᆫ니 만ᄒᆞ오나 날노 향ᄒᆞ 와셔ᄂᆞᆫ 남보단 더ᄒᆞᆫ 셜움을 삼ᄉᆞ년을 지ᄂᆡ온니 실노 속석님을 ᄉᆡᆼ각ᄒᆞ오니 목기 막혀 셩치남지 못ᄒᆞ이 속니 타노라고 흉악ᄒᆞ와니다 ④ 이리 셥ᄉᆞ온 듕의도 잠간 ᄉᆡᆼ각ᄒᆞ오면 어마님 정경도 ᄉᆡᆼ각ᄒᆞ고 은슌의 정지을 ᄉᆡᆼ각ᄒᆞ오니 엇지 ᄒᆞᆫ씩나 ᄉᆞ라볼가 ᄒᆞ다가도 그 마음은 잠간니로소니다 어마님 ᄒᆞᆫ씩도 못 뫼시고 쥭ᄉᆞ온니 쥭은 귀신이ᄅᆞ도 죄 만ᄉᆞ와니다 쥭지 안니코 ᄉᆞ오면 점점 험ᄒᆞᆫ 골만 보올 거시오니 쥭ᄉᆞᆸᄂᆞ니다 쥭으나 사라ᄉᆞ나 싀ᄃᆡᆨ의가 쥭어냐 올흔 일니오나 칠월 졔사 밋처 길을 차려 달나 ᄒᆞ온나 안니 ᄒᆞ야 쥬시오니 ᄒᆞᆯ 닐 업ᄉᆞ와니다 우리 ᄂᆡ외ᄂᆞᆫ 쥭으나 사나 다 각〃 잇ᄉᆞ온니 ᄎᆞ마 셥ᄉᆞ와니다 ⑤ 거긔 잇ᄂᆞᆫ 돈양은 아바님 어마님 ᄉᆡᆼ젼의 잡ᄉᆞ올 것 잇삽거든 ᄒᆞ야 잡ᄉᆞᆸ고 남젹일낭은 우리 ᄂᆡ외 졔위답祭爲畓으로 정ᄒᆞ야 쥬압고 닙후ᄒᆞ거든 쥬옵게 ᄒᆞ옵소셔 그져 은슌 정경니 불샹ᄒᆞ온니 다 엇더케 ᄉᆡᆼ기온 거시완ᄃᆡ 아비 어미 다 일조一朝의 망亡ᄒᆞ난고 ᄎᆞ마 불상〃 잔잉〃 안탁갑ᄉᆞ온 말ᄉᆞᆷ니야 엇지 다 형언하오리닛가 어마님 못닙ᄉᆞ올 옷가지랑 쌔라 은슌니 이부라고 보ᄂᆡ옵소셔 봄의 보ᄂᆡ신 무명은 봄부터 친환 병환의 골몰리 지ᄂᆡ기로 니졔갓지 바려삽

참고문헌

1차 자료

유향, 이숙인 역,《열녀전》, 예문서원, 1996.

이혜순, 김경미,《한국의 열녀전》, 월인, 2002.

이수봉, 〈규방문학에서 본 이조여인상〉,《여성문제연구》1집, 대구효성가톨릭대학교 사회과학연구소, 1971.

이우성, 임형택 편역,《이조한문단편집》, 일조각, 1973.

조동일, 이복규, 김대숙, 강진옥, 박순임,《한국구비문학대계 - 별책부록(1) 한국설화유형분류집》, 한국정신문화연구원, 1989.

2차 자료

강명관,《열녀의 탄생》, 돌베개, 2009.

강진옥, 〈열녀 전승의 역사적 전개를 통해 본 여성적 대응양상과 그 의미〉,《여성학논집》12, 이화여대 한국여성연구소, 1995.

강현경, 〈유향《열녀전·변통전》의 '辨(변론)'과 '通(소통)'〉,《동아인문학》22, 동아인문학회, 2012.

______, 〈유향《열녀전》의 소설적 색채와 표현〉,《동아인문학》27, 동아인문학회, 2014.

______, 〈유향《열녀전》에 표현된 여성 화자의 논변〉,《중국학연구》70, 중국학연구회, 2014.

곽정식, 〈조선 후기 문헌설화에서 살펴본 여성의 烈과 性의 문제〉,《인문학논총》11-1호, 경성대학교 인문과학연구소, 2006.
김경미, 〈개화기 열녀전 연구〉,《국어국문학》132, 국어국문학회, 2002.
_____, 〈《열녀전》의 보급과 전개- 유교적 여성주체의 형성과 내면화 과정〉,《한국문화연구》13, 이화여자대학교 한국문화연구원, 2007.
_____, 〈17세기 가부장제의 기획 - '류씨 부인' 프로젝트〉,《한국고전여성문학연구》8, 한국고전여성문학회, 2004.
김대숙, 신동흔, 〈구비 열녀설화의 양상과 의미〉,《고전문학연구》9, 한국고전문학회, 1994.
김동환, 〈우암 송시열의 저술과 간행에 관한 일고찰〉,《서지학연구》37, 한국서지학회, 2007.
김정경, 〈조선 후기 열녀의 순절의 의미화 방식 연구 - 재녕 이씨, 남원 윤씨, 서녕 유씨, 서흥 김씨 유서를 중심으로〉,《국제어문》53, 2011.
민찬, 〈열불열 설화의 이념적 지향과 삶의 문제〉,《한국문화》9호, 서울대 규장각한국학연구원, 1988.
박관규, 〈우암 송시열의 비지문 연구〉, 고려대학교 국문과 박사논문, 2011.
박수연, 〈중국의 가부장제와 전통 여성상의 갈등구조 연구: 유향의 〈열녀전〉을 중심으로〉, 한국외대 석사논문, 2002.
박영희, 〈《열녀전》의 구성과 의미〉,《동아시아 여성의 기원》, 이화여자대학교출판문화원, 2009.
박주, 〈《동국신속삼강행실도》 열녀도의 분석〉,《여성문제연구》20, 대구효성가톨릭대학교 사회과학연구소, 1992.
____, 《조선시대의 정표 정책》, 일조각, 1990.
송진영, 〈얼폐전을 통해 본 악녀 이미지 연구〉,《중국어문학지》9, 중국어문학회, 2001.
우경섭, 〈우암 송시열 연구의 현황과 과제〉,《한국사상과 문화》44, 한국사상문화학회, 2008.
윤진숙, 〈조선시대 균분상속제도와 그 의미〉,《법철학연구》16-2호, 한국법철학회, 2013.

윤태후, 〈《계녀서》에 나타난 우암 송시열의 효 사상〉, 《효학연구》 25, 한국효학회, 2017.
이성원, 〈고대 중국 여성상의 이해를 위한 시론 - 〈열녀전〉의 분석을 중심으로〉, 《중국학보》 66, 한국중국학회, 2012.
이숙인, 〈열녀담론의 철학적 배경- 여성 섹슈얼리티의 문제로 보는 열녀〉, 《조선시대의 열녀 담론》, 월인, 2002.
이영숙, 〈《열녀전》과 《세설신어》의 악녀 형상 소고: 〈열녀전〉의 '얼폐'와 〈세설신어〉의 '혹닉'을 중심으로〉, 《중국문화연구》 18, 중국문화연구학회, 2011.
이영춘, 〈우암 송시열 가문의 계보와 가학〉, 《한국계보연구》 5, 2014.
이윤경, 〈유향의 《열녀전》 편찬 의도에 관한 연구〉, 성균관대 동양철학과 석사논문, 2010.
이인경, 〈'개가열녀담'에 나타난 열과 정절의 문제〉, 《구비문학연구》 6, 한국구비문학회, 1998.
______, 〈구비 열설화에 나타난 이념과 현실〉, 《조선시대의 열녀 담론》, 월인, 2002.
이홍식, 〈조선 후기 사대부 여성의 유서 창작 양상 연구〉, 《한국고전여성문학연구》 29, 한국고전여성문학회, 2014.
이혜순, 〈열녀상의 전통과 변모〉, 《진단학보》 85, 진단학회, 1998.
______, 〈조선조 열녀전 연구〉, 《성곡논총》 30, 성곡학술문화재단, 1999.
______, 〈열녀전의 입전의식과 그 사상적 의의〉, 《조선시대의 열녀 담론》, 월인, 2002.
임완혁, 〈이조후기 3대 야담집의 편찬의식〉, 《퇴계학과 유교문화》 35-1호, 경북대학교 퇴계학연구소, 2004.
임치균, 〈유씨부인 유서〉, 《문헌과해석》 통권 6호, 1999.
______, 〈서녕 유씨 부인 유서 연구〉, 《고문서연구》 15, 한국고문서학회, 1999.
임형택, 〈동패낙송 연구 - 야담의 기록화 과정과 한문단편의 성립〉, 《한국한문학연구》 23, 한국한문학회, 1999.
정일영, 〈《동국신속삼강행실도》의 역사적 의미에 대한 재고찰〉, 《국어사연구》 17, 국어사학회, 2013.
______, 〈임진왜란 이후 교화의 양상 - 광해군대 《동국신속삼강행실도》를 중심으

로〉,《한국사상사학》34, 한국사상사학회, 2010.
정재서, 〈《열녀전》의 여성 유형학〉,《동아시아 여성의 기원》, 이화여자대학교출판문화원, 2009.
정출헌, 〈〈향랑전〉을 통해 본 열녀 탄생의 메카니즘 - 선산 지방의 향랑이 '국가 열녀'로 환생하기까지의 보고서〉,《조선시대의 열녀담론》, 월인, 2002.
조혜란, 〈조선시대 여성 독서의 지형도〉,《한국문화연구》8, 이화여자대학교 한국문화연구원, 2005.
최진아, 〈견고한 원전과 그 계보들 - 동아시아 여성 쓰기의 역사〉,《동아시아 여성의 기워》, 이화여자대학교출판문화원, 2009.
지두환, 〈우암 송시열의 생애와 사상〉,《한국사상과 문화》12, 한국사상문화학회, 2001.
하여주, 〈17세기 송시열의 가부장적 가족주의 정착을 위한 노력과 좌절〉,《조선시대사학보》79, 조선시대사학회, 2016.
황수연, 〈17세기 사족 여성의 삶과 문화〉,《한국고전여성문학연구》6, 한국고전여성문학회, 2003.
홍인숙, 〈17세기 열녀전 연구〉,《한국고전연구》7, 한국고전연구학회, 2001.
______, 〈조선후기 열녀전 연구〉, 이화여대 석사학위논문, 2001.
______, 〈근대계몽기 개신 유학자들의 성 담론과 그 의의〉,《동양한문학연구》27, 동양한문학회, 2008.
______, 〈조선후기 여성 유서 연구 - 순절 열녀 신씨부의 한글 유서를 중심으로〉,《온지논총》56, 온지학회, 2018.
______, 〈조선후기 순절 여성 신씨부 한글 유서 재론 - 유서 정보의 재구성 및 글쓰기의 의도와 목적을 중심으로〉,《고문서연구》54, 한국고문서학회, 2019.